Jesus and Disability

A Guide to Creating an Inclusive Church

Chris H. Hulshof

"현재 장애가 있는 아이를 키우는 엄마로서 이 책이 위로가 되었습니다. 목사의 아내로서, 다양한 능력을 가진 사람들을 섬기고자 하는 제게 이 책은 좋은 안내자였습니다. 예수를 따르는 사람으로서, 그리스도께서 장애인들을 어떻게 사랑하고, 도우시고, 치유하셨는지 살펴보면서 이 책이 복음의 풍부한 자료라고 생각했습니다. 끝으로 저자의 학생으로서, 그가 제 성경 시험을 채점하고 아들의 진단에 대한 고통과 불확실성을 겪던 시절, 새 신자였던 저에게 이책은 기쁨이었습니다. 이 책은 예수께서 하신 것처럼 사랑하고 제자를 만들고자 하는 부모와 교회 지도자들에게 축복이 될 것입니다."

스칼렛 힐티비달
*Afraid of All the Things:Tornadoes, Cancer, Adoption, and Other Stuff You Need the Gospel For*의 저자

"크리스 헐쇼프는 주제별로 장애를 다루면서 장애에 대한 우리의 반응을 그리스도의 성품에 올바르게 연결합니다. 이 책은 확고하게 성경적이고, 잘 조사되었으며, 매우 유용했으므로 이 책을 앞으로 몇 년 동안 추천할 것입니다."

스테파니 오. 허바흐
*Same Lake, Different Boat: Coming Alongside People Touched by Disability*의 저자

"장애인을 위해 교회를 보다 포용적으로 만드는 방법에 대한 많은 지침이 있지만, 그것들이 전부 궁극적인 모범인 예수에게 안내하는 것은 아닙니다. 저자는 『예수와 장애』에서 복음서 전반에 걸쳐 예수께서 장애인과 어떻게 상호작용했는지 보여줍니다. 우리는 예수의 보살핌, 관심, 연민을 보고 그가 어떻게 포용하였고 권한을 부여했는지 봅니다. 그리스도를 만난 후, 장애인들은 신앙공동체에서 환영을 받고 완수해야 할 사명을 받았습니다. 오늘날에도 마찬가지입니다. 교회는 종종 소외되는 사람들을 환영하고 그들이 자신의 은사를 사용하여 교회를 세우도록 힘을 실어주는 예수의 모범을 따릅니다. 저는 이 분야에서 저자가 하는 일과 그의 연구와 경험을 통해 우리에게 보여준 모범에 매우 감사합니다."

산드라 피플스
*Unexpected Blessings: The Joys and Possibilities of Life in a Special-Needs Family*의 저자

예수와 장애

- 교회 장애사역 지침서

크리스 H. 헐쇼프

김 홍 덕 옮김

예수와 장애

지은이	크리스 H. 헐쇼프 Chris H. Hulshof
옮긴이	김홍덕
초판발행	2025년 2월 10일
펴낸이	배용하
책임편집	배용하
편집부	윤찬란 최지우 박민서
등록	제364-2008-000013호
펴낸곳	도서출판 대장간
	www.daejanggan.org
등록한곳	충청남도 논산시 가야곡면 매죽헌로1176번길 8-54
대표전화	(041) 742-1424 전송 (0303) 0959-1424
분류	장애	신학	목회
ISBN	978-89-7071-726-5 03230

 값 18,000원

목 / 차

일러두기

1. 본 번역서에 사용된 한글 성경은 개역개정판이다.

2. 따라서 장애와 관련된 용어 역시 개역개정판의 표현을 따랐다. 예를 들어, 맹인이나 나병환자와 같은 용어를 시각장애인이나 한센병 환자로 번역하지 않은 이유는 성경 해석학의 원칙에 기초한다. 성경 본문의 시대적 맥락은 장애인을 경원시하던 상황을 반영하고 있으며, 당시에는 장애 관련 용어가 현대처럼 정립되지 않았다. 이러한 상황에서 존중의 의미를 담은 장애인 호칭을 사용하면 본문 해석의 흐름과 자연스러움을 저해할 수 있다. 그러므로 원문에 충실한 번역을 유지하는 것이 더 적합하다고 판단했다.

역자 서문

장애신학을 연구하는 저로서는 이 책을 접하자마자 한국 교회의 담임 목회자들이 꼭 읽어야 할 필독서라고 확신하게 되었습니다. 예수님께서 장애인들에게 왜, 그리고 어떻게 다가가셨는지를 깊이 있게 다루고 있기 때문입니다. 교회가 장애인을 바라보는 시각에 따라 사역의 방향이 결정되기 마련이기에, 이 책은 장애 사역의 지침서로서 매우 훌륭한 역할을 할 것입니다.

이 책은 단순히 성경적 원리만을 다루는 것이 아니라, 교회가 장애인을 어떻게 품고 사역해야 할지에 대한 실제적인 가이드라인을 제시하고 있습니다. 아직 장애 사역을 시작하지 않은 교회들도 이 책을 통해 처음부터 어떻게 사역을 시작할 수 있는지 친절하게 안내받을 수 있습니다.

또한 이미 장애 사역을 하고 있는 사역자나 봉사자들에게는 이 책을 반드시 꼼꼼하게 정독하며, 사역을 점검하는 매뉴얼로 사용할 것을 추천합니다. 저자는 장애 사역의 다양한 모델을 소개하며, 사역이 정체되지 않고 다음 단계로 업그레이드될 수 있도록 격려하며 그 방법까지 제시하고 있기 때문입니다.

    무엇보다 이 책이 한국 교회가 장애인을 바라보는 시각을 한 단계 더 업그레이드하는 데 큰 기여를 할 것이라고 기대합니다.

저자 서문

독자께서 이 책을 손에 든 이유는 분명 무언가를 찾고 있기 때문일 것입니다. 단순한 호기심으로 장애 관련 서적을 읽는 경우는 드물기 때문에, 아마도 이 책을 통해 장애 포용적 리더십에 대해 배우거나 어떤 통찰을 얻고자 하는 마음이 있었을 것입니다.

제가 장애에 관심을 두는 이유는 개인적, 학문적, 그리고 직업적인 세 가지 차원에서 비롯됩니다. 저는 장애를 가진 청소년 아들의 아버지로서, 장애인들이 겪는 접근성과 수용성에 대한 일상적인 어려움을 누구보다 잘 알고 있습니다.

또한, 저는 침례교 목사로서 교회를 사랑하며, 교회가 장애인을 더욱 환영하고 인정할 수 있기를 바랍니다. 청소년 시절, 저는 지역 교회에 깊이 관여하며 의미 있는 사람들과 유대감을 형성했던 기억이 있습니다. 하지만 제 아들은 교회에서 그러한 경험을 하지 못하고 있습니다. 물론 아들이 교회에 가는 것을 즐기고, 자원봉사자들이 잘 돌봐 주고는 있지만, 아들이 교회에서 가장 의미 있는 관계를 맺고 있는 사람은 그와 시간을 보내는 보조 교사입니다. 또래와의 교류는 거의 없습니다. 저는 우리 교회가 더 잘하기를 원하며, 전 세계의 교회가 장애인을 더 잘 포용하기를 바랍니다. 이 책이 목사님들과 교회 지도자들이 장애 포용적 신앙 공동체를 조성하는 데 도움이 되기를 간절히 바랍니다.

장애 연구는 저의 학문적 관심사이기도 합니다. 사실, 이 책에서 다루는 대부분의 내용은 제가 작성한 장애 포용적 리더십에 관한 논문에서 비롯되었습니다. 연구하고 글을 쓰는 과정에서, 기존 장애 연구에 빈틈이 있음을 깨달았습니다. 많은 이들이 장애 연구 분야에 기여하고 있지만, 대부분의 콘텐츠는 여전히 개인적이거나 경험적인 측면에 치우쳐 있습니다. 저는 이 빈틈을 성경의 주요 본문을 다룬 학문적인 조사로 조금이나마 메우고자 하였습니다. 특히, 예수님께서 장애인들과 어떻게 관계를 맺으셨는지를 살펴보며, 장애 포용적 교회 리더십의 기초를 세우는 데 중요한 역할을 할 수 있음을 보여주고자 했습니다.

마지막으로, 저는 교수로서 "귀납적 성경 연구"와 "고난과 장애신학"이라는 두 과목을 가르치고 있습니다. 학생들에게 성경을 연구하는 방법을 가르치는 것만큼이나, 고난과 장애의 실질적이고 신학적인 문제를 탐구하도록 돕는 일을 사랑합니다. 이 책은 어느 정도 이 두 가지 학문적 관심사를 반영하고 있습니다. 이 책은 예수님의 특정 치유 기적들을 체계적으로 조사하며, 성경에 충실한 해석을 바탕으로 분석하고 있습니다.

또한, 매 학기 장애 문제와 관련된 하나님의 말씀의 진리를 학생들에게 전하고 격려할 기회를 얻고 있습니다. 저는 의미 있는 신체적, 사회적, 영적 지원을 제공할 방법을 찾아 장애인을 돕고자 하는 열망을 가진 학생들을 만날 수 있었습니다. 실제로, 제가 장애인의 미래가 현재보다 더 밝을 것이라고 생각하는 이유 중 하나는 매일 만나는 학생들 덕분입니다.

이 책의 내용은 전반적으로 교실에서의 경험에서 나온 것입니다. 성경 연구 기법과 장애 포용적 리더십에 관한 교실 토론이 조화롭게 어우러져 있습니다. 기독교 리더십은 하나님의 말씀이라는 확고한 기초 위에 서 있으며, 장애인을 포함하는 리더십의 경우에도 이 점은 결코 덜 중요하지 않습니다.

독자께서 무엇을 찾고 계시며, 왜 이 책에 이끌리셨는지 정확히 알 수는 없지만, 이 책에 담긴 개인적, 학문적, 그리고 실제적인 내용을 통해, 예수님처럼 장애 포용적 리더십을 발휘할 수 있는 격려를 받으시기 바랍니다.

나는 사람이 뇌의 절반을 가지고도 살 수 있다는 사실을 알게 된 그 날을 기억한다. 아이가 유아 간질을 앓고 있다는 의사의 진단을 받고도 나와 아내는 놀라지 않았다. 아이가 태어난 지 3개월 동안 뭔가 이상하다고 의심했기에 우리는 아이가 발작질환을 가지고 있다고 확신했다. 우리는 아이가 보여준 행동을 관찰한대로 소아과 의사에게 이해시키려고 했으나 의사는 아이의 "경련"이 신생아에게 흔히 나타나는 반사 신경이며 초보 부모로서 우리가 너무 걱정하고 있다고 설득했다.

아내는 아들의 하루 하루를 관찰하여 이러한 경련성 에피소드를 포착하여 정확하게 기록하겠다는 명석한 아이디어를 냈다. 그것은 우리가 정확한 판단에 의해 그렇게 생각하고 있다는 충분한 증거를 제시할 필요가 있었기 때문이다. 우리는 초심자들의 과민반응이 아니라 아이에게 뭔가 문제가 있다는 증거를 제시하기 위해 관찰 기록한 비디오를 들고 다음 약속 시간에 의사를 만나러 갔다. 그러나 방문 중에는 비디오를 제시할 필요조차 없었다. 진료실에 있는 동안 아이는 계속 발작을 일으켰기 때문이다. 의사는 이제서야 무슨 일이 일어나고 있는지 즉시 알아채고 우리를 응급실로 보냈다.

　다음 몇 달은 상상했던 것보다 더 많은 의사 진료, 각종 검사, 전문의 상담 등으로 가득 찬 시간을 보냈다. 결국 의심했던 대로 뇌전증^{간질}이라는 최종 판단이 나왔다. 의사 선생님은 아들의 나쁜 뇌 조직이 한쪽 뇌에만 국한되어 있다는 점에서 이 진단에 긍정적인 면이 있다고 말했다. 이 말은 만약 약으로 발작을 억제할 수 없다면, 뇌의 절반을 제거하는 광범위한 뇌 수술이 효과를 볼 수도 있다는 뜻이었다.

　그 후 2년간은 여러 면에서 어려운 시기였다. 약물, 식이 요법, 뇌 수술 등 다양한 방법을 시도하여 발작을 일으키는 나쁜 뇌 조직을 제거하려고 시도했다. 현대 의학이 제공하는 모든 것을 동원했지만 발작을 통제할 수는 없었다. 결국, 아들이 두 살이 될 즈음, 기능적 반구절제술을 받게 되었다. 이 수술로 아들은 뇌의 절반만 기능하는 상태가 되었다.

　지금 십대가 된 아들은 이 수술의 후유증으로 신체적, 정신적, 사회적 발달 지연을 겪고 있다. 아내와 나의 삶도 함께 크게 달라졌다. 우리 삶은 친구들이나 이웃들의 삶과 같을 수가 없었다. 장애는 가족 구성원 한사람에게는 직접적인 영향을 미치지만, 사실 가족 모두에게도 영향을 준다. 우리는 새로운 상황에 들어가기 전에 미리 대비하는 것이 얼마나 중요한지 배웠다. 어떤 장소는 장애인에게 적합하지 않고 어떤 상황은 적절하지 않기 때문에 가능한 이런 상황을 대하는데 전략적인 접근이 필요하다.

안타깝게도 교회가 장애인에 대한 관심도, 준비도 되어 있지 않은 것처럼 보였다. 물론 모든 교회가 그렇지는 않겠지만 지난 18년간 내가 경험해 본 많은 교회에서 이런 경향을 느꼈다. 장애인을 위한 배려와 자원이 거의 할당되지 않는다. 그래서 장애인 가족이 자신들을 반갑게 맞이할 준비가 되어 있는 교회를 찾기가 힘든 실정이다. 장애 사역을 충분히 고려한 교회는 드물다. 대신 대부분의 교회는 상황에 따라 즉흥적으로 대응하는 경우가 많다. 한편 이 문제를 전략적으로 접근하는 교회는 다르다. 그런 교회는 자랑스럽게 말하며 다가올 것이다.

"우리는 당신을 기다리고 있었습니다. 당신이 여기 와줘서 정말 기쁩니다!"

나는 『같은 호수 다른 보트』*Same Lake, Different Boat*이라는 책에서 장애 아동을 둔 가족의 안타까운 이야기를 읽으며 이 현실을 다시 한번 깨달았다. 저자 스테파니 휴백Stephanie O. Hubach은 그녀의 친구 이야기를 들려준다. 그 친구는 발작을 일으키고 입과 혀에 상처를 입은 장애 아들을 데리고 작은 마을의 응급실로 갔다. 이 아이는 즉각적인 도움이 필요했지만, 응급실 의사는 아이를 살펴본 후 자신의 경험과 전문성을 넘어선 일이라며 할 수 있는 게 없다고 했다. 그러나 그는 다른 직원이나 의사와 상의하지 않았고, 다른 병원에서 치료받을 것을 제안하지도 않았다. 그저 아이와 엄마를 돌려보냈다. 이러한 부적절한 의료 처치는 결국 이 아이가 다른 병원에서 몇 주간의 치료를 받게 만들었다.

휴백은 이 이야기에 대한 자신의 반응을 다음과 같이 요약했다;

이 이야기를 처음 들었을 때, 수많은 감정이 내 안에서 솟구쳤다. 너무나도 부적절하고 비인간적인 병원의 반응은 놀라움과 분노를 불러일으켰다. '병원이란, 누구든지 의료적 도움이 필요할 때 환영받고 보살핌을 받을 수 있는 피난처 같은 곳이 아니었나? 어떻게 누군가가 그렇게 절실히 도움이 필요한 사람에게 그런 일을 할 수 있단 말인가?' 그러다가 문득 깨달았다. 이 이야기는 우리가 교회에서 때로는 어떻게 행동하는지에 대한 추악하지만 정확한 비유라는 것을. 때로 우리는 교회가 회원을 위한 사교 모임이 아니라 다양한 필요를 지닌 죄인들이 오는 병원임을 잊어버린다. 그리고 이것을 잊을 때, 우리의 반응은 아마도 이렇게 될 것이다: '회원만 들어오세요. 우리는 이 문제를 다룰 수 없어요.' '[1]

휴백의 관찰은 장애를 가진 사람들에 대한 교회의 현실을 정확히 짚고 있다. 여전히 장애를 가진 그리스도인들이 교회 내에서 소외되는

---

[1] Stephanie O. Hubach, *Same Lake, Different Boat: Coming Alongside People Touched by Disability* (Phillipsburg, NJ: P&R, 2006), 152.

경우가 흔하다.

이러한 소외는 하나님의 마음과 교회를 향한 그의 설계에 어긋나는 것이다. 성경은 장애인을 향한 하나님의 자비와 그들이 신앙 공동체 안에 포함되기를 원하신다는 하나님의 뜻을 분명히 말하고 있다. 구약에서는 이러한 하나님의 자비와 뜻이 이야기와 교훈을 통해 드러나며, 신약에서는 예수 그리스도의 삶과 가르침에서 아버지의 장애에 대한 입장을 볼 수 있다. 이는 주로 예수님이 장애인들과 자주 만난 사건에서 확인할 수 있다. 또한, 사도들은 예수님에게서 배운 자비와 포용을 실천했다. 사도행전 3:1-10에서 베드로가 다리 저는 남자를 만난 사건이 그 예다. 이는 성경적이고 신학적인 방향성을 제시하며 현대 교회가 자비와 포용의 표준을 지켜야 하는 근거가 된다.

안타깝게도, 교회 지도자들은 교회 구성원 중 장애인을 위한 준비가 미흡하다. 이런 상황은 지도자들이 스스로 장애에 대해 공부하고, 장애 사역 및 포용적 리더십에 대해 공부해야 하는 과제를 던져준다. 성경적 관점에서 장애문제를 다루는 자원이 부족한 실정이다. 교회 목회자는 장애에 대한 교육 자료를 연구하고, 그것을 개인적으로나 교회적으로 맞게 적용하려고 최선을 다해야 한다. 이러한 노력은 목회자가 아픈 사람들을 위한 병원이 되고자 하는 열망을 말해 준다. 최악의 경우 교회 지도자는 상황을 난처하게 여겨서 포용으로 인한 잠재적인 보상보다는 창피를 당할 위험이 더 크다고 판단할 수 있다. 이렇게 해서 장애인들을 소외하는 회원 전용 클럽 같은 교회 문화는 계속해서 유지되는 것이다.

나는 이러한 회원 전용 클럽 같은 사고방식에 문제점을 던지기 위해 쓴 이 책이 교회 리더십과 사역에 필요를 충족시키기를 희망한다. 이 책의 목적은 장애 포용적 교회 리더십에 대한 성경적이고 신학적인 필요를 다루는 것이다. 장애 포용적 목회자가 이끄는 교회는 성경의 진리 위에 세워진 장애 사역을 수행하며 복음의 대사명과 대계명을 함께 지켜 나가는 교회가 될 것이다. 이 책에서는 복음서에서 예수님이 장애인들과 상호 관계한 내용을 어휘, 구문, 구조, 수사, 신학적 관점에서 조사한 내용을 다루고 있다. 이러한 다섯 가지 해석 도구는 성경의 영원한 진리를 발견하고, 이를 알맞게 적용하는 가장 좋은 방법이라고 생각한다.

이 책을 통해 두 가지 중요한 의미가 도출될 것이라고 믿는다. 첫째, 장애인들과 상호 관계한 예수님의 리더십 스타일을 성경이 어떻게 제시하는지를 밝혀낼 것이다. 둘째, 이러한 성경적 조사 결과를 가지고 교회지도자들이 자신의 사역과 교회 "몸 생활"[2]에 어떻게 적용할 수 있는

---

2) 몸 생활(Body life): "신약 성경에서 코이노니아(koinonia)라고 불리는 기독교인 간의 따뜻한 교제이며, 이는 초기 기독교의 필수 요소였다." - Ray C. Stedman. *Body Life* (Grand Rapids: Discovery House, 1972, 2017), Chap. 10.
교회는 능력이나 성과에 따라 과제가 주어지는 사업체가 아니다. 사업체의 경우, 그 구성원의 가치는 그의 기술이나 성과에 따라 결정된다. 그러나 교회는 그리스도를 머리로 둔 몸이며(롬 12:4-6a; 엡 4:1-13), 몸의 각 지체는 개인의 기술이나 성과 때문이 아니라, 모두가 그리스도라는 머리에 속해 있다는 점에서 가치가 있다. 스테드만은 이 점을 다음과 같이 표현했다. "사도 바울이 교회를 몸이라고 할 때, 오직 예수 그리스도에 대한 믿음을 통한 새로운 탄생으로만 그 몸의 일원이 될 수 있다고 분명히 밝힌다. 이 몸에 들어갈 다른 방법은 없다. 한 사람이 그 몸의 일원이 되면, 그 몸의 각 구성원은 기여할 수 있는 몫이 있다. 각 구성원이 하나님이 그에게 주신 일을 수행할 때, 전체 몸

지 보여줄 것이다. 따라서 이 책은 정통성Orthodoxy과 정행성orthopraxy의 특징을 갖출 것이다. 일반적으로 정통성은 사람이 믿는 바를 의미하고, 정행성은 그들이 믿는 바를 어떻게 실천하는지를 의미한다.

장애 포용적 리더십을 염두에 두고 성경을 연구해야 하는 이유

장애에 대한 리더십이 하나님의 말씀에서 어떻게 다루어지는지 연구해야 하는 이유를 네 가지로 제시하고자 한다.

첫째, 장애를 진단받은 사람의 수가 계속해서 증가하고 있다. 브롤트Brault는 미국에서 장애와 관련한 충격적인 통계를 제시했다. 2010년 약 5,670만 명이 장애를 가진 것으로 보고되었는데 이 중 3,800만 명은 중증 장애로 진단받았다. 또한 1,230만 명의 사람들은 장애 때문에 일상생활 중 최소한 한 분야의 활동에 도움이 필요하다. 어린이의 경우에도 통계는 더 놀랍다. 15세 이하 어린이 중 520만 명이 장애 진단을 받았으며, 이 중 170만 명은 지적 또는 발달장애로 분류되었다. 이러한 숫자는 교육적 필요를 의미하기도 한다. 즉 특수교육 서비스를 받고 있다고 보고한 아동이 160만 명이라는 것을 보면 이러한 교육적 필요를 강조한

은 본래 의도된 대로 기능하게 된다." -스테드만, 제7장.

따라서 그리스도의 몸 안에는 단순히 구경꾼이거나 벤치에 앉아 있는 사람이 없다. 각 구성원은 하나님께서 교회의 몸에 필요한 기여를 하도록 재능을 주셨고, 다른 구성원들과 따뜻하게 교제할 수 있다. 이로써 각 구성원은 그리스도의 몸의 일부로서 이몸의 삶에 충실히 참여하는 것이다.

다.[3]

둘째, 장애를 가진 사람들은 종종 교회에서 배제되거나 소외된다. 교회가 장애인을 소외시키는 문제는 목자선교회Shepherds Ministry의 회장인 빌 암슈츠Bill Amstutz가 언급한 바 있다. 그는 Mission Network News와의 인터뷰에서 교회가 건축 구조는 바꾸었어도 태도는 그만큼 바뀌지 않았다고 주장했다. 이러한 태도적 장벽 때문에 장애인이 복음을 접할 기회가 더디게 발전하고 있다.[4]

셋째, 포용성과 리더십에 대한 논의는 두 가지 영역에서 이루어진다. 첫 번째 자주 다루어지는 영역은 교육적 포용성이다. 이 연구는 장애인을 교실에서 얼마나 포용하는가 하는 질문과 관련이 있다. 따라서 초점은 장애인이 수업의 내용을 의미 있고 생산적으로 이해할 수 있도록 실천적 전략을 짜는 데 있다. 대부분의 포용적 교육은 기독교 학교보다는 공립학교에서 시도한다. 기독교 학교의 지도자들이 포용적 교육을 구현하고자 하는 바람이 있을 수 있지만 실행 가능한 포용적 교육 프로그램을 지원할 자금이 부족한 경우가 많다. 그 결과 이러한 전략과 실천, 환경은 교회 지도자들에게 장벽이 된다. 두 번째로 포용성 연구의 목표

---

3) Matthew W. Brault, "Americans with Disabilities: 2010," *Current Population Reports*, P70-131 (July 2012): 4-13, https://www2.census.gov/library/publications /2012/demo/p70-131.pdf.

4) David Ranish, "Church Still Has Work to Do with Unreached People Group," Mission New Network, March 30, 2011, https://www.mnnonline.org /news/church-still-has-work-to-do-with-unreached-people-group/.

가 되는 영역은 기업 리더십이다. 이 연구의 접근법은 주로 지역, 성별, 세대에 걸친 다양성에 중점을 둔다. 이러한 연구의 목표는 리더나 리더십 팀이 이 세 가지 영역에서 잘 대표될 수 있는 비즈니스 환경을 조성하는 것이다. 따라서 포용성은 비즈니스 통찰력을 통해 다양한 리더십 팀을 구성하기 위한 기업 전략이다.

교육과 기업을 위한 포용성 연구가 교회 사역에 유용한 정보를 거의 제공하지 않는다고 가정한다면 그것은 실수다. 각 영역의 연구는 교회 내 장애 문제를 해결하기 위해 적용될 수 있는 아이디어, 원칙, 방법, 기술을 제공할 수 있다. 알맞게 평가하고 적용하면 목회자가 자신의 리더십과 교회 사역에서 장애 포용적 리더십을 실천하도록 권장하는 틀을 이 연구로 부터 제공받을 수 있다.

넷째, 장애와 성경에 관한 기존 연구문헌은 신학적 스펙트럼의 양극단에 있는 두 가지 범주로 나뉘어 있다. 좌파의 목소리는 사회적 복음에 따라 글을 쓰며 이들은 깊은 신학적 연구 없이 현장의 필요를 충족하는 것에 중점을 둔다. 따라서 프로그램이나 특정 사역에 주의를 기울이지만 신학적 기초나 복음 전도의 문제는 거의 집중하지 않는다. 반대로 우파의 목소리는 주로 신학적 문제를 다루면서도 실제적인 필요를 그들의 신학에 통합하지 못한다. 그 결과 교회 리더십이 그들의 신학과 장애인을 위한 사역적 요소를 모두 포괄하는 중간 지대를 설정하고 돕는 연구 문헌이 부족하다.

이 네 가지 이유가 이 책의 연구 목적이 될 것이다. 복음서에서 채택된 치유 사례를 살펴보면서 예수님이 장애인들과 어떻게 상호관계 했는지 그의 리더십이 얼마나 포용적이었는지 살펴볼 것이다. 포용적 리더십의 주제를 더 깊이 다룰수록 사역의 관점에서 이 영역을 탐색하는 데 도움이 될 것이다. 또한 오늘날 어떻게 하면 교회에서 이러한 사역을 모델링할 수 있는지 제안할 것이다. 그렇게 함으로써 나는 포용적 교회 리더라면 결국은 장애 포용적 리더라고 제안할 것이다.

성경 텍스트와 교회 리더십 연결하기

이 연구가 특별한 이유는 무엇일까? 많은 목회 관련 서적들은 장애 사역을 위한 접근법과 아이디어를 일부 성경 구절과 느슨하게 연결하여 제시하고 있다. 그러나 성경 전체를 조사하여 교회에서 장애를 포함하는 목회의 올바른 성경적 토대를 설명하는 책은 거의 없다.

초기 문헌들 중 장애와 성경에 대한 연구는 질병과 의학적 문제에 국한되어 있다. 교회 지도력과 장애, 혹은 신앙 공동체가 장애인들을 돌보고 그들과 함께 사역하는 데 어떤 역할을 할 수 있는지에 대해 논의한 책들은 거의 없다. 레베카 라파엘Rebecca Raphael은 최근 들어 이 주제에 대한 관심이 크게 일고 있으며 이 연구 분야가 성장하고 있다고 믿고 있다. 그녀는 초기 연구들이 사회문화적 평가나 신학적 관점보다는 주로 의학적 관점에 집중했다고 말한다. 라파엘은 아발로스Hector Avalos의

1995년 단행본 『고대 근동의 질병과 건강 관리』*Illness and Healthcare in the Ancient Near East*가 장애의 문화적 영향과 성경적 근거를 모두 다룬 진정한 첫 번째 연구라고 소개했다.[5]

언어학은 성경 본문을 현대의 장애 개념과 연결하는 데 있어 어려움이 있다고 지적한다. 이는 오늘날 "장애"라는 단어가 사용되는 방식과 유사한 분류 체계가 성경에는 없기 때문이다. "장애"라는 특정 단어 또는 범주로 이해할 수 있는 표현은 성경에 존재하지 않는다. 라파엘은 성경 히브리어에 신체적, 정서적, 인지적 장애를 집합적으로 정의하거나 묶는 단어가 없다고 지적한다. 성경에서 "시각 장애"나 "보행 불능"과 같은 몇가지 장애는 기술되었지만 그것들이 현대 문화에서 "장애"라는 용어로 분류된 것처럼 하나의 단어로 묶이지는 않았다.[6]

장애에 대한 철저한 성경적 연구는 성경에 기록된 다양한 질병 목록을 작성하는 것으로 시작해야 한다. 이 목록을 바탕으로 성경에 기록된 질병들이 현대의 장애 개념으로 어떻게 해석할 수 있는지 연구해야 한다. 이에 대한 좋은 예가 12년 동안 혈루병을 앓았던 여인의 이야기다. 마9:18-26; 막5:21-43; 눅 8:40-56 오늘날 현대 의학으로 말하자면 그녀가 적절한 진단을 받았다면 빠르게 성공적으로 치료될 수 있었을 것이다. 따라서 그녀의 이야기는 장애와 관련된 이야기로 간주하지 않을 수 있다.

---

5) Rebecca Raphael, *Biblical Corpora: Representations of Disability in Hebrew Biblical Literature* (New York: T & T Clark, 2008) 15-16.

6) Raphael, 14-15.

그러나 치료할 수 없는 상태가 계속된다면 신체적, 정서적, 경제적, 영적으로 부정적인 결과를 초래한다는 점을 이해한다면 그녀의 이야기를 장애 서사에 쉽게 포함할 수 있을 것이다.

제니 블록Jennie Weiss Block의 책『장애인을 위한 풍성한 환대』Copious Hosting은 현대적인 접근 방식 보다는 성경에 근거한 장애 이해를 제시한 결과 연구할 수 있는 본문의 범위가 좁아졌다는 사실을 알려준다. 블록은 복음서에 나타난 질병과 장애에 관한 구절들을 구분하며 예수의 치유 행위를 별도로 연구하였다. 제니는 이렇게 제한적 방법을 사용하여 성경과 장애의 문제를 복음서에 나오는 세 가지 치유 구절의 비평적 분석과 한 가지 치유 사례에 대한 자세한 분석을 제공하였다.[7]

현재 성경 기록을 리더십, 실제 사역, 장애 문제와 결부시키는 자료가 부족하다. 나는 이 연구가 학술적 연구와 실제 사역 문헌의 공백을 메우는 데 도움이 되기를 바란다.

텍스트 선택

이 저서는 성경이 가르치는 대로 장애인을 돌보고 관심을 가지는 리더십 문제에 초점을 맞출 것이다. 이런 목적으로 예수님의 다양한 치유 기적들을 다룰 것이다. 이 기적들은 장애 포용적 리더십을 위한 성경

---

7) Jennie Weiss Block, *Copious Hosting: A Theology of Access for People with Disabilities* (New York: Continuum, 2002), 101-13.

적 기초로 사용될 것이다.

　예수님이 행하신 기적의 수에 대해서는 학자들 사이에 의견이 다르다. 해롤드 윌밍턴Harold L. Willmington은 복음서에 기록된 예수 그리스도의 기적이 36개라고 했다. 그는 이 기적들을 7개의 범주로 나누었다.[8] 게일렌 레버렛Gaylen Leverett은 예수님의 기적이 33개라고 했으나 그의 목록은 특정 기적을 일반화함으로써 전체 기적 수를 최소화했다. 이러한 일반화의 한 예는 누가복음 5장과 요한복음 21장에 기록된 고기 잡이 기적이다. 누가복음의 고기 잡이 기적은 예수님의 지상사역 초기 사건이다. 요한복음은 예수님의 지상 사역이 끝날 무렵 일어난 고기 잡이 기적을 하나 더 기록한다. 이 두 개의 별개의 사건은 레버렛의 예수님 기적 목록에서는 하나로 결합되었다.[9] 닐 윌슨Neil S. Wilson과 린다 테일러 Linda K. Taylor는 예수님의 기적을 35개로 보았으나 그것들을 특정 범주나 유형으로 나누지는 않았다.[10] 하우스H. Wayne House 역시 35개의 기적을 인정하며 이를 자연 기적과 치유 기적의 두 범주로 나눈다. 하우스는 물을 포도주로 변하게 한 사건요2:1-11은 자연 기적으로, 나사로를 살린 사건요11:1-45은 치유 기적의 한 예로 제시했다.[11]

---

8) Harold L. Willmington, *Willmington's Guide to the Bible* (Wheaton, IL: Tyndale, 1988), 339-40.
9) Gaylen Leverett, "Matthew: The Kingdom of Heaven," in *The Essence of the New Testament: A Survey*, ed. *Elmer Towns and Ben Gutierrez* (Nashville: B&H Academic, 2012), 57-58.
10) Neil S. Wilson and Linda K. Taylor, *Tyndale Handbook of Bible Charts & Maps*, The Tyndale Reference Library (Wheaton, IL: Tyndale House, 2001), 356.
11) H. Wayne House, *Chronological and Background Charts of the New Testament*, 2nd ed.,

나는 이 책 연구의 기초로 하우스의 치유 기적 목록을 사용하여 장애와 직접적으로 연결된 치유 사건에 집중할 것이다. 따라서 베드로 장모의 열병 사건마8:14-15; 막 1:29-31; 눅 4:38-41과 같은 에피소드는 고려하지 않을 것이다. 야이로의 딸을 치유한 사건은 예외로 한다. 이 이야기는 세 명의 저자가 모두 사용한 교차 삽입intercalation이라는 문학적 장치를 사용하기 때문에 살펴 볼 것이다. 이야기 속의 이야기라고도 하는 이교차삽입은 어떻게 독자가 두 이야기를 비교하고 대조하여 텍스트에서 전달하고자 하는 바를 이해하도록 하는 장치다.

특정 치유 기적을 충분히 논의하기 위해서 세 개의 공관복음서 모두에 포함된 치유 사건들만 포함할 것이다. 이렇게 하여 각 치유 사건을 연구하는 데 사용할 수 있는 가장 많은 자료를 확보할 수 있다. 또 예수님이 행하신 치유사건 중 장애를 다루는 기적으로 간주할 수 있는 요한복음에 기록된 두 개의 치유 사건도 다룰 것이다.

이러한 기준을 바탕으로 이 연구의 기초로 사용한 치유사건은 다음과 같다;

- 게네사렛 근처에서 나병 환자를 치유한 사건 마 8:1-4; 막 1:40-45; 눅 5:12-15
- 가버나움에서 중풍병자를 고친 사건마 9:1-8; 막 2:1-12; 눅 5:17-26

Zondervan Charts (Grand Rapids: Zondervan Academic, 2009), 112-15.

- 손 마른 사람을 치유한 사건 마 12:9-14; 막 3:1-6; 눅 6:6-11
- 12년 동안 혈루증을 앓은 여인을 치유하고 야이로의 딸을 치유한 사건 마 9:18-26; 막 5:21-43; 눅 8:40-56
- 맹인 바디매오의 시력을 회복한 사건 마 20:29-34; 막 10:46-52; 눅 18:35-43
- 베데스다에서 못 걷는 자를 치유한 사건 요 5:1-17
- 태어나면서부터 맹인이었던 사람을 치유한 사건 요 9:1-10:21

공관복음서는 두 가지 귀신 들린 사건을 기록하고 있다. 하나는 여러 가지 의학적 문제를 겪었던 소년을 향해 예수님이 악령을 꾸짖는 사건이다. 마 17:14-19; 막 9:14-29; 눅 9:37-43 겉보기에는 이 이야기가 이 연구의 고려사항을 충족시키는 것처럼 보인다. 그러나 이 이야기가 복잡할 뿐 아니라 초자연적인 요소와 연결되기 때문에 이 이야기는 다루지 않을 것이다. 실제로 이 이야기의 초자연적 요소가 다른 모든 치유 사건들과 구별하게 만드는 요소이기 때문이다.

포용적 리더십: 출발점

장애를 가진 사람의 수가 증가함에 따라 장애를 가진 리더와 포용적 리더십에 대한 연구가 더 많이 이루어지고 있다. 이런 성격의 연구는 장애인을 상위 관리직에 고용함으로써 많은 것을 배울 수 있다는 것을 보여주려고 한다. 즉 장애인을 리더십 직위에 고용하는 것과 그에 상응한 포용성을 연구하면 장애인 포용 리더십에 대한 많은 지혜를 얻을 수 있다. 그러나 이 책은 이러한 내용을 중점적으로 다루지 않을 것이다. 대신 교회 내에서 장애를 포용 촉진하는 방식으로 접근하는 리더십 특성에 초점을 맞출 것이다. 장애를 포용하는 리더십의 결과가 결국 장애인을 실행 가능한 리더십 위치에 고용하는 것으로 이어져야 한다는 것은 분명한 목표지만 이 책의 주제는 아니다. 대신 이 연구의 초점은 오로지 장애인을 위한 자비와 포용에 맞추어질 것이다. 이를 위해 리더십, 장애, 포용과 관련하여 자주 등장하는 몇 가지 용어를 다루고자 한다. 이 연구의 핵심에는 장애인들이 교회의 전체적인 공동체 생활에 참여해야 한다는 믿음이 있다. 제대로 알려면 장애 포용적 교회는 "모든 장애인은 이웃과 친구들, 형제자매와 함께 자연스러운 환경과 활동에 포함될 권리가 있다"는 기초 위에 세워진다는 것을 알아야 한다.[12] 따라서 장애를 가진 이들은 지역 교회에서 참여할 수 있는 다양한 기회를 얻게 된다. 장애 포용적 교회를 추구하는 목회자와 교회 지도자들은 단순히 예배에 참석하고, 앉아 있고, 듣고, 떠나는 방식의 장애 사역에 만족하지 않을 것이다.이렇게 되면 장애인들은 지역 교회에 참여할 기회를 얻게 될 것이다. 장애인 포용을 추구하는 목회자와 교회 지도자들은 장애인들이

---

12) E. J. Erwin, "The Philosophy and Status of Inclusion," *Envision: A Publication of Lighthouse National Center for Vision and Child Development* 1 (1993): 1.

그저 '참석하고, 앉아서 듣고, 떠나는' 방식의 사역에 만족하지 않을 것이다.

리더십에 관한 책들은 끝이 없어 보인다. 사실 이 책은 교회라는 맥락에서 리더가 된다는 것이 무엇을 의미하는지 탐구하려는 또 다른 과제다. 이 책에서 교회 리더십을 검토하는 데 사용된 관점은 독특한 것이지만 여기서 사용된 교회 리더십의 정의는 결코 독창적인 것이 아니다. 헨리 블래커비Henry T. Blackaby와 리처드 블래커비Richard Blackaby가 언급했듯이 리더십은 "사람들을 하나님의 계획으로 이끄는 것"이다.[13] 장애를 포용하는 리더십이란 목회자, 교회 리더십, 그리고 회중이 장애인에 대한 자비와 배려, 그리고 포용을 하나님이 원하시는 것으로 보기 시작한다는 것을 의미한다. 그 결과 자비, 배려, 그리고 포용은 목회자, 교회 리더십, 그리고 회중의 바람직한 목표가 된다.

포용적 리더십이라는 용어는 다양하게 이해된다. 어떤 사람들은 포용적 리더십에 장애인을 포함하는 고위 경영진 팀을 내세운다. 따라서 직원들은 "우리의 경영진은 포용적 리더십의 모델이다"라고 말할 수 있다. 이와 비슷하게 포용적 리더십은 성별, 지역, 세대를 아우르는 리더십 팀으로 나누어 생각할 수 있다.

지금까지 다루어 온 리더십 연구는 개인적 차원의 포용적 리더십

---

13) Henry T. *Blackaby and Richard Blackaby, Spiritual Leadership: Moving People on to God's Agenda* (Nashville: B&H, 2001), 20.

주제를 다루지는 않았다. 리더십에 있어 개인을 포용적하는 요소는 무엇일까? 개인적 차원의 포용적 리더십을 한마디로 요약하면 "팔로워들에게 개방성, 접근성, 그리고 가용성을 보여주는 리더"라고 할 수 있다.[14] 이러한 세 가지 관계적 특성을 모델로 삼는 목회자와 교회 지도자들은 회중이 장애에 대한 이해를 넓히고 또 장애인의 삶에 동참하고자 하는 바람을 키우는 분위기를 조성한다. 그 결과 이 신앙 공동체는 장애인들을 환영하는 장소가 된다. 장애 포용적 리더십은 리더를 넘어 공동체 전체로 확장되어 그룹에 속한 모든 사람들이 장애에 대한 비슷한 태도를 공유하게 된다.

장애 포용적 리더십이란 장애인을 인식하고 그들을 포용하려는 욕구가 특징인 리더십 유형이다. 장애 포용적 리더십은 성경에 뿌리를 두고 있으며 예수님을 모델로 삼는다. 이러한 리더십 접근 방식은 다른 사람들에게도 전파되어 목회자의 영향권에 있는 사람들 역시 장애 포용적 리더가 되고자 하는 욕구를 갖게 된다.

아마도 기독교적 관점에서 포용적 리더십을 가장 잘 다룬 사람은 스티브 에콜스Steve Echols일 것이다. "변혁적/종 리더십: 포용적 리더십 스타일을 위한 잠재적 시너지 효과"라는 제목의 글에서 에콜스는 변혁

---

14) Abraham Carmeli, Roni Reiter-Palmon, and Enbal Ziv, "Inclusive Leadership and Employee Involvement in Creative Tasks in the Workplace: The Mediating Role of Psychological Safety," *Creativity Research Journal 22*, no. 3 (August 12, 2010): 4, https://doi.org/10.1080/10400419.2010.504654.

적 리더십과 종 리더십을 적절히 혼합하여 포용적 리더십의 기초를 제시한다. 이 두 가지 리더십 스타일에는 교회의 목적과 접근 방식이 교차한다. 에콜스는 "변혁적 리더십은 교회의 사명이며 종 리더십은 그 방법이다"라고 주장한다.[15]

이 교차점을 염두에 두고 에콜스Echols는 변혁적 리더십과 섬김의 리더십을 균형 있게 조화시킨 포용적 리더의 다섯 가지 특징을 제시하고 있다. 그는 포용적 리더십이 다음과 같은 특성을 가지고 있다고 본다.

첫째, 포용적 리더십은 최대한 많은 사람들이 참여할 수 있도록 한다.

둘째, 포용적 리더십은 개인들이 자신의 잠재력을 최대한 발휘하면서도 공동체 전체의 공익을 추구할 수 있도록 권한을 부여한다.

셋째, 포용적 리더십을 실천하는 사람들은 개인의 가치를 존중하는 문화를 조성하여 독재로 변질될 가능성을 예방한다.

넷째, 포용적 리더십은 오늘날의 리더가 위의 특성을 모델링하도록 하여 미래의 리더십이 지속적으로 나오도록 돕는 것을 의도적으로 추구한다.

마지막으로, 포용적 리더십은 공동체의 본질을 유지하면서도 누구도

---

15) Steve Echols, "Transformational/Servant Leadership: A Potential Synergism for an Inclusive Leadership Style," *Journal of Religious Leadership* 8, no. 2 (2009): 115.

소외되지 않도록 적절한 경계를 설정하는 데서 나타난다.[16]

이 책에서는 이러한 다섯 가지 특성을 예수님의 장애인 포용적 사역을 평가하고 설명하는 기준으로 삼을 것이다. 책에 담긴 여러 기적 치유 이야기를 통해, 예수님이 에콜스가 정의한 포용적 리더십을 실천하셨음을 확인할 수 있을 것이다. 따라서 목회자와 교회 지도자들은 예수 그리스도의 포용적 리더십을 본받아, 장애인을 포용하는 리더십을 구현할 수 있을 것이다.

---

16) Echols, 88-91.

약혼한 커플이 결혼반지를 고르러 나섰다. 그들은 마음에 쏙 드는 특별한 반지를 찾고자 했다. 친구 한 명이 그들에게 어떤 종류의 반지를 원하는지 묻자 커플은 서로를 바라보며 "봐야 알겠어"라고 대답한다.

4년 후 이 커플은 임대 아파트를 떠나 첫 집을 장만하기로 결심했다. 부동산 중개인은 그들에게 첫 집으로 어떤 조건을 원하는지 물었다. 커플은 필수 조건과 타협할 수 없는 요소를 몇 가지 나열하고 예산과 함께 꿈꾸는 집의 편의 시설을 설명했다. 중개인은 미소를 지으며 현재 부동산 시장에 경쟁이 치열하니 마음에 드는 집을 발견하면 신속히 결정해야 할 것이라고 조언했다. 커플은 서로 익숙한 눈빛을 주고 받으며 결정을 내리는 것이 그리 어렵지 않을 것이라고 말했다. 그리고 둘은 거의 동시에 "보면 알겠죠"라고 중개인에게 말했다.

인생에서도 이런 표현이 완벽하게 들어맞는 순간들이 있다. 성경의 특징이나 본질을 살펴보는 일도 마찬가지이다. 종종 성경 본문을 읽다 보면 그 안에서 특정한 특성이나 유형을 발견한다. 이런 가능성을 염두에 두고 우리는 "예수님 사역은 본질적으로 포용성을 명확하게 염두에 두고 있는가?"라고 질문할 수 있을 것이다. 더 구체적으로 말하자면 예수님이 장애인들과 상호관계하신 방식을 살펴보면서 포용적 리더십의 특징을 파악할 수 있지 않을까?

이러한 특징들을 알아내기 위해서는 성경 연구하는 방법에 대한 개념이 필요하다. 즉 넓은 범주에서 좁은 범주로 이동하며 성경을 연구할 수 있어야 한다는 뜻이다. 더 구체적으로 말하자면 일반적인 관점에서 성경을 연구하기 시작해서 다음 좀더 구체적으로 복음서에 나오는 이야기들을 연구하고 마지막에 가서 특정 종류의 기적 이야기로 초점을 좁혀야 한다. 성경의 올바른 해석은 성경 페이지에 나타난 다양한 장르와 하위 장르의 문학적 독창성을 인식하는 데서부터 시작한다.

성경 연구

성경 이야기를 연구하는 데는 여러 가지 도전 과제가 따른다. 그중 가장 기본적인 과제는 신실함이다. 린제이 올레스버그Lindsay Olesberg는 성경 이야기를 연구할 때 신실함에는 두 가지 측면이 있다고 강조한다. 하나는 개별 이야기에 대한 신실함이고, 다른 하나는 메타 내러티브, 즉 성경 전체의 더 큰 이야기, 큰 줄기에 대한 신실함이다. 진정성 있는 성경 연구를 하려면 특정 성경 이야기가 더 큰 전체 이야기와 어떻게 연결되는지를 염두에 두어야 한다.[1]

---

1) Lindsay Olesberg, *The Bible Study Handbook: A Comprehensive Guide to an Essential*

올레스버그가 제시한 두 가지 도전 과제는 모든 성경 연구에서 중요하지만 이 책에서는 특히 두 가지 이유로 중요한 역할을 한다. 첫째, 각 이야기를 개별적인 내러티브로 연구하더라도 성경 전체적인 구속사적 관점에서 벗어나지 않도록 경고하는 역할을 한다. 둘째, 이 책의 목적은 예수님의 사역이 어떻게 포용적 성격을 지니고 있는지를 이해하는 것이다. 만약 예수님의 사역 이야기가 포용적이라면 성경 전체의 메시지도 포용적이라고 볼 수 있다.

리처드 퓌르Richard Alan Fuhr와 안드레아스 코스텐베르거Andreas J. Kostenberger는 로이 주크Roy Zuck의 저서 『기본 성경 해석』*Basic Bible Interpretation*에서 세 가지 중요한 도전 과제를 인용했다. 즉 이 세가지 도전 과제는 바로 역사적, 문학적, 그리고 신학적 관점으로 성경을 바라보는 것이다.

각각의 도전 과제는 독특한 간극을 포함하고 있다. 성경 본문의 역사적 맥락을 연구하려면 시간적, 지리적, 문화적 간극을 인식해야 한다. 이러한 간극들은 현대 사회가 성경 이야기에서 다루는 시대, 장소, 문명과 얼마나 동떨어져 있는지를 보여준다. 성경의 문학적 요소를 연구하려면 성경 사건과 현대 문화 간의 언어적 및 문학적 간극을 인식해야 한다. 이 두 간극은 다양한 사건들을 서술하는 성경의 언어와 문화의 차이 때문이다. 마지막으로 신학적 도전은 초자연적 간극, 신학적 간극, 그리

Practice (Downers Grove, IL: InterVarsity, 2012), 101.

고 적용 간극을 인식하는 일이다. 초자연적 간극이라 함은 성경의 특정 사건들이 자연 세계에서는 흔히 경험할 수 없는 것임을 인정하는 것이다. 신학적 간극은 성경이 하나님의 자기 계시라는 사실 안에서 하나님이 전달하고자 하는 진리를 이해하고자 하는 것이다. 적용 간극은 성경 연구 자체가 해석에서 실제 적용으로 나아가는 데 있어 어려움이 있음을 인정하는 것이다. 그저 성경을 해석하는 것만으로는 충분하지 않다는 말이다. 하나님의 말씀 본문을 성공적으로 연구하려면 해석을 하면서 본문에 나타난 명령, 예시, 지시 및 권고를 올바르고 알맞게 적용하는 과정까지 나아가야 한다.[2]

따라서 퓌르와 코스텐버거가 제시한 이 세 가지 도전 과제를 이해하는 것이 매우 중요하다. 예수님이 장애인과 만났던 사건을 다루는 이 책에서 가장 중요한 것은 문화, 시간, 문학, 초자연적, 신학적, 적용 간극을 이해하는 일이다.

언어적 또는 지리적 요소가 해석의 핵심으로 제시되는 경우에는 이를 고려할 것이다. 그러나 이 책은 구절별로 세밀히 해석하는 주석서가 아니므로, 이러한 종류의 차이점은 의도적으로 다루지 않을 것이다.

---

2) Richard Alan Fuhr and Andreas J. Kostenberger, *Inductive Bible Study: Observation, Interpretation, and Application Through the Lenses of History, Literature, and Theology* (Nashville: B&H Academic, 2016), 4-19.

복음서 연구

다양한 성경 장르 중에는 구약과 신약에 나오는 스토리가 있다. 로버트 스타인Robert H. Stein은 이 스토리가 성경에서 지배적인 문학적 형태라고 주장한다. 그는 구약의 40% 이상과 신약의 거의 60%가 서사 형식으로 구성되었다고 밝혔다. 창세기, 출애굽기, 여호수아, 에스더, 그리고 민수기, 신명기, 예언서의 많은 부분이 서사 형식의 문학 작품이다. 신약에서는 마태복음, 마가복음, 누가복음, 요한복음, 사도행전이 서사 형식으로 쓰여 있다. 이렇게 서사형식의 문학 형식이 성경에 우세하다는 사실은 성경을 처음 접하는 대부분의 사람들이 결국 서사 이야기부터 듣게 된다는 뜻이다. 따라서 성경 이야기를 연구할 때 서사 문학의 형태를 인식하는 동시에 성경의 신학적 초점을 존중해야 한다는 점을 분명히 한다. 성경의 이야기를 이러한 고려 없이 연구하는 것은 이야기 자체와 그 이야기를 주신 신적 저자에 대한 불경이 될 것이다.[3]

릴런드 라이켄Leland Ryken은 성경 서사 특히 복음서의 인물들을 분석하려면 먼저 이야기 속 등장인물들을 모아야 한다고 설명한다. 다음으로 독자는 어떤 인물이 주인공인지 어떤 인물이 대립자인지 그리고 어떤 다른 인물들이 이야기에서 부수적인 역할을 하는지 결정해야 한다. 주요 인물을 관찰할 때 중요한 세부 사항, 예를 들어 성격, 역할, 관

---

3) Robert H. Stein, *A Basic Guide to Interpreting the Bible. Playing by the Rules*, 2nd ed. (Grand Rapids: Baker, 2011), 79.

계, 외적 및 내적 행동 등을 자세히 살펴야 한다. 또한 등장인물들의 삶을 바탕으로 그들을 판단해야 한다. 그렇게 해서 이야기 속 인물들이 좋은 본보기를 보여 주는지 아니면 나쁜 본보기를 보여 주는지 평가해야 할 수 있어야 한다고 라이켄은 역설했다.[4]

스콧 듀발J. Scott Duvall과 다니엘 헤이스J. Daniel Hays는 복음서가 예수님의 생애와 가르침에 초점을 맞춘 그리스도 중심의 전기라고 주장한다. 복음서에 나오는 이야기를 올바르게 이해하려면 각 복음서가 가진 두 가지 특정 목적을 파악해야 한다. 첫째, 복음서 저자들은 예수 그리스도의 이야기를 전하기 위해 성령의 인도에 따라 내용을 선택하고 배열했다. 둘째, 저자들은 첫 독자들에게 무언가를 전달하기 위해 스토리 형태를 사용하고 있다. 이러한 이야기를 올바르게 이해하려면 저자가 그들에게 그리고 우리에게 무엇을 말하고 있는지 이해해야 한다.[5]

라이켄은 복음서에 나오는 이야기들을 전기적으로 다루어야 한다고 주장한다. 그는 예수 그리스도의 생애가 다큐멘터리 접근법으로 기록되었다고 본다. 따라서 사건이 어떻게 일어났는가 설명하는 것보다는 그 사건이 실제로 일어났다는 사실을 보여주고 설명하는 것에 중점을 두었다고 본다. 라이켄은 본문을 제대로 연구하기 위해서는 다음과

---

4) Leland Ryken, *Jesus the Hero*: *A Guided Literary Study of the Gospels, Reading the Bible as Literature* (Wooster, OH: Weaver, 2016), 28-29.

5) J. Scott Duvall and J. Daniel Hays, *Grasping God's Word*: *A Hands-On Approach to Reading, Interpreting, and Applying the Bible*, 3rd ed. (Grand Rapids: Zondervan Academic, 2012), 273.

같은 점에 집중해야 한다고 강조했다: 즉 예수님이 하신 말씀, 예수님이 하신 역할, 또 다른 사람들이 예수님께 어떻게 반응했는지, 그리고 이야기에 제시된 자료를 바탕으로 예수님은 어떤 인물이고 그의 사역에 대한 평가와 결론을 도출하여여 한다.

라이켄의 연구는 성경에 기록된 예수님의 생애를 연구할 때 기본적인 틀을 제공한다. 즉, 예수님께 주목해야 할 점, 예수님이 보여주신 것, 그리고 이야기의 내용을 중심으로 살펴보도록 이끈다. 또한 사건이 어떻게 일어났는지에 대해 추측하는 것을 경계하라고 조언한다. 이러한 전기적 또는 다큐멘터리 스타일의 이야기는 추측에 의존해 사건을 이해하지 않도록 설계된 것이기 때문이다. 따라서 텍스트에 명확하게 언급되지 않은 부분에 대해 추측해서는 안 된다.[6]

라이켄의 목록은 이번 연구에서 성경 이야기의 구체적인 정보를 수집하는 방법으로 사용될 것이다. 따라서 이 연구에서는 예수께서 무엇을 말씀하시고 행하시는지, 그가 어떤 역할을 하고 있는지주로 기적을 행하는 자나 치유자로서, 이야기 속 다른 인물들이 예수님께 어떻게 반응하는지를 살펴보고, 그 이야기가 우리에게 예수님이 누구인지와 그의 지상 사역의 목적에 대해 어떤 결론을 이끌어내도록 요청하는지를 분석할 것이다. 라이켄의 다섯 번째 연구 질문인 '반응의 질문'은 에콜스의 포용적 리더십 구조와 연계하여 사용될 것이며, 이를 통해 예수님의 포

---

6) Ryken, *Jesus the Hero*, 36-37

용적 리더십 구조에 대한 관점에서 이 질문을 살펴볼 것이다.

기적 이야기 연구

복음서에는 기적 이야기로 분류할 수 있는 특정 유형의 이야기가 있다. 일반적으로 예수님께서 어떤 사람을 치유하시거나 자연 세계를 다스리는 모습을 보이시거나 영적 세계에 대한 권능과 권위를 드러내시는 이야기는 기적 이야기로 간주한다. 에릭 이브Eric Eve는 기적 이야기와 성경 속 기적을 인간으로서는 상상할 수 없을 정도로 놀라움을 불러일으키는 사건으로 묘사한다. 따라서, 하나님은 직접적으로 혹은 중개자를 통해 역사하신다.[7] 라이켄이 예시로 든 예수님의 기적 이야기는 그의 공생애 기간 동안 일어났던 중요한 사건들에 중점을 둔다. 이 이야기들은 다양한 방식으로 전달되며 전달하고자 하는 의미 또한 다채롭다. 어떤 이야기들은 예수님의 신적 권능을 강조하거나 믿음과 순종에 대한 교훈을 전달한다.[8]

반대로 W. 랜돌프 테이트W. Randolph Tate는 일부 비평가들이 복음서의 기적 이야기를 아레탈로지aretalogy: 신적 존재의 놀랍고 초자연적인 행위를 다룬 이야기로 본다고 주장한다. 이러한 이야기들은 예수님이 초자연적 능력을 발휘하시는 모습을 강조하며, 독자로 하여금 예수 그리스도가

---

7) Eric Eve, *The Jewish Context of Jesus' Miracles* (Journalfor the Study ofthe New Testament Supplement, no. 231) (Sheffield, UK: Sheffield Academic, 2002), 1.
8) Ryken, *Jesus the Hero*, 56-57.

하나님의 아들이심을 믿도록 유도한다.[9] 테이트의 이러한 부정적 시각도 주목할 필요가 있지만, 기독교 역사학자들과 신학자들은 이러한 기적 이야기들을 신화적 이야기와는 달리 역사적 사실로 여긴다.

이 세 가지 기적 이야기의 해석 방식과 더불어, 복음서가 이야기 자체와 이야기의 구성 방식을 통해 예수님에 대해 전하려는 의도를 이해한다면 본 연구의 본문들을 더 깊이 이해할 수 있을 것이다. 연구 대상이 되는 기적 이야기들은 단순히 예수님과 평범한 사람들의 일상적인 만남이 아니라, 하나님께서 예수님을 통해 당시 문화에서 소외되고 배제된 사람들에게 어떻게 응답하셨는지를 보여주기 위해 선별되어 배열된 이야기들이다.

예수님의 기적 이야기를 연구하려면 문장 구조에 대한 핵심적인 관찰이 필요하다. 라이켄Ryken은 대부분의 성경 속 기적 이야기에서 반복적으로 나타나는 전형적인 구조를 제시하며, 독자가 주목할 점을 지적한다. 즉 먼저, 누군가의 필요가 드러나고, 이어서 예수님의 도움이 요청된다. 다음으로, 당사자나 주변 인물이 신앙이나 순종을 표현하게 된다. 이후 예수님은 그 필요에 맞는 기적을 행하시고, 마지막으로 이야기 속 인물들은 그 기적과 예수님께 반응을 보인다. 라이켄은 어떤 이야기에서는 이러한 요소들이 모두 나타나지 않을 수도 있지만, 대체로 이와 같

---

9) W. Randolph Tate, *Handbook for Biblical Interpretation: An Essential Guide to Methods, Terms, and Concepts*, 2nd ed. (Grand Rapids: Baker Academic, 2012), 29.

은 패턴을 따른다고 설명한다.[10]

본 연구에서는 장애인을 치유하신 예수님의 기적 이야기를 분석할 때, 라이켄이 제시한 기적 이야기 구조와 더불어 그의 전기적, 혹은 복음서적 이야기 질문 목록도 함께 참고할 것이다. 이 두 가지를 결합하면 예수님의 포용적 리더십 방식을 이해하기 위한 기본적인 틀이 될 것이다. 이 구조와 질문들은 각 이야기의 본래 의미뿐 아니라 성경 전체 이야기의 일관성도 유지하도록 돕는다. 이를 통해 공관복음서에 기록된 각 기적 이야기의 요약을 작성하고, 이야기 속 유사점이나 차이점을 파악하는 데 초점을 맞출 수 있을 것이다.

---

10) Ryken, *Jesus the Hero*, 56

마태복음 8:1-4; 마가복음 1:40-45; 누가복음 5:12-15

예수님이 산에서 내려와 마을에 들어오셨을 때, 한 나병 환자가 다가와 얼굴을 땅에 대고 엎드려 치유를 간청했다. 감동을 받으신 예수님은 그에게 손을 내밀어 만지시며 치유하셨다. 고침을 받은 그에게 예수님은 아무에게도 말하지 말라고 강하게 당부하셨다. 또 제사장에게 가서 필요한 제 물을 드리도록 명령하셨다. 이 제물은 그가 치유되었음을 증명하는 증거가 된다. 그러나 그 사람은 예수님 곁을 떠나자마자 자신에게 일어난 일을 사람들에게 이야기하기 시작했다. 그로 인해 예수님은 더 이상 마을에서 자유롭게 다니실 수 없게 되었고 외딴 곳으로 옮기셔야 했다. 그러나 여전히 사람들이 예수님을 찾아와 만나려고 했다.

이 이야기를 기록한 세 복음서 기록은 많은 공통점을 가지고 있다. 세 복음서 저자 모두 그 사람의 심각한 피부병에 대해 이야기하면서 그가 나병환자였음을 명시하였다.마 8:2; 막 1:40; 눅 5:12 세 복음서 저자는 또한 그가 예수님께 치유를 요청하며 겸손하게 무릎을 꿇은 모습을 묘사했다.마8:2; 막 1:40; 눅 5:12 각 저자는 그와 예수님 사이의 대화를 역시 세부적으로 기록하고 있으며마 8:2; 막 1:40; 눅5:12 예수님의 대답 역시 비슷하게 기록하고 있다.마 8:3; 막 1:41; 눅 5:13 세 저자 모두 예수님께서 그 사람을 만지시고 즉시 치유하셨다고 언급하였다.마 8:3; 막 1:41-42; 눅 5:13 마지막으로 세 저자는 모두 예수님이 그에게 하나의 부정적인 지시 와 세가지의 긍정적인 지시를 내리셨음을 기록하고 있다.마 8:4; 막 1:43-44; 눅 5:14 즉 세 저자 모두 그에게 이 일이 일어났음을 아무에게도 말하 지 말라고 지시했음을 언급했다. 반대로 세 저자 모두 그가 제사장에게 가서 자기를 보이고 모세 율법에 따라 제물을 드려야 한다고 기록하였 다. 이 세가지 긍정적인 지시의 이유에 대해서도 모두 동일하게 기록하 고 있다. 그의 행동은 제사장과 그 광경을 목격한 모든 이들에게 증거가 되기 위함이었다.마 8:4; 막 1:44; 눅 5:14.

이 이야기가 세 복음서에 걸쳐 14구절 밖에 안 되는 짧은 이야기이 기 때문에 예수님께서 행하신 이 치유의 기록에 거의 차이가 없을 것이 라고 생각할 수 있다. 실제로 공통점이 차이점보다 많다. 그러나 차이점 들은 이야기를 올바르게 이해하는 데 중요한 내용을 제공한다. 이러한 차이점들은 마가복음에서 가장 두드러진다. 이 사건을 기록한 마가복 음에서는 예수님의 감정이 명확하게 드러난다. 마가는 예수님을 움직 이게 한 동정심막 1:41과 그 사람에게 아무에게도 말하지 말라고 경고하 신 예수님의 단호한 태도를 기록하였다.막 1:43 마가는 또한 치유된 사 람이 예수님의 지시를 따르지 않은 점을 기록하였다.막 1:45 그는 예수님을 떠난 후 자신에게 일어난 일을 널리 알렸고 그로 인해 예수님은 외딴 곳으로 가셔야 했다. 그러나 사람들이 예수님의 말씀을 듣기 위해 여러 곳에서 찾아왔다고 기술하였다.1:45

한편 누가는 이 이야기의 결말에서 예수님에 대한 소문이 더욱 퍼졌다고 언급하며 많은 사람들이 예수님의 말씀을 듣고 또 치유를 받기 위해 모였다고 기록하였다. 이러한 압박스런 분위기는 예수님을 외딴 곳으로 물러나 기도하시게 만들었다.눅 5:15-16 이를 마가복음의 결론과 연결지어 보면 치유된 사람이 예수님의 지시를 따르지 않은 결과로 인해 예수님에 대한 소문이 더욱 퍼졌다는 사실을 이해할 수 있다. 그 결과 예수님이 기도하기 위해 외딴 곳으로 가실 때마다 사람들은 그분의 말씀을 듣고 치유를 받기 위해 예수님을 쫓아갔다는 것을 알 수 있다.

의사였던 누가는 이 사람의 심각한 피부 상태에 대해 가장 구체적인 설명을 제공한 유일한 저자다. 그는 이 사람의 병이 "온몸에 퍼졌다"고 기록했다.눅 5:12 누가가 의사였기 때문에 그의 의료적 세부 사항에 대한 세심한 관찰력을 보여주었다. 누가의 이런 의학적 정보가 이 사람의 장애가 얼마나 심각했는지를 말해준다. 이 병은 단순히 손가락이나 손, 발가락, 팔 다리에만 영향을 미친 것이 아니라 온몸에 퍼진 병이었다.

누가의 세심한 관찰 덕분에 누가복음의 치유 기록에서 주목할 만한 또 다른 점을 발견할 수 있다. 누가는 이 사람이 예수님께 다가가는 과정을 가장 자세하게 기록하고 있다. 단순히 겸손하게 무릎을 꿇은 것 이상으로 예수님 앞에 엎드려 얼굴을 땅에 대고 예수님의 뜻에 따라 자신을 치유해 달라고 간청했다고 누가는 적고 있다.눅 5:12 마가가 예수님의 감정을 기록했다면 누가는 이 심각한 피부병을 가진 사람의 감정을 기록한 것이다.

라이켄의 기적 이야기 구조의 모든 요소를 이 이야기에서 발견할 수 있다. 이 이야기는 매우 심각하게 고통을 겪고 있는 사람의 이야기다. 명확하게 당시 불치병이라 알려져 있는 나병 환자라고 밝히고 있다. 그러나 그는 예수님이 자신을 치유하실 수 있다는 사실을 알고 예수님께 도움을 청했으며 예수님이 원하시면 치유가 가능하다는 믿음을 표현했다. 예수님은 나병 환자에게 손을 대어 치유하셨다. 예수님은 그에게 널리 알리지 말라는 특정한 조건을 요구하셨지만 그 사람은 반대로 자신의 치유를 널리 알렸고 그로 인해 예수님에 대한 소문이 퍼지게 되었다.

예수님의 사역이 어떻게 포용적 성격을 지니고 있는지 이해하려면 이 구절의 세 가지 요소를 더 깊이 살펴볼 필요가 있다. 첫째, 이 사람의 심각한 피부병이나 나병에 대해 더 잘 이해해야 한다. 둘째, 마가복음에 기록된 예수님의 감정적 반응을 살펴 보아야 한다. 마지막으로, 예수님이 손을 대어 치유하신 일의 중요성을 인지해야 한다.

심각한 피부병

성경에 나오는 나병, 즉 심각한 피부병을 이해하는 데는 문화적인 어려움이 따른다. 현대 의학에서 말하는 나병과 성경에 묘사된 나병이 일치한다고 볼 수 있을까? 스탠리 브라운Stanley G. Browne은 오늘날 우리가 한센병이라고 부르는 질병이 성경에서 언급된 나병과 동일한 것인지 확신할 수 없다고 말한다. 이러한 불확실성은 주로 히포크라테스 시대 초기에는 나병lepra이라는 단어가 오늘날 나병으로 알려진 병이 아닌 비늘이 벗겨지는 피부 상태를 설명하는 데 사용하였기 때문이다.[1] 제프리 존Jeffrey John은 나병이 성경에서 다양한 피부 상태를 묘사하는 포괄적인 용어로 사용되었다고 지적하며 오늘날 사용되는 "끔찍하고 소모적인 근육 및 피부병"을 반드시 의미하는 것은 아니라고 주장한다.[2] 토모히로 오미야Tomohiro Omiya 역시 성경에 언급된 나병이 오늘날 한센병 진단과는 유사하지 않다는 데 학자들 사이에서 대체로 합의가 있다고 말한다. 또한 현재 다른 특정 피부병과도 관련이 없을 가능성이 높다고 덧붙인다. 오미야에 따르면 성경의 나병이라는 단어를 이해하는 가장 좋은 방법은 그것이 그저 심각한 피부병이라는 점을 인식하는 것이다.[3]

현대의 특정 질병, 또는 피부 상태와 성경의 나병을 정확히 일치시

1) Stanley G. Browne and Christian Medical Fellowship, Leprosy in the Bible (London: Christian Medical Fellowship, 1979), 22.
2) Jeffrey John, The Meaning in the Miracles (Grand Rapids: Eerdmans, 2004), 26.
3) Tomohiro Omiya, "Leprosy," in Dictionary of Jesus and. the Gospels, 2nd ed., ed. Joel B. Green (Downers Grove, IL: IVP Academic, 2013), 517.

키는 것은 어렵지만 성경 시대에 이러한 피부병이 사회에 미친 영향을 이해하는 것은 가능하다. 레위기 13장 1절부터 14장 57절은 이 병이 사람, 의복, 그리고 가옥에 미치는 영향 그리고 다양한 피부병에 대한 정결 예식을 다루고 있다. 마크 루커Mark Rooker의 설명에 따르면 레위기 이 두 장에서 사용한 용어는 매우 포괄적이어서 곰팡이로부터 나병까지 다양한 피부병을 아우른다.[4] 이 두 장에서는 부정한 것으로 간주되는 모든 것을 하나님의 공동체에서 제거할 필요성에 대해 다루고 있다.[5]

오미야는 이 본문에서 주목해야 할 중요한 점은 바로 이러한 심각한 피부병에 걸린 사람이나 물건은 유대 율법에 따라 부정한 것으로 간주되었다는 점이다. 본문은 하나님 나라의 공동체에서 부정하다고 여겨지는 모든 것을 제거해야 할 필요성을 다루고 있다. 따라서 오미야는 여기서 강조하는 것은 피부병 치료를 위한 의학적 지침이 아니라 이스라엘 공동체 내에서 청결을 유지하기 위한 정결 의식이라고 지적했다.[6] 존 필치John Pilch는 성경에서 나병을 특정한 의학적 진단으로 이해하기 보다는 그것이 초래한 사회적 낙인으로 이해해야 한다고 주장한다. 나병은 하나님나라 공동체의 온전함을 위협했기 때문에 나병 환자들을 공동체에서 격리하는 것이 필수적이라고 본 것이다.[7]

---

4) Mark F. Rooker, Leviticus, New American Commentary, vol. 3a (Nashville: B&H, 2000), 90.
5) Omiya, "Leprosy," 517.
6) Omiya, 517.
7) John Pilch, "Healing in Mark: A Social Science Analysis," Biblical Theological Bulletin 15,

이러한 이해를 바탕으로 제프리 존은 성경 시대에 나병 환자가 겪었을 끔찍한 현실을 다음과 같이 설명한다:

당시 사회에서 나병 환자는 단순히 질병 자체 때문만이 아니라 의식적으로 부정하게 되어 코셔kosher하지 않게 되었다는 이유로 공포의 대상이었다. 나병이 물리적으로 전염될 수 있다고 여겼고 그 때문에 의식적 부정함이 다른 사람에게까지 오염될 수 있다고 믿었기 때문에 그들은 공적 예배와 모든 사회적 교류에서 배제되었다. 나병 환자와 접촉한 사람 역시 제사장이 그들을 깨끗하다고 선언할 때까지 공적 예배와 모든 사회적 교류에서 동일하게 배제되었다. 레위기에는 나병 환자에 대한 엄격한 격리 규칙이 제시되어 있는데 예를 들면 나병환자가 다가오면 "부정하다! 부정하다!"라고 외쳐야 한다는 것이다.[8]

이 기적 이야기에 나오는 나병 환자는 율법의 이러한 요구 사항을 무시하고 예수님 앞에 엎드려 치유를 간청했다. 마태복음에서는 당시 큰 무리가 예수님을 따랐다고 기록하고 있으며 누가복음에서는 이 만남이 마을에서 이루어졌다고 언급하고 있다. 따라서 이 사람의 행동은

---

no. 4 (1985): 142-50.
8) John, Meaning in the Miracles, 26-27.

자신과 예수님뿐만 아니라 더 많은 사람들을 부정하게 만드는 위태로운 행위였다. 이는 절망에 빠진 한 사람이 사회적으로 고립된 상황에서 취한 행동이었다. 한편 예수님께서도 나병 환자에 대한 일반적인 처신과는 다르게 반응하셨다. 단지 치유의 말씀만 하신 것이 아니라 예수님은 그를 만지시고 치유를 선언하셨다. 제프리 존은 이 구절에서 나병 환자가 레위기 규칙을 어기고 예수님께 나아온 것이 절박함과 예수님에 대한 신뢰를 표현한 것이라고 해석한다. 반면 예수님께서는 더 큰 규칙을 깨는 반응으로 응답하셨다. 예수님은 나병 환자를 만지심으로써 사람들 사이에서는 상상할 수 없는 행동을 하셨던 것이다. 그러나 질병이 예수님께 옮겨가는 대신 치유가 이 분에게서 흘러나왔다.[9]

예수님의 감정

마가복음은 예수님께서 나병 환자를 치유하시기 전 느끼신 감정을 표현하며 예수님의 장애에 대한 시각을 보여준다. 오직 마가복음에서만 예수님이 치유를 시작하시기 전에 "불쌍히 여겨" 감동하셨다고 기록되어 있다. 또한, 마가는 예수님께서 치유 후 그 남자에게 엄중히 경고하시는 장면도 유일하게 기록한다. 이러한 감정 표현들 중 첫 번째는 텍스트의 차이로 인해 논란이 되지만, 두 번째 감정 표현을 통해 어느 정도 해명될 수 있다.

---

9) John, 27-28.

겉으로 보기에 마가복음 1:41에서 예수님이 나병 환자를 향해 느낀 연민에 대해서는 특별히 논의할 여지가 없어 보인다. 대부분의 현대 번역본은 예수님께서 이 장면에서 느끼신 감정을 비슷하게 묘사한다. *New Living Translation*NLT, *New American Standard Bible*NASB, *King James Bible*KJV, *New King James Bible*NKJV, *Christian Standard Bible*CSB 모두 예수님이 "불쌍히 여기셨다"로 번역하고 있으며, *English Standard Version*ESV은 "연민을 느끼셨다"고 번역하고 있다. 그러나 현대 번역본 중 하나인 *New International Version*NIV에서는 "예수께서 분노하셨다"고 기록하여 다른 번역들과 차이를 보인다. 이 번역 차이의 원인은 무엇이며, 이는 예수님의 장애에 대한 관점을 설명해주는가?

NIV 번역 위원회 위원이자 그리스어 교수인 빌 마운스Bill Mounce는 이 차이가 그리스어 원문 텍스트의 변이와 관련이 있다고 지적한다. 마운스는 NIV가 "화내다"를 뜻하는 *orgistheis*를 따르는 반면, 다른 번역본들은 "불쌍히 여기다" 또는 "연민을 느끼다"를 의미하는 *splanchnistheis*를 따르고 있다고 설명한다. *orgistheis*는 외부적 증거로 코덱스 베제D와 몇몇 라틴어 사본a ff2 rl*에서 확인되지만, *splanchnistheis*는 다른 주요 사본들에서 더 널리 지지받고 있다. 마운스는 "외부적 증거는 거의 의문의 여지 없이 *splanchnistheis*를 지지한다"고 결론지으며, 마태복음 8:3과 누가복음 5:13에서는 두 단어 모두 포함되지 않아 외부 증거의 신빙성을 더욱 높인다고 언급한다.

NIV의 경우, 마운스는 번역 선택이 내부적 증거에 기반을 둔다고 주장한다. 그는 *orgistheis*라는 어려운 해석이 원래 문장이었을 가능성이 더 크다고 보며, 예수님께서 치유 능력이 있지만 이를 원하지 않을 것이라는 환자의 불신에 화를 내셨을 것이라고 설명한다. 이는 이 이야기가 예수님의 초기 사역 시기, 즉 예수님이 비교적 알려지지 않은 시기에 일어났기 때문에 성립할 수 있는 설명이라고 주장한다. 따라서, *orgistheis*를 *splanchnistheis*로 부드럽게 고친 것이 후대의 서기관일 가능성이 더 높다고 결론지었다.[10]

데이비드 E. 갈랜드David E. Garland는 *NIV Application Commentary on Mark*에서 *orgistheis*가 원래 본문일 가능성이 있다고 본다. 만약 그렇다면, 예수님께서 나병 환자가 의식 절차를 어긴 것에 화가 난 것이 아니라, 이 심각한 피부병으로 인한 황폐함에 대하여 하나님의 분노를 표현하신 것이라고 설명한다. 갈랜드는 예수님의 이러한 분노가 치유를 행하는 예수님의 의도적 어조와 함께 연민으로 나타난다고 본다. 또한, 깨끗한 사람이 나병 환자와 접촉한 것은 아마도 그가 오랜만에 느끼는 인간적 접촉이었을 것이다.[11]

로버트 A. 구엘리히Robert A. Guelich는 *orgistheis*를 *splanchnistheis* 대

---

10) Bill Mounce, "A Little Text Criticism (Mark 1:41), March 24, 2013, https.// billmounce. com/blog/little-text-criticism-mark-1-41.

11) David E. Garland, Mark, NIV Application Commentary (Grand Rapids: Zondervan Academic, 1996), 75-76.

신 선택하는 것은 더 어렵게 해석되는 표현을 택하는 것이며, 예수님의 분노라는 문제를 일으킨다고 지적한다. 이 문제를 해결하기 위해 일부 학자들은 예수님을 능력이 안에서 강하게 끓어오르는 기적 행위자로 보며, 육체적 필요와 마주할 때 예수님이 동요하셨을 가능성을 제시한다. 그러나 구엘리히는 이 주장에 설득되지 않으며, 예수님의 분노가 "하나님의 창조를 왜곡하는 악의 세력"을 향한 의로운 분노였다고 본다. 즉, 병든 사람들에게 나타나는 악의 영향에 대해 예수님께서 의로운 분노를 느끼셨다는 것이다.[12]

제임스 R. 에드워즈James R. Edwards는 이러한 본문상의 차이를 다루며, 예수님의 분노가 생소하게 느껴질 수 있다고 지적한다. 그러나 분노하는 예수님의 모습은 오히려 이 해석이 원문일 가능성을 시사할 수도 있다. 에드워즈는 서기관들이 어려운 구절을 더 받아들이기 쉬운 표현으로 바꾸는 경향이 있었음을 강조하며, 마태복음과 누가복음에서는 예수님의 감정을 특정하지 않았기에, 이 사건에서 예수님의 감정이 연민보다는 분노였을 가능성도 있다고 주장한다. 에드워즈는 사사기 10장 16절에서 이스라엘의 고통에 대한 하나님의 분노와 마찬가지로, 예수님의 분노가 이 나병 환자가 겪는 고통을 향한 것이라 믿는다. 예수님은 이 나병 환자를 거룩한 분노 가운데 치유하셨으며, 그의 나병을 즉각

---

12) Robert A. Guelich, Mark 1-8:26, Word Biblical Commentary, vol. 34a (Waco, TX: Word Books, 1989), 74.

적으로 치유해 주셨다.[13]

대다수의 현대 번역본에서는 "분노"보다는 "연민"이라는 더 쉬운 해석을 택했지만, 추가적인 내부 증거는 "분노"라는 더 어려운 해석에 무게를 실어준다. 제임스 에드워즈James R. Edwards는 깨끗하게 된 나병 환자에 대한 예수님의 지시가 매우 단호하고 강경했다고 지적하며, 예수님이 환자에게 주신 "강한 경고"라는 표현이 그리스어로 문자 그대로 "콧김을 내뿜다"라는 뜻을 가지고 있어, 히브리어의 분노를 뜻하는 단어에서 유래했다고 설명한다. "보내다"라는 표현 또한 그리스어에서 NIV보다 더 강한 의미를 지니며, 흔히 악령을 쫓아낼 때 사용하는 표현이다.[14]

구엘리히Robert A. Guelich도 자신의 주석에서 예수님의 경고를 "침묵시키다"로 이해하며, 이는 강한 감정 반응을 표현한다고 언급한다.[15] 프랑스France 역시 이 경고를 "엄중한 지시"로 해석해야 한다고 보며, 구약에서 이 단어가 비슷한 맥락으로 사용될 때 분노를 나타내는 경우가 많다는 점을 인정한다.[16] 브룩스Brooks는 예수님의 경고와 환자에게 내려진 지시에서 강한 내적 감정을 강조하며, "화내다," "꾸짖다," "경고하

---

13) James R. Edwards, The Gospel According to Mark, Pillar New Testament Commentary (Grand Rapids: Eerdmans, 2002), 70.

15) Guelich, Mark 1–8:26, 74. See also Matt 9:30; Mark 14:5; John 11:33, 38.

16) R. T. France, The Gospel of Mark, New International Greek Testament Commentary (Grand Rapids: Eerdmans, 2002), 119.

56 ⋯ 예수님께서 가르쳐주신 장애사역

다"로 번역될 수 있음을 지적한다. 또한, "보내다"라는 동사는 마가복음 1:43에서 사용되었으며, 마가복음 1:34, 39에서도 악령을 쫓아낼 때 동일하게 사용된 표현이다.[17]

이처럼 마가복음은 예수님의 감정을 분명하게 드러내며 그의 인간적 면모를 엿보게 한다. 예수님은 치유된 나병 환자가 빨리 떠나도록 강하게 표현하셨으며, 그가 자신에게 일어난 일을 누구에게도 말하지 말라고 엄하게 명령하셨다. 앞서 언급된 바와 같이, 예수님은 강경하고 단호하게 자신의 기대를 분명히 전달하신 것이다.

예수님의 이러한 분노와 단호한 경고를 함께 고려하면, 마가가 전달하는 예수님의 감정 전반에 대해 더 명확히 이해할 수 있다. 예수님의 분노는 나병환자가 의식 절차를 따르지 않아서 자신과 주변 사람들의 정결을 위협했기 때문이 아니었다. 또한, 예수님이 그를 치유할 능력은 있으나 그가 치유받을 자격이 없다고 여겼기 때문에 분노하신 것도 아니었다. 대신, 예수님의 분노는 나병으로 인해 하나님의 창조된 세상이 손상된 방식에 대한 것이었다. 하나님의 형상대로 창조된 이 남성은 심각한 피부병으로 인해 신체적으로 훼손되었고, 종교적, 사회적 상호작용에서 배제되어 고립된 상태에 처해 있었다. "사람이 혼자 있는 것이 좋지 않다"창세기 2:18는 말씀처럼, 이 남성의 상태는 예수님이 깊은 분노와

---

17) William Hendriksen, Exposition of the Gospel According to Mark, Baker New Testament Commentary (Grand Rapids: Baker, 1975), 79

연민을 느낄 수 있는 이유가 되었던 것이다. 이 열정적인 감정이 예수님의 메시아적 기적 행위로 이어져 고립된 자에게 교제와 공동체를 회복시키는 결과를 가져왔다.

예수님의 만지심

이 치유 이야기에서는 다른 사람과 접촉이 전혀 없이 고립되고 절망 속에 살아가던 한 남자를 만나게 된다. 그러던 그가 예수님의 만지심을 경험하게 되었고 그 만지심은 그의 삶을 회복으로 이끄는 중요한 계기가 되었다.

윌리엄 헨드릭슨William Hendriksen은 복음서 여러 곳에 예수님의 치유하는 만지심이 기록되어 있다고 말한다. 때로는 예수님이 사람을 만져 치유하시기도 하고 때로는 사람들이 예수님을 만져 치유를 받기도 한다. 하지만 헨드릭슨은 예수님의 만지심에 마법적인 성질이 있는 것은 아니라고 조심스럽게 지적한다. 치유는 예수 그리스도 안에 있는 신성과 그의 인성적 심장에서 솟아 흘러나와 이루어 지는 것이다. 예수님의 만지심에는 치유의 힘이 있고 이는 예수님께서 우리의 연약함에 공감하셨기 때문이며 지금도 그러하시기 때문이다.히 4:15 KJV, 18

제프리 존Jeffrey John은 저서『기적의 의미』*The Meaning in the Miracles*에서 예수님의 만지심이 가지는 중요성에 대해 다룬다. 그는 예수님의 행

---

18) John, Meaning in the Miracles, 30.

동에서 "손댈 수 없는 자를 만지시고 사회에서 버림받은 자들을 그가 선포하는 새 왕국으로 받아들이려는" 예수님의 열망을 볼 수 있다고 강조한다. 존은 이 치유 사건은 예수님께서 소외된 사람들과 만난 많은 사례 중 하나라는 점을 강조한다.[19] 이들이 사회에서 배척을 당했지만 예수님은 그들을 받아들이셨다. 예수님은 그들을 치유하시고 교류하심으로써 그들을 포용하셨음을 보여주셨다. 나병 환자, 세리, 이방인, 창녀, 간음한 여자, 사마리아인, 신체적 장애를 가진 사람들, 생리 문제가 있는 여인 등, 예수님은 이 모든 사람들을 받아들이셨다. 이들은 다른 종교지도자들이 가까이하지 않았던 사람들로서 분명히 그들은 만질 수 없는 사람들로 분류되었다. 그러나 이들은 바로 예수님의 새 왕국에서 공개적으로 받아들여진 사람들이 되었다.

그레이엄 트웰프트리Graham Twelftree는 예수님이 나병 환자를 만져 치유하신 사건이 세 가지 중요한 의미를 지닌다고 설명한다. 첫째, 예수님이 나병 환자를 만지신 것은 그분의 삶이 그분의 말씀과 일치함을 보여준다. 예수님은 율법을 폐하러 오신 것이 아니고 오히려 그분의 가르침과 삶에서 율법에 들어 있는 신적 의도와 치유의 의미를 드러내셨다. 둘째, 예수님이 나병 환자를 만지심은 사회적으로나 의식적으로 배척된 사람들과 함께하고자 하는 예수님의 열망을 보여준다. 마지막으로, 예수님의 만지심을 통해 그 당시 종교적, 사회적으로 소외되고 배척된

---

19) John, 29-30.

사람들이 예수님의 새 왕국에서는 환영받았음을 나타낸다. 이런 예수님의 만지심은 이 왕국이 육체적인 약점과 상관없이 치유와 포용의 왕국임을 선포하는 것이다. 하지만 이 치유와 포용의 이야기는 현대 독자에게는 다른 의미로 다가온다. 이 나병 환자는 기적적인 치유를 비밀로 유지하라는 지시를 받았지만 오늘날의 신자들은 온 세상에 나아가 이 새롭고 포용적인 하나님의 왕국의 도래를 알리라는 명령을 받았다는 점이다.

마태복음 9:1-8; 마가복음 2:1-12; 누가복음 5:17-26

예수님이 고향인 가버나움으로 돌아오셨을 때 한 집에 머물고 계셨고 많은 사람들이 그 집에 모였다. 군중이 너무 많아 더 이상 자리가 없을 정도였다. 그들 중에는 갈릴리, 유대, 예루살렘에서 온 바리새인들, 서기관들, 율법교사들 같은 종교지도자들도 있었다. 예수님은 집 안에 모인 사람들에게 말씀을 전하고 계셨다. 그런데 네 명의 남자가 지붕에 구멍을 내고 중풍병자를 매트에 눕혀 예수님 앞에 내려놓는 바람에 예수님의 가르침이 중단되었다. 예수님은 그 환자를 보시고 그의 죄가 용서받았다고 선언하셨다. 이 선언은 모인 종교지도자들에게 큰 혼란을 일으켰다. 예수님께서는 그들의 마음과 생각을 아셨고 죄를 용서하는 것이 더 쉬운지 아니면 병을 고치는 것이 더 쉬운지를 물으셨다. 그러고 나서 예수님은 치유가 곧 나타낼 자신의 정체성을 예표하는 징표라고 말씀하셨다. 그리고 예수님은 중풍병자에게 일어나 매트를 들고 집으로 가라고 명령하셨다. 그가 예수님이 명하신 대로 했을 때 모인 군중은 자신들이 목격한 일에 놀라워했다.

이 치유 사건에 대한 세 복음서의 기록은 비교적 비슷하지만 몇 가지 차이점이 있다. 마태복음의 기록은 가장 간결하다. 그는 중풍병자가 어떻게 예수님께 왔는지를 언급하지 않고 단지 몇몇 사람들이 그를 데리고 왔다고만 기록했다. 따라서 네 명의 남자가 집의 지붕을 뜯고 중풍병자를 예수님 앞에 내린 극적인 장면마 2:4; 눅 5:18-19은 생략되었다. 마태복음은 이 이야기를 결론 지으며 집 안에 모인 사람들이 죄 용서에 반응해 하나님께 영광을 돌렸다고 기록했다. 이는 그들이 예수님께 주어진 권위를 인정한 것으로 볼 수 있다.마 9:8 군중은 중풍병자가 고침 받은 것보다 죄 용서에 더 놀란 듯했다. 반면, 마가복음과 누가복음은 이 이야기를 결론 지으며 군중이 이상한 일을 보았다는 말에 더 강조점을 두었다.막 2:12, 눅 5:26 집 안에 있던 사람들은 전체 사건 즉 치유와 죄 용서 모두를 예기치 않은 경이로운 사건으로 여긴 것처럼 보인다.

이 치유 사건에 대한 세 복음서의 기록에서 가장 두드러지는 공통점은 예수님이 하신 말씀과 관련이 있다. 세 저자 모두가 예수님이 모인 종교지도자들과 중풍병자에게 비슷한 말씀을 하셨다고 기록하고 있다. 따라서 죄 용서와 장애 치유에 있어서 예수님의 말씀의 중요성을 이해하는 데 중점을 두어야 한다. 또한 예수님이 중풍병자에게 사용하신 언어는 장애인에 대한 예수님의 연민을 보여준다.

장애와 동정

이 중풍병자의 신체 상태에 대해 리처드 블라이트Richard C. Blight는 그의 저서 『누가복음 1-11의 주해적 요약』에서 잘 설명하고 있다. 그는 이 중풍병자가 사지 중 하나 또는 여러 개가 마비된 상태이며 근육 기능 장애로 인해 영구적인 마비가 왔을 것이라고 설명한다. 이 상태는 아마도 뇌나 척수 손상으로 인해 발생했으며 몸의 한쪽이 무력화되었을 가능성이 있다고 덧붙인다.[1]

이 남자의 신체 상태가 절망적이었던 것처럼 그의 사회적 환경 역시 암울했을 것이다. 바이직J. Byzek은 고대 이스라엘 장애인의 상태를 간결하게 설명한다. 그녀는 "고대 이스라엘에서 걸을 수 없거나 눈이 먼 사람에게 열려 있던 직업은 하나뿐이다. 그것은 구걸이었다. 휠체어도 없었다. 고대 이스라엘 사람들은 걸을 수 없으면 기어 다녔거나 죽을 때까지 실내에 머물렀다. 그것은 비참한 삶이었다"라고 말한다.[2]

그러나 이 중풍병자는 한 가지 다행한 점이 있었다. 그에게는 예수님의 치유 능력을 알고 있었던 친구들이 있었다.눅5:17 그들은 이 중풍병자를 예수님께 데려가서 그가 치유 받기를 원했다. 그러나 이 남자에게는 또 다른 친구가 있었다. 누가복음은 예수님께서 이 남자의 죄가 용

---

1) Richard C. Blight, *An Exegetical Summary of Luke 1—11*, 2nd ed., Exegetical Summaries (Dallas: SIL International, 2008), 198.
2) J. Byzek, "Jesus and the Paralytic, the Blind, and the Lame: A Sermon," Ragged Edge?}, no. 6 (2000): 25.

서받았다고 말씀하시기 전에 그를 "친구"라고 부르셨다고 기록하고 있다.눅 5:20 여기서 사용된 단어 "안드로포스"*anthrôpos*는 "친구" 또는 "사람"으로 해석될 수 있다. "친구"는 이 단어의 긍정적인 의미이며 부정적인 의미로 사용될 경우 "사람"으로 번역된다. 따라서 이 구절에서 "안드로포스"는 "사람"보다는 "친구"로 번역하는 것이 적절하다. 영어 번역 중 NET, NIV, CSB에서는 이 단어를 "친구"로 번역하고 있다. 하워드 마샬 I. Howard Marshall도 이 단어가 누가복음에서 사용될 때 "사람"보다는 "친구"로 해석될 수 있으며 누가복음 22:58, 60에서는 부정적인 의미로 사용된다고 지적한다.[3]

릴링J. Reiling과 스웰렌그레벨J. L. Swellengrebel 또한 여기서 "안드로포스"가 비난의 의미가 없다고 보고 있으며 따라서 "사람"보다는 "친구"로 해석하는 것이 바람직하다고 본다.[4] 비슷하게 블라이트도 누가복음에서 "안드로포스"가 "개인적으로 알지 못하는 사람을 지칭할 때 사용되는 친근한 용어"라고 설명한다.[5]

예수님께서 이 중풍병자에게 보이신 애정은 마태복음과 마가복음에서 기록된 예수님의 말씀에서도 확인할 수 있다.마 9:2, 막 2:5 도널드 해그너Donald Alfred Hagner는 마태복음에서 예수님이 이 남자를 "아들"이

---

3) I. Howard Marshall, *The Gospel of Luke, New International Greek Testament Commentary* 3 (Grand Rapids: Eerdmans, 1978), 214.

4) J. Reiling and J. L. Swellengrebel, *A Translator's Handbook on the Gospel of Luke*, Helps for Translators, vol. 10 (Leiden, NL: Brill, 1971), 241.

5) Blight, *An Exegetical Summary of Luke* 1-11, 199.

라고 부르신 것은 성인이 된 남자에게 사용하는 친밀한 의미로 이해될 수 있다고 했다.[6] 브룩스Brooks 역시 여기서 "아들"이라는 표현이 애정의 표현이며 중풍병자의 나이를 암시하는 것은 아니라고 말한다.[7]

프랑수아 보본François Bovon은 이 사건에 대한 세 복음서 기록을 종합적으로 살펴볼 때 예수님이 중풍병자를 아버지처럼 대하셨다는 점이 드러난다고 믿는다.[8] 이러한 세부 사항들이 합쳐져 예수님이 이 중풍병자를 어떻게 보셨는지에 대한 큰 그림이 그려진다. 예수님은 이 남자를 친구로 여기셨다. 예수님은 자녀를 향한 아버지의 따뜻한 마음과 같은 동정을 이 남자에게 보여주셨다. 비록 예수님은 이 남자를 알지 못했지만 그의 장애에 연민을 느끼셨고 그의 장애 때문에 그를 멀리하지 않으셨다. 그 남자가 집 안으로 들어와 군중 사이에 섞였을 때 그는 예수님으로부터 꾸짖음이 아닌 신성한 동정의 말씀을 받았다.

치유와 용서

예수님이 이 중풍병자에게 베푸신 것은 단순한 동정과 신체적 치유만이 아니었다. 그는 그에게 죄 용서까지도 베푸셨다. 이 요소가 바로 이 기적 이야기를 이끄는 핵심이다. 다렐 복Darrell L. Bock은 누가복음이

6) Donald Alfred Hagner, Matthew 1-13, *Word Biblical Commentary*, vol. 33a (Dallas: Word, 1993), 232.

7) Brooks, *Mark*, 58 (see chap. 3, n. 17). Similarly, son is used by Paul in 1 Tim 1:18 and 2 Tim 2:1 as a term of endearment for Timothy.

8) François Bovon, *Luke*, Hermeneia (Minneapolis: Fortress, 2002), 179.

이 이야기를 나병환자의 치유 이야기와 나란히 배치한 것이 예수님의 사역의 두 가지 중요한 요소 즉 신체적 질병의 치유와 동시에 영적 회복을 제공한다는 점을 나타낸다고 요약한다. 결과적으로 이 두 가지 요소를 포함하는 이야기는 신체적 치유를 통해 영적 회복을 제공하는 자의 정체성을 증명하는 역할을 한다.[9]

이러한 방법은 예수님의 장애에 대한 관점, 용서, 그리고 포용성을 이해하는 데 중요한 역할을 한다. 중풍병자의 상태는 그가 성전에 접근하는 것을 방해했을 것이다. 마태복음에만 기록된 사건에서 예수님은 맹인과 신체장애인들을 성전 안으로 맞아들이셨다.마 21:14-17 이 사건은 예수님께서 돈 바꾸는 사람들의 상을 뒤엎고 그들을 성전에서 쫓아내신 직후에 일어났다. 예수님은 그들을 쫓아내는 동시에 장애인들을 맞아들였다. 이 장애인들을 예수님이 치유하셨다. 마태복음은 예수님과 종교지도자들 간의 대립을 더 발전시키면서 예수님이 성전에서 쫓아낸 사람들과 맞아들인 사람들을 대조하여 언급하고 있다.

크레이그 블롬버그Craig L. Blomberg는 예수님이 성전에 들어오는 것을 방해할 수 있는 법을 제정하는 것을 거부하셨다고 주장한다. 이러한 법들은 사무엘하 5:8의 70인역 읽기에서 맹인과 못 걷는 자들이 "주님의 집에 들어갈 수 없다"는 내용을 근거로 한다. 또한 블롬버그는 예수님이

---

9) Darrell L. Bock, *Luke*, Baker Exegetical Commentary on the New Testament, vol. 3 (Grand Rapids: Baker, 1994), 488-89.

돈 바꾸는 자들과 희생 동물을 파는 자들을 쫓아낸 것은 호세아 6:6에서 하나님의 자비를 희생보다 더 원하신다는 것을 나타내기 위함이었다고 주장한다. 그의 견해에 따르면 성전에서의 적절한 사역은 장애인들을 치유하는 것이지 돈을 바꾸고 동물을 희생시키는 것과 관련된 가격 책정이 아니었다.[10]

크레이그 키너Craig S. Keener는 블롬버그Blomberg의 의견에 동의하며 미쉬나Mishnah와 다른 유대 전통에서는 못 걷는 자들과 맹인들이 성전에 들어가는 것을 금지했다고 주장한다. 그는 이런 배제가 제사장들이 특정 레위 의식에 참여하는 것을 막는 정결법의 연장선일 가능성이 높다고 지적한다.레위기 21:17-18 키너의 견해에 따르면 예수님의 시대에 이 배제가 확대되어 못 걷는 자이거나 맹인인 사람들은 성전에 들어가는 것이 금지되었을 가능성이 크다고 본다. 따라서 마태복음은 예수님이 종교지도자들과 성전에서 하나님의 일을 수행하는 방식에 대해 대립하고 있음을 강조하고 있다.[11]

사울 L. 올리안Saul L. Olyan은 "쿰란 문서에서 시각장애인과 신체 장애인에 대한 제한의 주석적 측면The Exegetical Dimensions of Restrictions on the Blind and the Lame in the Texts from Qumran"이라는 글에서 쿰란 문서에 시각장

---

10) Craig L. Blomberg, *Matthew*, New American Commentary, vol. 22 (Nashville: Broadman, 1992), 316.

11) Craig S. Keener, *The Gospel of Matthew: A Socio-Rhetorical Commentary* (Grand Rapids: Eerdmans, 2009), 502.

애인과 신체 장애인을 제한하는 규정이 여러 군데에 언급되어 있다고
지적한다.

- 11QT 45:12-14에서는 시각장애인은 거룩한 도시에 들어올
  수 없다고 되어 있다.
- IQSa 2:3-9에 따르면, 시각장애인과 신체 장애인을 포함하
  여 신체적 결함이나 불결함을 가진 사람들은 '유명한 사람
  들의 모임'에 나설 수 없다고 명시되어 있다.
- 1QM 7:4-5에서는 시각장애인과 신체 장애인이 영구적인
  결함이나 오염된 상태를 가진 다른 사람들과 함께 종말론
  적 전쟁에 참여할 수 없다고 금하고 있다.[12]

이러한 규정들은 특정 신체적 결함을 가진 사람들이 당시 종교적,
사회적 공동체에서 배제되었음을 보여준다.

사도행전 3:1-26에서도 이러한 배제가 나타난다. 선천적으로 못 걸
었던 한 남자가 성전 바깥에서 구걸을 하고 있을 때 베드로와 요한이 그
에게 다가간다. 성전 문 바깥이 그가 성전에 가장 가까이 접근할 수 있는
위치였다. 결과적으로 이들은 성전에 들어가 죄용서를 받기 위한 제물

---

12) Saul M. Olyan, "The Exegetical Dimensions of Restrictions on the Blind and the Lame in
   Texts from Qumran," *Dead Sea Discoveries* 8, no. 1 (2001): 38.

을 드릴 수 없었기에 죄용서를 받는 의식에 크게 제한이 있었다.

이러한 제한들을 고려해 볼 때 예수님께서 먼저 이 중풍병자에게 베푸신 것은 그가 경험할 수 없었던 죄용서였다. 그것이 그에게 가장 큰 필요였다. 예수님의 죄용서 선언은 모든 죄인들이 그들의 능력이나 장애에 상관없이 하나님의 용서에 접근할 수 있음을 보여주는 것이다.

이 기적 이야기는 죄용서와 장애의 치유를 두 개의 별개의 사건으로 보는 것이 중요함을 강조한다. 아모스 용Amos Yong은 이 치유의 목적이 종교지도자들에게 예수님이 죄를 용서할 권한을 가지고 있음을 알게 하려는 것이었다고 지적한다. 죄의 용서와 치유의 행위는 이야기 속 다른 등장인물들의 필요와 구별된다.[13] 용은 케리 윈Kerry Wynn의 미발표 논문을 인용하며 "용서는 장애를 가진 신실한 사람을 위한 것이었고 치유는 믿지 않는 종교지도자들을 위한 표적이었다"고 썼다.[14]

블록Block도 이 점을 인식하며 예수님이 이 남자의 장애를 제거한 것은 그가 하나님임을 증명하기 위해서였다고 주장한다. 죄용서를 위해 굳이 이 중풍병자의 장애를 제거할 필요까지 없었다. 죄용서가 장애를 제거하는 것보다 더 중요한 것이었다. 하나님의 죄용서는 개인의 상태가 어떻든지 간에 우리에게 위안을 준다.[15]

---

13) Amos Yong, *The Bible, Disability, and the Church: A New Vision of the People of God* (Grand Rapids: Eerdmans, 2011), 60-61.
14) Yong, 61.
15) Block, *Copious Hosting*, 108 (see chap. 1, n. 6).

장애가 성전에 접근하여 죄사함 의식을 수행하는 것을 방해할지는 몰라도 그리스도를 통해 베푸시는 하나님의 영원한 용서를 받는 데에는 장애물이 되지 않는다. 예수님께서 이 중풍병자와 만나셨다는 것은 장애인에게 용서와 포용을 베푸시고자 하는 그의 개인적인 사랑의 행위였다. 더 나아가 예수님은 그들을 성전으로 맞아들이셨고 이는 종교지도자들에게 큰 반감을 불러일으켰다. 예수님은 하나님나라가 포용적이라는 것을 보여주셨다. 이 나라에서는 맹인과 못 걷는 자들이 받아들여지고 치유된다. 그들의 수용은 배제를 행하는 이들로 하여금 이 새로운 나라의 본질에 대해 생각하게 만든다.

마태복음 12:9-14; 마가복음 3:1-6; 누가복음 6:6-11

예수님은 안식일에 회당에 들어가 가르치기 시작하셨다. 그곳에 손이 마른 한 사람이 있었다. 그날 회당에는 여러 서기관과 바리새인들이 함께 있었다. 이 종교지도자들은 예수님을 주시하고 있었으며 그를 고발할 구실을 찾고 있었다. 그들은 예수님이 안식일을 무시하고 이 사람을 고치시리라고 생각했다. 예수님은 그들에게 선과 악, 생명과 죽음에 관한 질문을 하셨다. 안식일에 선을 행하는 것이 옳은 지 생명을 구하는 것이 옳은 지 물으셨다. 그러나 종교지도자들은 아무런 대답도 하지 못했다. 예수님은 그들의 무응답에 분노와 슬픔을 느끼셨다. 그들의 마음이 완고함을 아셨기 때문이다. 예수님은 다시 손 마른 사람에게로 시선을 돌려 그에게 손을 내밀라고 하셨다. 그 사람이 예수님의 명령대로 손을 내밀었을 때 그의 손은 온전하게 회복되었다. 종교지도자들은 곧바로 회당을 떠나 헤롯 당원들을 찾아가 예수님을 죽이기 위해 공모했다. 이 이야기는 예수님과 종교지도자들 간의 갈등을 보여주는 동시에 장애를 가진 사람을 치유하는 기적 이야기이다. 가버나움 장애인을 예수님께 데려온 이야기와 마찬가지로 이 치유 사건 역시 대립의 방편으로 사용되었다. 예수님이 서기관들과 바리새인들에게 던진 질문과 손 마른 사람을 치유하신 사건은 예수님의 사역과 장애인에 대한 하나님 나라의 본질을 보여준다.

세 복음서에 모두 기록된 이 이야기는 마가복음과 누가복음이 가장 유사하게 서술하고 있다. 마태복음의 초반 구절들만 차이점이 나타난다. 마태복음에서는 안식일에 치유하는 것이 합당한지에 대한 첫 질문이 종교지도자들로부터 나왔다고 기록하고 있다. 예수님은 그들의 질문에 양이 구덩이에 빠졌을 때를 예로 들며 안식일에 선을 행하는 것이 옳다는 답을 주셨다.마 12:11-12 마가복음과 누가복음은 양의 예를 언급하지 않고 예수님의 추가 질문인 생명을 구하는 것과 죽이는 것에 대해서만 언급하고 있다.마 3:4; 눅 6:9.

이 세 이야기를 종합해보면 마가복음이 바리새인들의 음모에 대한 예수님의 반응을 기록함으로써 신적인 사랑과 자비를 나타낸다. 반면 마태복음은 장애로 인해 고통받는 인간의 생명의 가치를 엿볼 수 있게 해준다. 마가복음과 누가복음의 기록은 예수님의 사역과 다가올 새 왕국과의 연관성을 보여준다.

신성한 사랑과 자비

이 이야기는 예수 그리스도의 행동이 자비와 사랑을 명확히 보여주는 반면 종교지도자들이 모범으로 삼았던 무자비함과는 대조적이다. 그들의 엄격한 안식일법 해석은 자비를 필요로 하는 사람에게 오히려 자비를 베풀지 못하도록 막았다. 그들은 이 사람을 자비의 시선으로 보지 않고 오히려 그의 어려움을 이용해 예수님을 함정에 빠뜨릴 도구로 이용하려 했다. 그러나 존 놀런드John Nolland에 따르면 예수님의 안식일 준수 방식은 종교지도자들과는 현저히 달랐다. 예수님은 이웃을 사랑하는 것과 하나님을 사랑하는 것은 뗄래야 뗄 수 없는 것이라고 보았다. 따라서 이웃을 무시하는 행동은 하나님께 영광을 돌리는 행동이 될 수 없으며 이웃을 고통 속에 내버려두는 비행은 악으로 간주될 수밖에 없다고 하셨다.[1]

윌리엄 레인William L. Lane 이 점을 강조하며 종교지도자들이 법적 세부사항에 집착하는 바람에 동정심과 친절함을 잃었다고 주장한다. 그 결과 바리새인들은 하나님께서 자비와 은혜의 예시로 주신 안식일의 본질을 잊어버리게 되었다. 그들의 경건한 안식일 준수 태도는 그 법에 대한 하나님의 목적과 인간의 고통에 무감각하게 만들었다.[2] 예수님은 손 마른 사람을 치유할 정도로 그를 사랑하는 것이 "네 마음을 다하고, 목숨을 다하고, 뜻을 다하고, 힘을 다해 하나님을 사랑하라"막12:30는 계명을 실천하는 것이라고 보셨다.

---

1) John Nolland, Luke 1-9:20, *Word Biblical Commentary*, vol. 35a (Dallas: Word, 1989), 263.
2) William L. Lane, *The Gospel According to Mark*, *New International Commentary on the New Testament* (Grand Rapids: Eerdmans, 1974), 124.

종교지도자들이 예수님의 안식일 치유에 대해 가지는 태도는 결국 누가복음 13:10-16에 다시 나타난다. 이 이야기에서 예수님은 18년 동안 척추 문제로 장애를 겪은 여인을 치유하신다. 치유 직후 분노한 회당 지도자가 "일할 수 있은 여섯 날이 있으니 그날에 와서 고침을 받고 안식일에는 그렇게 하지 말라"눅13:14며 분노를 표출했다.

이 종교지도자들은 생사의 문제가 아닌 한 안식일에는 어떤 치유도 피해야 한다고 확고히 믿고 있었다. 그들은 일상생활의 여섯 날 동안 충분히 치유의 기회가 있다는 이유로 안식일 규정을 무시하면서까지 치유를 받으려는 시도를 용납하지 않았다.

이 이야기에서 예수님이 보여준 자비와 종교지도자들의 역할은 그들의 즉각적인 반응으로도 드러난다. 마가복음과 누가복음은 바리새인들이 예수님을 "자세히 지켜보고 있다"막 3:2; 눅 6:7고 언급한다. 게울리치Guelich는 "지켜본다"헬라어: *pareteroun*가 누군가를 덫에 빠뜨리려는 의미를 담고 있다고 지적한다. 이들은 이 사람과 이 기회를 사용해 예수님을 안식일 위반으로 함정에 빠뜨리려 했다.[3] 마빈 빈센트Marvin R. Vincent는 이 의미를 더욱 발전시켜 "그들은 예수님의 발걸음을 뒤쫓으며 지켜보고 있었다"고 해석한다. 또한, 위클리프Wycliffe의 번역에서 "그는 스파이 역할을 했다"는 표현이 적절하다고 주장한다.[4] 복크Bock는 이

3) Guelich, *Mark*, 134 (see chap. 3, n. 12).
4) Marvin R. Vincent, *Word Studies in the New Testament Volumes I: The Synoptic Gospels*; *Acts of the Apostles*; *Epistles of Peter, James dr Jud*e, 2nd ed., vol. 1 (Grand Rapids: Eerd-

감정적인 '지켜봄'이 악의를 품고 있으며 "몰래 지켜보거나 눈치를 살피며 바라보다"라는 뜻을 가지고 있다고 설명한다. 이는 현대의 첩보 소설에서나 볼 법한 상황과 유사하다.[5]

예수님의 의도는 손 마른 사람을 치유하는 것이었으나 종교지도자들의 즉각적인 의도는 예수님을 법적 함정에 빠뜨리려는 것이었다. 예수님에게 손 마른 사람의 존재는 하나님의 자비와 사랑을 나타낼 기회였다. 반면 서기관들과 바리새인들에게 이 만남은 자비의 순간이 아닌 이 치유자가 안식일 규정을 고의로 어겼음을 입증할 완벽한 기회였다.

마가복음은 이 이야기에서 종교지도자들의 자비 부족을 한 번 더 강조한다. 예수님이 안식일에 선을 행하는 것과 생명을 구하는 것에 대한 질문에 바리새인들이 침묵한 데 대해 예수님은 분노했고 그들의 마음의 완고함을 보고 슬퍼하셨다.막3:5 마가는 이 종교지도자들의 마음을 "완고함"헬라어: *porosis*으로 묘사하며 그들의 마음이 얼마나 굳어졌는지를 설명한다. 그들의 입은 침묵했을 뿐만 아니라 그들의 마음도 완고했다.

케네스 우스트Kenneth Samuel Wuest는 완고함*porosis*을 두꺼운 피부층으로 덮여 있는 것으로 생생하게 묘사한다. 또한, 완고함은 굳어지는 과정에서 생긴 굳은살로 이해할 수 있다고 말한다. 성경적으로는 이 단어

---

mans, 1977), 175.
5) Bock, *Luke*, 528-29

가 무딘 정신적 인식이나 둔해 진 분별력을 가리키는 단어로 사용되었다고 본다. 우스트는 바리새인들의 마음의 완고함이 정신적 무딤이 아니라 도덕적, 영적 둔감함을 나타낸다고 설명한다.[6] 로드니 쿠퍼Rodney Cooper는 완고함을 골절된 뼈를 고치는 방법을 설명할 때 사용하는 의학 용어라고 구체적으로 설명하며 마가복음의 묘사는 그들의 마음이 너무나 굳어져 부서지지 않으면 치유될 수 없다는 것을 의미한다고 주장한다. 쿠퍼는 이 마음의 완고함을 고정된 신념으로 하나님을 거부하는 태도적 죄로 규정한다.[7] 빈센트Vincent는 또한 완고함이 뼈가 함께 붙는 과정에서 형성된 굳은 살을 묘사하기 위해 사용된 의학 용어였다고 언급하지만 이 단어가 특정 종류의 대리석을 묘사하기 위해서도 사용되었다고 말한다.[8]

마가복음에 묘사된 바리새인들은 자비와 동정심을 보여줄 능력이 없는 사람들로 그려진다. 그들의 마음은 너무나 굳어져 도덕적이고 영적인 문제들에 대해 아무런 감동도 받지 않는다. 그들은 율법의 문자적 해석에 철저히 집착한 나머지 율법의 정신을 이해할 수 없게 되었다. 그들의 침묵과 완고한 마음으로 나타난 악행은 무슨 날이든 선을 행해야

---

6) Kenneth Samuel Wuest, *Wuest's Word Studies from the Greek New Testament for the English Reader*, Vol 1: Mark, Romans, Galatians, Ephesians and Colossians (Grand Rapids: Eerdmans, 1973), 65.
7) Rodney Cooper, *Mark*, Holman New Testament Commentary, vol 2 (Nashville: B&H, 2000), 50.
8) Vincent, *Word Studies in the New Testament*, 1:175.

한다는 예수님의 자비로운 마음과 대조를 이룬다.

이 본문에서 예수님의 마음은 신성한 자비로 가득 차 있다. 반대로 종교지도자들의 마음은 계산적이고 굳어져 있다. 그들은 예수님의 치유 기적에서 드러나는 하나님의 자비를 고집스럽게 인정하지 않았다. 이러한 기적들이 그들이 세운 안식일 관습에 도전할 때는 더욱 그랬다. 신성한 사랑과 자비는 이 치유 기적의 교차로에서 만난다. 복음서 저자들은 예수님의 질문과 이어지는 손 마른 사람의 치유를 종교지도자들의 비행과 대조시킨다. 이 대조는 예수님이 하나님을 사랑하고 이웃을 사랑하는 모습을 보여주는 핵심 요소가 자비인지를 잘 드러내 주는 반면 안식일 준수를 강조하고 고수하려는 사람들은 고통받는 이들에게 은혜와 자비를 전할 수 있는 능력을 스스로 잃게 된다는 점을 말해 준다.

장애와 인간 생명의 가치

이 이야기에서 남자는 오른손이 마른 사람으로 묘사되었다.눅 6:6 이 묘사에서 그의 장애 상태에 대해 두 가지를 주목할 필요가 있다. 첫째, 레온 모리스Leon Morris는 이 마른 손이 보기 흉하고 개인적인 불편을 초래하며 그의 생계 능력을 방해한다고 지적한다. 또 그의 생계 능력에 대한 설명은 그가 오른손이 마른 상태였다는 사실로 더욱 강화된다.[9] 에

---

9) Leon Morris, *The Gospel According to Matthew, Pillar New Testament Commentary* (Grand Rapids: Eerdmans, 1992), 305.

드워즈Edwards는 이 남자의 손 상태를 생생하게 묘사하면서 손 마른 헬라어: *xeraino*이라는 단어가 "말라버린," "위축된," "뻣뻣한" 등의 의미를 포함한다고 설명한다. 결과적으로 뻣뻣하고 기형적인 손이 이 남자의 마비된 손에 대한 설명에 부합한다고 할 수 있다.[10] 오른 손을 사용할 수 없게 된 이 남자는 왼손잡이가 될 수밖에 없었다. 고든 젠슨Gordon Jensen 은 성경 시대 문화에서 왼손잡이가 되는 것과 관련된 신학적, 사회적 수치심을 설명한다:

성경과 고대 사회에서 왼손에 대한 전통적인 편견은 상당히 명확하다. 왼손이 악과 배척의 상징으로 여겨지는 것예: 마 25:31-46은 오른손에 부여된 명예와 대조된다. 오른손은 축복창 48:12, 권능과 힘사 48:13, 큰 우정갈 2:9, 그리고 특별한 명예의 자리막 12:36, 왕상 2:19를 상징하며, 왼손은 약함, 속임수, 배신을 상징한다. 오른손은 하나님의 선한 손으로 묘사되며 왼손은 그에 종속되거나 그 반대되는 것으로 묘사된다.… 특히 왼손은 개인 위생을 위해 사용되는 손이기 때문에 중동에서는 이러한 사회적 오명이 강하게 존재했다. 왼손을 사용하는 것은 약함과 수치를 드러내는 것이며 사회에서 저주받는 것이었다.[11]

---

10) Edwards, *The Gospel According to Mark*, 99 (see chap. 3, n. 13).
11) Gordon Jensen, "Left-Handed Theology and Inclusiveness—Liberty University," *Horizons* 17, no. 2 (1990): 207-8, https://doi.org/10.1017/S0360966900020168.

게다가 윌리엄 헨드릭슨William Hendriksen은 외경 "히브리서 복음서"를 인용하여 이 남자가 원래 석공이었으나 이제는 구걸하는 삶을 살아야 하는 처지에 놓였다고 지적한다. 따라서 그는 구걸 생활을 벗어나기 위해 손을 회복시켜 달라고 예수님께 간청하고 있었다고 한다.[12] 이 모든 점을 고려해 볼 때 장애라는 낙인은 이 남자에게 큰 장애물이었다. 그는 세 번이나 치욕을 겪었다. 그는 손이 마른 상태였고 왼손잡이가 될 수밖에 없었으며 생존을 위해 구걸하는 사회적 위치에 놓여야 했다.

이러한 요소들은 모두 이 손 마른 남자의 사회적 가치를 설정해 주는데 중요한 역할을 한다. 그는 공동체 생활에 아무런 기여도 하지 못하고 자선의 대상일 뿐이었다. 이 남자는 분명히 도움이 필요했다. 그러나 종교지도자들은 그를 단순히 예수님을 법적 문제로 함정에 빠뜨리기 위한 완벽한 수단으로만 보았다. 이 질문은 안식일에 합법적으로 행할 수 있는 것에 대한 문제를 중심으로 이루어졌다. 예수님은 이전에도 세 차례 안식일에 사람을 치유하셨다. 안식일에 그는 더러운 영을 쫓아내셨고막 1:21-28, 베드로의 장모를 치유하셨으며마 8:14-15; 막 1:29-31; 눅 4:38-39, 베데스다 못의 병자를 치유하셨다.요5:1-18 아마도 예수님의 이러한 안식일 치유 사건들이 종교지도자들에게 근심을 일으켰을 것이다. "안식일에 치유하는 것이 합법적인가?"마12:10라고 묻는 그들의 질

---

12) William Hendriksen, *Exposition of the Gospel According to Matthew*, Baker New Testament Commentary (Grand Rapids: Baker, 1973), 516.

문은 예수님이 안식일에 다시 치유를 행할 것인지 알아보려는 의도로 이루어졌다.

　예수님은 작은 것에서 큰 것으로 예를 들어 논쟁에 참여하셨다. 그는 동물의 가치와 인간의 가치를 비교하려 하셨다. 트웰프트리Twelftree는 예수님은 특정한 법에 호소한 것이 아니라 유대인들이 일반적으로 동물을 잘 대우하는 방식에 대해 언급하고 있다고 본다.[13] 만약 동물을 안식일에 구할 수 있다면, 사람을 안식일에 치유하는 것도 당연한 것이 아니겠느냐는 논리다. 예수님의 주장은 종교지도자들이 소중히 여기는 것뿐만 아니라 그들이 안식일 규정을 시행하는 방식에 도전했다. 크레이그 키너Craig S. Keener는 안식일에 동물을 구하는 것을 허용하지 않았던 유일한 종교 집단이 에세네파였다고 주장한다. 따라서 많은 바리새인들은 예수님의 견해에 동의했을 것이며 구덩이에 빠진 동물을 구하는 것이 합법적이라고 주장했을 것이다. 그렇다면 예수님의 제안은 만약 한 사람이 안식일에 양을 걱정한다면 그보다 더 사람에게 훨씬 큰 관심을 보여야 하지 않겠느냐는 것이다.[14] 키너의 말을 간단히 표현하자면 가치가 적은 양을 돕겠다고 나온 종교지도자들보다 예수님이 이 남자를 치유하는 것은 지극히 당연한 일이 아니겠느냐는 것이다.

　우리는 예수님이 종교지도자들이 안식일 법을 적용하는 방식에 의

13) Twelftree, *Jesus the Miracle Worker*, 126 (see chap 3, n. 21).
14) Craig S. Keener, *The IVP Bible Background Commentary: New Testament*, 2nd ed. (Downers Grove, IL: IVP Academic, 2014), 76.

문을 제기한 것에 너무 매료되어 예수님이 장애를 가진 인간의 가치를 언급하신 점을 간과할 수 있다. 예수님은 이 남자가 장애를 가졌다고 해서 그를 경시하거나 폄하하지 않으셨다. 사회적 지위를 통한 분류로는 이 남자가 별 가치가 없다고 여겨졌을 것이다. 결과적으로 그는 중요하지 않은 자리로 밀려났을 것이다. 마찬가지로 종교지도자들 역시 이 남자의 유용성에 대해 의문을 제기했을 것이다. 이 지도자들은 그에게 거의 아니 전혀 가치를 부여하지 않았을 것이다. 실제로 예수님의 예를 빌자면 이들 중 일부 지도자들은 동물이 더 큰 가치를 가진다고까지 주장했을지도 모른다. 왜냐하면 동물은 최소한 사회에 어떤 기여라도 할 수 있기 때문이다. 그러나 예수님은 이 남자가 여전히 모든 인간이 가지는 동일한 가치를 지니고 있음을 인정하셨다. 헨드릭슨Hendriksen은 예수님의 모습을 감동적으로 요약한다:

안식일에 동물에게 선을 행하는 것이 허용된다면 하물며 하나님의 형상을 지닌 인간에게 친절을 베푸는 것이 그날에 옳고 당연한 일이다! 하나님 보시기에 인간은 양보다 비교할 수 없이 더 귀중하기 때문이다. 따라서 안식일에 선을 행하는 것이 옳다, 즉 인간의 필요를 외면하지 않고 그에게 축복을 베푸는 것이 옳다.[15]

---

15) Hendriksen, *Exposition of the Gospel According to Matthew*, 517.

예수님은 종교지도자들이 안식일 준수에 대한 법을 제정하는 방식 뿐만 아니라 인간에게 가치를 부여하고 존엄을 인정하는 데 실패한 방식에도 의문을 제기하셨다. 예수님에게 손 마른 사람은 논쟁의 교훈을 위한 대상도 단순한 자선의 대상도 아니었다. 그는 장애 여부와 상관없이 하나님의 형상을 지닌 인간으로서 가치를 지닌 존재다.

예수님의 사역의 본질: 치유와 구원

이 이야기에서 마지막으로 주목해야 할 점이 있다. 마가복음과 누가복음 모두 예수님이 선을 행하는 것에 대한 질문에 생명을 구하는 것과 죽이는 것에 대한 질문도 포함시켰다고 기록하고 있다.마 3:4; 눅 6:9 이 추가적인 질문은 종교지도자들이 미래에 예수님 자신에게 계획하고 있는 일을 미리 아셨다는 것을 반영한 것일 수 있다.마 3:6; 눅 6:11 헨드릭슨Hendriksen은 예수님의 이중 질문이 본질적으로 "안식일에 내가 행하고 있는 것처럼 선을 행하고 생명을 구하는 것이 옳은가, 아니면 지금 너희가 하고 있는 것처럼 해를 끼치고 파괴하는 것이 옳은가?"라고 묻고 있는 것이라고 간결하게 요약한다.[16]

예수님의 질문의 두 번째 부분"생명을 구하거나 죽이는 것"; 눅 6:9을 또 다르게 설명하자면 이 치유와 예수님의 구원사역 간의 연관성이 있다

---

16) William Hendriksen, *Exposition of the Gospel According to Luke, Baker New Testament Commentary* (Grand Rapids: Baker, 1978), 323.

는 것이다. 예수님은 이 기회를 이용해 "생명을 구하는 것"이 무엇을 의미하는지를 확장시켰다. 손 마른 사람이 죽음의 위험에 처해 있지 않았기 때문에 예수님이 이 사람을 즉각적인 죽음에서 구하려고 했다는 식으로 이 질문을 이해하기는 어렵다. 기껏해야 이것은 삶의 질 문제로 논의될 수 있을 것이다. 만약 그렇다면 예수님이 말씀하신 생명을 구하는 것은 이 사람의 삶의 질을 구하는 것과 관련이 있을 것이다. 확실히 장애의 낙인을 제거하는 것은 성경 시대 문화에서 삶의 질에 매우 극적인 변화를 가져올 것이다. 그러나 예수님의 질문의 첫 번째 부분은 이미 삶의 질 문제를 다루고 있다. 안식일에 선을 행하는 문제는 이 사람의 치유를 통해 삶의 질을 향상시키는 것을 충분히 설명하고 있다. 그렇다면 예수님이 손 마른 사람을 치유하는 것이 어떻게 생명을 구하는 것과 같다고 말할 수 있는가?

게울리치Guelich는 이 질문이 예수님의 사역 목적과 관련이 있다고 가정하며 마가복음 1:15에서 예수님이 "때가 찼고 하나님의 나라가 가까이 왔다. 회개하고 복음을 믿으라!"고 선포하셨음을 상기시킨다. 따라서 예수님이 선을 행하고 생명을 구하는 것에 대해 두 가지 질문을 하셨을 때 그는 종말론적인 관점을 가지고 계셨다. 그는 치유를 다가 올 구원의 날과 하나님이 약속하신 예언의 역사적 성취와 연결시켰다.마 11:5; 눅 7:22 이것이 바로 예수님이 그의 말씀과 행동으로 수행하러 오신 목적이었다. 게울리치는 "하나님의 구속적인 통치는 한 사람이 온전히

회복될 때 실현된다"고 결론짓는다.[17]

유사하게, 조엘 그린Joel B. Green은 누가복음에서 "구원하다"와 "회복시키다"라는 단어가 예수님의 논쟁에 어떻게 "생명을 구하다"라는 개념과 맞아 떨어지는지를 설명한다. 그린은 그리스-로마 문화에서 "구원하다"는 위험한 상황에서 구출한다는 의미를 내포하고 있다고 말한다. 이 개념은 단순히 신체적인 상황이나 의학적 질환을 넘어선 개념이다. 게다가 이 사람의 손을 회복시키는 데 쓰인 성경 원어 아포카씨스테미apokathistemi, 눅 6:10라는 단어는 치유의 결과를 말해준다. 이 단어는 구약 성경의 70인역에서 이스라엘의 회복을 묘사할 때 사용되었다. 누가복음이 이스라엘 전체의 회복을 이 사람의 손 치유와 직접 연결시키지는 않았지만 예수님이 염두에 두고 있는 종말론적 현실을 지적하고 있다고 보았다. 예수님에게 이 날은 또한 손 마른 사람에게 구원의 날이었다.[18]

그린과 게울리치가 주장한 바와 같이 예수님은 이 순간을 손 마른 사람에게 믿음의 순간으로 보셨다. 이 사람이 회당에서 예수님과 나눈 상호작용은 생사의 문제였다. 그리스도의 명령에 순종하는 것은 그의 손이 회복되는 것 이상을 의미했다. 예수 그리스도의 치유의 말씀을 통해 이 사람의 하나님과의 관계도 회복될 것이었다. 진정한 의미에서 예

---

17) Guelich, Mark, 136, quoting Dietzfelbinger in Evangelische Theologie.
18) Joel B. Green, The Gospel of Luke, New International Commentary on the New Testament (Grand Rapids: Eerdmans, 1997), 256.

수님은 이 사람의 생명을 구하고 계셨던 것이다.

다시 한 번 이 이야기의 함의는 장애 공동체 내의 사람들과 그 외부의 사람들 모두에게 중요한 메시지를 전달해 준다. 예수님이 이 사람과 상호작용하는 모습은 모든 인간에게 부여된 가치를 재인식 시켜준다. 이 가치는 비장애인에게만 해당하는 것이 아니다. 예수님의 자비를 나타내는 모습은 그리스도인들이 이와 같은 동정을 보여야 한다는 도전을 준다. 그렇지 않으면 그들은 종교지도자들과 같은 입장에 놓이게 된다. 마지막으로 손 마른 사람에게 예수님이 내린 믿음의 요청은 자비로운 행동과 구원의 메시지를 일치시켜야 할 필요성을 말하는 것이다. 그리스도를 따르는 사람들은 단지 장애가 있는 사람들에게 자비를 베푸는 것만으로는 충분하지 않다. 장애가 있다고 해서 하나님이 내려 주시는 은혜의 선물을 받아들이기 위해 손을 내미는 것까지 막거나 방해가 되지 않는다는 사실을 인식해야 한다.

6장

12년간 혈루증 앓은 여인의 치유

마태복음 9:20-22; 마가복음 5:25-34; 누가복음 8:43-48

예수님이 방금 바다 건너편에 도착하셨다. 배에서 내리자마자 많은 무리가 그를 향해 몰려들었다. 그중에는 회당장 야이로Jairus라는 사람이 있었다. 그는 예수님과 중요한 이야기를 나눌 필요가 있었다. 그의 열두 살 된 딸이 아팠기 때문이다. 야이로는 예수님께서 딸을 고쳐주시기를 간절히 원했다. 예수님, 제자들, 그리고 큰 무리가 야이로의 집으로 향했다.

가는 도중에 출혈을 일으키는 병을 앓고 있는 한 여인이 군중 속에 숨어들었다. 이 병은 그녀를 지난 12년 동안이나 괴롭혀 왔다. 여러 의사에게 도움을 구했으나 그 어떤 치료법도 찾을 수 없었다. 이제 그녀는 예수님을 만지기만 하면 나을 것이라고 믿었다. 예수님에게 다가가 뒤에서 그의 옷자락을 만지자마자 그녀는 즉시 나았다. 순간 예수님은 무언가 일어났음을 알았다. 누군가가 그를 만졌다는 것을 느꼈고 하나님의 능력이 그에게서 나가는 것을 느끼셨다. 예수님은 멈춰서 "누가 나를 만졌느냐?"라고 물으셨다. 제자들은 예수님의 질문을 이해하지 못했다. 군중이 너무 많아 예수님은 본의 아니게 많은 사람들과 접촉하고 있었다. 여인은 자신의 행위가 드러났음을 알고 두려움에 떨며 예수님 앞에 엎드렸다. 그녀는 자신이 한 일을 솔직하게 말했다. 예수님은 그녀를 "딸"이라 부르며 그녀의 믿음이 그녀를 낫게 했다고 말씀하셨다. 그리고 평안히 가라고 하셨다.

이 모든 일이 일어나는 동안 야이로의 집에서 사람들이 와서 더 이상 예수님을 괴롭힐 필요가 없다고 전했다. 야이로의 딸이 죽었다는 소식이었다. 예수님은 그 대화를 엿듣고 회당장에게 두려워하지 말고 자신을 믿으라고 격려하셨다. 그들이 야이로의 집에 도착했을 때 예수님은 왜 그렇게 슬퍼하고 있느냐고 물으셨다. 그는 그곳에 모인 사람들에게 소녀가 죽은 것이 아니라 잠들어 있다고 말씀하셨다. 사람들은 예수님을 비웃었다. 예수님은 그들 모두에게 집을 나가라고 하셨다. 예수님은 소녀의 부모와 베드로, 야고보, 요한을 데리고 소녀가 누워 있는 곳으로 가셨다. 예수님은 손을 내밀어 소녀의 손을 잡고 "소녀야, 일어나라"라고 말씀하셨다. 소녀는 예수님의 말씀대로 일어났다. 주변에 있던 사람들 모두 놀라움을 금치 못했다. 예수님은 두 가지를 지시하셨다. 첫째, 그녀에게 음식을 주어야 한다는 것이었고 둘째, 이 기적에 대해 아무에게도 말하지 말라는 것이었다.

이 두 치유 기적 이야기는 마가복음과 누가복음에 자세히 기록되어 있다. 두 복음서의 서술은 상당히 유사하여 두 이야기를 함께 보면 작은 세부 사항들이 이야기를 더욱 풍성하고 생생하게 만든다. 마태복음도 두 이야기를 다루고 있지만 훨씬 간결하며 다른 두 복음서에서 언급되지 않은 중요한 세부 사항은 제시하지 않는다. 마가복음과 누가복음에 기록된 두 이야기를 명확하게 구분하는 텍스트 분석은 거의 필요하지 않다. 대신 저자가 혈루증 여인의 치유를 야이로의 딸의 치유와 교차시킨 방식에 대한 텍스트 분석이 더욱 유익할 것이다.

제임스 에드워즈James R. Edwards에 따르면 마가는 이 기법을 사용해 첫 번째 이야기의 시작과 끝 사이에 끼어 있는 중간 이야기에 주목하게 한다. 마가는 자신의 신학적 목적을 강조하기 위해 이런 문학적 기법을 사용하고 있다. 에드워즈는 마가가 복음서에서 이 기법을 아홉 번 사용하여 믿음, 제자도, 증언, 그리고 배교의 위험이라는 주제를 강조했다고 본다.[1]

로빈 브랜치Robin Branch는 한 이야기에서 다른 이야기로 전환함으로써 마가는 독자가 두 이야기를 비교하고 대조하라는 의도로 썼다고 보아야 한다고 주장했다. 또한 브랜치는 이 두 이야기의 유사점과 차이점을 철저하게 분석하여 나열한 목록을 만들었다. 그녀는 야이로가 회당의 지도자로서 높은 위치에 있었던 반면 여인은 군중의 일원이며 사회적으로 추방된 자라고 지적한다. 야이로와 여인 모두 예수님의 도움

---

1) James R. Edwards, "Markan Sandwiches. The Significance of Interpolations in Markan Narratives," *Novum Testamentum* 31, no. 3 (1989): 196, https://doi.org /IO.2307/1560460.

88 ⋯ 예수님께서 가르쳐주신 장애사역

을 간절히 필요로 하는 절박함을 가지고 있다. 브랜치는 야이로를 의식적으로 정결한 자로 또 여인을 의식적으로 부정한 자로 묘사한다고 보았다. 야이로의 지위로 보아 아마도 그는 많은 재산을 축적했을 것이며 반면 여인은 자신의 병을 치료하기 위해 무일푼이 되었을 가능성이 있다. 더 나아가 야이로는 예수님과 직접 대면하여 치유를 요청했지만 여인은 조용히 예수님의 뒤로 다가가 치유를 얻었다. 그러나 이 여인과 야이로의 딸은 모두 접촉을 통해 치유를 경험했다.[2]

이 두 이야기 중 하나만이 장애 이야기로 볼 수 있지만 두 이야기 모두 고려할 가치가 있다. 두 이야기는 예수님의 포용적 리더십과 관련하여 중요한 세 가지 관점을 제공해 주기 때문이다. 첫째, 이 두 이야기는 예수님의 사역이 최대한의 포용과 통합정신을 보여주는 의미 있는 대조를 제공해 준다. 둘째, 이 두 이야기는 예수님이 두 개인의 믿음을 어떻게 성장시키고 성숙하게 만드는지를 보여준다. 마지막으로 혈루증 여인의 이야기에서 우리는 치유를 통해 믿음과 구원 사이의 연결이 형성되는 것을 볼 수 있다.

의미 있는 대조

예수님의 사역에서 가장 먼저 그리고 가장 명백하게 관찰할 수 있

---

2) Robin Branch, "Literary Comparisons and Contrasts in Mark 5:21-43," In *Die Skriflig/In Luce Verbi* 48 (March 20, 2014): 2, https://doi.org/10.4102/ids.v48i1.1799.

는 점은 예수님의 사역이 사회적으로 최고의 스펙을 가진 자와 최저점에 머물고 있는 사람들 모두에게 다가 간다는 점이다. 회당장 야이로 Jairus는 혈루증 여인과는 매우 다른 위치에 있었다. 브랜치Branch는 야이로와 혈루증 여인이 나이대가 비슷하고 같은 마을에 살았을지라도 서로를 알지 못했을 것이라고 추정한다. 또한 그의 회당장으로서의 역할은 가난한 추방자였던 그녀의 삶과는 전혀 다른 사회적 계층을 대변하고 있다. 이 계층들은 육체적 치료에 대한 필요를 제외하고는 이 여인과 실제로 연결되는 지점이 없었다. 그러나 그들 모두가 가지고 있는 각자의 필요는 예수님 안에서만 충족될 수 있음을 알아야 한다.[3]

마가복음과 누가복음 모두 야이로를 회당의 지도자로 언급한다. 복크Bock는 야이로의 지위를 회당에서의 예배를 주관하고 질서를 유지하며 예배 진행을 책임지는 인물이라 추정한다. 이것은 그를 산헤드린의 일원으로 만들지는 않았지만 그를 도시의 사회적 지위에 있는 지도자로 만들었다.[4] 게울리치Guelich는 야이로가 회당 관련 문제들을 감독할 책임도 있었을 것이라고 덧붙인다. 따라서 이 선출된 직위는 유대 공동체에서 존경받는 자리였다.[5] 놀런드Nolland는 야이로가 유대교의 공식 대표로 나타난다고 결론짓는다.[6]

3) Branch, 3.
4) Bock, *Luke*, 792 (see chap. 4, n. 9).
5) Guelich, *Mark*, 295 (see chap. 3, n. 12).
6) Nolland, *Luke*. 1—9, 419 (see chap. 5, n. 1).

이와 비교하면 혈루증 여인의 상황은 초라해 보인다. 그녀는 질병으로 인해 같은 사회적 지위를 누릴 수 없었을 것이다. 복크Bock는 그녀의 상태가 계속해서 자신을 부정하고 끊임없는 수치심을 느끼게 하며 사회적인 교제와 종교 생활에서 제외되게 만들었을 것이라고 생각한다.[7] 레온 모리스Leon Morris는 이 여인의 삶이 어떠했을지를 설명한다;

> 이 질병 자체도 고통스러웠겠지만, 신체적 영향뿐만 아니라 사회적 영향도 컸다. 이 질병으로 인해 그녀는 의식상 부정하게 되었고레위기 15:25, 성전 예배나 이와 유사한 종교 활동에 참여하는 것이 금지되었다. 그녀의 부정함은 다른 사람에게 쉽게 전염될 수 있었는데, 단지 접촉만으로도 전염되었기 때문이다레위기 15:27. 이런 이유로 다른 사람들이 그녀와의 접촉을 피하려 했을 것이며, 이는 일시적이나마 성가신 부정함을 피하기 위함이었다. 그녀의 삶은 매우 힘들었을 것이다.[8]

모리스의 설명은 그녀의 부정함이 가져온 사회적, 종교적 결과를 강조한다. 이런 종교적 부정함을 사회적 지위의 상실과 동일시하는 실수를 해서는 안 된다. 파울라 프레드릭센Paula Fredriksen은 1세기 유대인

---

7) Bock, *Luke*, 794.

8) Leon Morris, *Luke: An Introduction and Commentary*, rev. ed, Tyndale New Testament Commentaries, vol. 3 (Grand Rapids: Eerdmans, 1988), 178.

들이 규정한 부정함에 대해 세 가지를 이해해야 한다고 주장한다: "첫째, 부정함은 도덕적인 죄가 아니다…. 둘째, 유대 전통에서 깨끗함은 사회적 계층과 관련이 없다…. 셋째, 부정함은 성별과 무관하다."[9]

프레드릭센은 사회적 계층과 불결함에 관해 다음과 같이 밝혔다:

> 부정함은 삶의 한 사실일 뿐 계층이 아니다. 가장 낮은 위치에 있는 농부가 붉은 암송아지 의식을 완료하면 깨끗해지지만 가장 귀족적인 제사장은 부모의 장례 치른 후에는 그렇지 않다. 율법에 규정된 정결의식 조항에 의하면 가장 고상한 바리새인이나 가장 높은 대제사장도 결혼 후에는 가장 초라한 갈릴리 어부와 다를 바 없다. 부정함을 반영구적인 상태로 보고 그러한 상태를 사회적 계층과 혼동하는 것은 대단히 잘못된 생각이다.[10]

프레드릭센의 주장에 따르면 혈루증 여인은 출혈로 인해 낮은 사회 계층으로 강등된 것이 아니다. 부정함은 사회적 지위를 제거하거나 새로운 낮은 사회적 지위를 부여하지는 않는다. 필요한 의식을 이행하여 깨끗하게 되어 순결한 상태를 회복하면 그만이었다. 그러나 이 여인은 지속적인 출혈로 인해 사회적으로부터 지속적인 배제되어 있었겠지

---

9) Paula Fredriksen, "Did Jesus Oppose the Purity Laws?" *Bible Review* 11, no. 3 (1995): 23.
10) Fredriksen, 23.

만 그렇다고 낮은 사회적 지위로 강등된 것은 아니다.

마가는 그녀가 모든 재산을 의사들에게 허비했으나 그들의 도움은 효과가 없었고 그녀의 상황을 악화시켰다고 말한다. 재정적 능력이 그녀에게 사회적 지위와 안정성을 제공했다 하더라도 그것마저 제거되었다. 게다가 세 복음서 중 어느 곳에서도 가족에 대한 언급이 없다. 남편이나 다른 친척에 대한 언급이 전혀 없다. 그녀는 병과 비극적인 삶과 혼자서 맞서야 했다. 그녀의 만성 질환을 지원해 줄 가족이 없는 것처럼 보인다. 그러나 이 이야기는 그녀의 고독을 해소시켜 준다. 예수님이 그녀를 치유하신 후 그녀는 오랜 시간 동안 듣지 못했을 가족의 묘사를 들었다. 예수님이 그녀를 "딸"이라고 부르신 것이다. 혈루증 여인은 아마도 12년 만에 처음으로 가족의 정체성을 부여 받은 것이리라.

만약 그녀가 본문에 나타난 것처럼 혼자였다면 그녀는 성별 때문에 불리한 삶의 위치에 놓였을 것이다. 도로시 패터슨Dorothy Patterson은 그 시기에 여성이 살아가는 것이 어떠했는지 설명한다. 당시 여성은 자율성이 거의 없었고 남편에게 종속되었다. 여자는 남편의 가족이나 씨족의 일부가 되었다. 여자는 이스라엘에서 남자보다 낮은 법적 위치에 있었다. 이 위치는 남편이 "그녀에게 어떤 부정함이 발견되면" 이혼할 수 있게 만들었다.신 24:1-4 그러나 여자가 남편과 이혼하고 싶을 때 적용되는 법은 없었다. 또 남편이 그녀의 충성심을 의심하면 아내는 질투 의식을 수행해야만 했다. 만약 여자가 남편의 충성심에 의문을 가진다면 그녀에게는 그러한 시험이 제공되지 않았다. 딸은 가족 중 직계인 남성 상속자가 없을 경우에만 가족 상속을 받을 수 있었다.민 27:8-11 그렇지 않으면 그녀의 상속은 결혼할 때 받은 지참금 뿐이었다.[11]

패터슨의 설명에서 주목할 만한 점은 혈루증 여인의 이야기에는 몇 가지 특징이다. 이 여인이 결혼한 후 만성적인 부정함으로 인해 이혼 증서를 받는 것이 법적으로 허용되었을 가능성이 있다. 만약 그렇다면 그녀가 혼자인 이유를 설명할 수 있다. 또 이혼한 여성이라는 사실은 그녀의 사회적 오명을 더했을 것이다. 마가복음에서는 그녀가 모든 돈을 의사들에게 허비했다고 언급한다. 패터슨의 설명에 따르면 그녀의 소득원은 남성 중심 사회에서 남성에게 의존했다. 아마도 그녀가 가진 모든 재산은 빨리 소진되었을 것이다. 실제로 마가복음은 그녀가 치료에 모든 돈을 소진했다고 적시했다.

마가복음에서 묘사된 혈루증 여인을 통해 또 하나의 문화적 함의를 생각해 볼 필요가 있다. 당시 사회에서 그녀의 건강 상태는 사람들로 하여금 그녀를 인간으로서, 그리고 여성으로서 어떻게 보게 했을까? 루이즈 고스벨Louise Gosbell의 연구에 따르면, 이 여인의 출혈이 실제로 생리 장애와 관련이 있다면, 그녀는 분명 어느 정도의 사회적 배척을 받았을 것이다. 고스벨은 M. L. 에드워즈M. L. Edwards, 요하네스 슈탈Johannes

---

11) Dorothy Patterson, "Woman," in *The Holman Illustrated Bible Dictionary*, ed. Chad Brand, Charles W. Draper, and Archie England (Nashville: Holman Bible, 2003), 1679.

Stahl, W. K. 레이시W. K. Lacey의 연구를 인용하며, 당시 여성의 역할이 결혼, 자녀 출산, 가사 관리로 정의되었음을 주장한다. 이러한 역할을 수행할 수 없는 여성은 종종 장애인으로 분류되었으며, 이러한 맥락에서 혈루증 여인은 장애 여성으로 간주될 수 있다.[12] 그녀는 자녀를 임신하고 출산할 수 없는 상태였으며, 이로 인해 결혼을 하지 못했거나, 결혼 후 이 장애로 인해 이혼했을 가능성이 있다. 이는 그녀가 겪었던 사회적 고립을 이해하는 데 중요한 단서를 제공한다.

왜 이렇게 분석해 보아야 할까? 간단히 말해 바로 그것이 마가가 하는 일이기 때문이다. 이 두 이야기에서 등장하는 두 인물을 대조하기 위해 마가는 그들이 얼마나 정반대의 상태에 있는지 보여준다. 야이로는 회당의 장으로서 권위 있는 위치에 있는 선출된 공인이다. 따라서 그는 종교적 위상과 더불어 그 도시에서 중요한 인물이었다. 혈루증 여인은 완전히 그 정반대이다. 그녀는 단순히 그 반대가 아닌 장애를 가진 여성이었다. 그녀의 삶의 총합은 그녀를 사회적 오명과 소외의 위치에 두었다. 야이로가 환영 받고 축하 받을 때 이 여인은 밀려나고 버림받았다.

에드워즈Edwards는 마가가 여인의 질병을 얼마나 생생하게 묘사했는지를 다음과 같이 말했다:

---

12) Louise Gosbell, "'The Poor, the Crippled, the Blind, and the Lame': Physical and Sensory Disability in the Gospels of the New Testament" (PhD diss., Macquarie University, 2015), 56-58, http://hdl.handle.net/1959.14/1107765.

그리스어 분사구문이 극적으로 연속된 26절은 이 여인의 상태를 신랄하게 묘사하고 있다: 출혈을 겪고 많은 의사들로부터 고통을 당하고 모든 재산을 소진하고 전혀 나아지지 않고 오히려 악화되었다. 또 이어인 구절은 반복적으로 강렬하고 단정적이다: 그녀는 많은 의사들로부터 많은 고통을 당했고 모든 자원을 소진했으며 아무것도 얻지 못했다.[13]

이 여인을 너무 한정된 시각으로 바라보기 때문에 그녀의 신체적 상태가 이 구절의 해석을 지배하는 경향이 있다. 그러나 이러한 한계는 비교의 깊이를 놓치게 한다. 마가는 사회의 정점에 있는 사람과 사회의 가장 낮은 곳에 있는 사람을 비교했다. 이 이야기들은 사회적 현실에도 불구하고 유사점과 차이점을 공유한다. 그러나 두 이야기에서의 진정한 유사점은 절박하고 어려운 상황에서 절실히 필요한 예수님의 도움을 말하고 있다.

혈루증 여인의 이야기는 깊은 장애로 인해 많은 사회 구조에서 소외되고 배제된 느낌을 받는 사람들에게 희망을 준다. 예수님의 행동은 그가 제공하는 접근성, 희망, 구원에 차별이 없다는 것을 보여준다. 그의 연민, 자비, 치유는 누구에게나 모든 사람에게 열려 있다. 예수님의 삶과 사역의 포용성은 장애로 인해 소외감을 느끼는 사람들에게 진정한 복

---

13) Edwards, *Gospel According to Mark*, 163

음이다. 그의 손길은 언제든지 펼쳐 있으며 그 손길은 "아들"이나 "딸"—
"나의 자녀!"라는 선언이 뒤따라 온다.

믿음의 성장

이 두 이야기가 교차되는 과정에서 드러나는 두 번째 대조는 야이
로와 혈루증 여인의 믿음의 성장이다. 이 논의에서 중요한 점은 예수님
이 어떻게 믿음을 양육하고 성숙하게 하셨는가 하는 것이다. 누리아 칼
두치-베나게스Nuria Calduch-Benages는 예수님의 능력이 어떻게 믿음을
고양시키는지를 강조하면서 이 믿음의 성장과정을 관찰하였다. 야이로
와 혈루증 여인은 단순하지만 강한 믿음을 가지고 있었으며 어려움을
겪으며 그 믿음이 성숙해졌다. 프랑코 람비아시Franco Lambiasi를 인용하
여 그녀는 그들의 믿음이 예수님의 치유 능력에 대한 믿음에서 시작하
여 예수님을 구원자로 인식하는 믿음으로 발전했다고 설명한다.[14]

혈루증 여인의 믿음은 처음에는 거의 마법적인 성향을 띠고 있는
것처럼 보인다. 그녀는 예수님의 옷자락을 만지기만 하면 자신의 병이
나을 것이라고 믿었다.막 5:28 모르나 후커Morna Dorothy Hooker는 이 여인
이 예수님에 대해 들은 소문에 근거해 이런 생각을 하게 되었다고 설명
한다. 또한 옷이 사람의 연장선이라고 여인이 생각한 것 같다. 즉 옷에

---

14) N. Calduch-Benages, *Perfume of the Gospel: Jesus' Encounters with Women* (Rome: Gre-
    gorian & Biblical Press, 2012), 18.

도 그 사람과 동일한 능력이 있다고 여긴 것이다. 더 나아가 후커는 마태복음 14:34-36과 마가복음 6:56에서 예수님의 옷을 만진 사람들이 치유된 것을 두고 예수님의 치유 능력에 대한 소문과 연결시킨다.[15] 후커의 견해로는 이러한 정보가 이 여인이 사람들 사이로 나가 치유를 받으려고 시도하게 만든 동기가 되었을 것이라고 추정한다. 앨런 멘지스Allan Menzies는 이 생각을 더욱 발전시켜 이 여인이 예수님의 손길을 단순히 강력한 것으로 여긴 것이 아니라 주권적인 것으로 여겼다고 주장한다. 마찬가지로 그 주권은 그의 옷에도 확장되었다고 본 것이라고 했다.[16]

여러 성경 구절을 통해[17] 데이비드 로치David Roach는 사람의 옷자락을 그들의 정체성과 연결시킨다. 그는 이 여인이 마법이 아니라 성경 지식에 의해 예수님의 옷자락을 만지기로 했는지를 궁금해 했다. 그의 추측 중 가장 중요한 것은 이 여인이 말라기 4:2의 메시아적 예언에 익숙했을 것이라는 생각이다.[18] 그러나 혈루증 여인의 지속적인 부정함이 그녀가 교육과 종교 생활에 접근하는 것을 제한했을 것이기 때문에 그녀가 이러한 깊은 성경적 메시아적 연결을 얼마나 이해할 수 있었을 지 의문이 든다.

---

15) Morna Dorothy Hooker, *The Gospel According to Saint Mark* (Peabody, MA: Hendrickson, 2009), 148.

16) Allan Menzies, *The Earliest Gospel: A Historical Study of the Gospel According to Mark, With a Text and English Version* (New York: Macmillan, 1901), 128.

17) See Num 15:37—41; Ruth 3:9; Ezek 16:8; 1 Sam 24:5; and Mai 4:2.

18) David Roach, "Why Were People Healed from Touching Jesus' Clothes?," June 21, 2013, https://biblemesh.com/blog/why-were-people-healed-from-touching-jesus-clothes/.

예수님은 누군가 자신을 만졌고 능력이 나갔음을 알자마자 야이로의 집으로 가는 행렬을 멈추셨다.^{막 5:30} 그는 "누가 나를 만졌느냐?"고 물으셨다. 여인은 자신이 발각되었음을 알고 자신이 한 일을 고백했다. 예수님의 반응은 연민이었으며 그녀를 "딸"이라고 부르셨다. 후커는 이 연민의 대면이 여인의 믿음을 마법적인 신앙에서 예수님과 개인적인 관계로 발전시켰다고 본다.[19] 에드워즈Edwards는 여인이 예수님께 마법적이거나 또는 메시아적인 이유로 다가갔을지라도 예수님은 단순히 기적을 행한 후 이 무명 여인을 남겨두는 것에 만족하지 않으셨다고 주장한다. 예수님은 그녀와 만남을 원하셨다. 따라서 예수님은 그녀가 나올 때까지 계속 찾으셨다. 예수님의 선포는 그녀의 믿음이 그녀의 치유와 구원에 연결되었음을 보여준다.[20]

에드워즈는 이 여인의 행동에 대해 두 가지 중요한 관찰을 한다. 첫째, 마가복음에 제시된 대로 이 여인은 진정으로 예수님을 따르는 것이 무엇인지 보여준다. 그녀는 예수님에 대해 들은 것을 행동으로 옮겼다. 그녀가 "들었고," "다가 갔고," "만졌다"는 제자도의 패턴을 대표한다. 예수님이 치유가 일어난 후 그녀와 대면하셨을 때 이 여인은 이제 믿음으로 더욱 성숙되었다.[21] 그녀의 예수님에 대한 믿음과 관점은 접촉으로 일어난 치유 때문에 바뀐 것이 아니다. 오히려 그것들은 치유 후 예수님

---

19) Hooker, *Gospel According to Saint Mark*, 149.
20) Edwards, *Gospel According to Mark*, 164-66.
21) Edwards, 164

과 대면 때문에 변화된 것이다.

에드워즈는 또 이 여인의 믿음이 그의 딸이 죽었다는 소식을 들은 야이로에게 즉각적인 본보기가 되었다고 설명한다. 야이로는 이 여인이 보여준 것과 같은 믿음을 보이라는 도전을 받았다는 것이다. 에드워즈는 마가복음 5:36에서 사용된 "듣고도 무시했다"*parakoueiri*라는 단어가 예수님이 듣지 말아야 할 것을 듣고서 그 뉴스를 무시하고 그 정보를 부정했음을 암시한다고 강조했다. 대신 예수님은 야이로에 대해서 그에게 계속 믿으라고 했다.[22]

이렇게 여인의 치유와 야이로에게 제공된 새로운 정보는 믿음에 대한 예시이자 도전이다. 야이로는 예수님께 와서 그의 딸의 치유를 요청함으로써 믿음을 보였다. 혈루증 여인은 치유에서 믿음을 보였다. 예수님은 어떤 상황에도 불구하고 자신의 치유 능력을 계속 믿으라고 요청하셨다. 다른 말로 하면 예수님은 "네가 절망적인 상황에서 내가 할 수 있는 일을 보았지 않느냐. 나는 죽은 것과 다름없는 사람을 치유했다. 네 절망적인 상황에서도 내가 똑같이 할 수 있다고 계속 믿어라. 네 죽은 딸도 내가 치유할 수 있다고 계속 믿어라"라고 말씀하시는 것과 같다. 요한복음의 표현을 빌리자면, "나는 부활이요 생명이니 계속 믿어라." 만일 야이로가 의심이 있었다면 금방 치유된 여인을 보고 그녀가 보여준 믿음을 보고 배우면 될 것이다.

---

22) Edwards, 167

야이로와 혈루증 여인의 이야기에서 믿음의 역할에 대해 두 가지 관찰을 할 수 있다. 첫째, 예수님은 두 사람의 믿음을 의도적으로 성숙시키고자 하셨다. 둘째, 예수님은 이전에 장애를 가진 여인의 믿음을 통해 야이로에게 믿음의 본보기를 제시하셨다. 이 두 가지 관찰은 교회가 장애인에게 사역할 때 깊은 영향을 미칠 수 있다. 예수님을 닮고자 하는 목사는 혈루증 여인에게서 장애인의 믿음을 양육할 기회를 발견할 것이다. 성령께서 믿음을 성숙시키고 인생의 여러 상황 속에서 강하게 유지될 수 있도록 할 수 있는 기회를 찾을 것이다. 그러나 목사는 또 장애가 있는 이들에게 믿음의 본보기를 보여줄 기회를 제공해야 할 것이다. 불행히도 이것은 교회 사역에서 쉽게 잊혀질 수 있는 부분이다. 교회 지도자의 도전 과제는 하나님이 장애인에게 주신 은사를 이해하고 그 은사를 교회의 공동체 생활에서 활용할 기회를 제공하는 것이다. 그렇게 함으로써 장애인 개개인이 교회에 믿음의 본보기를 보여줄 수 있는 가능성을 열어주게 될 것이다.

치유, 온전함, 그리고 구원

이 두 이야기에서 세 번째이자 마지막으로 드러나는 대조는 바로 '온전함'의 문제이다. 예수님이 혈루증 여인과 나눈 마지막 대화에서 "네 믿음이 너를 구원하였으니 평안히 가라, 네 병에서 놓여 건강할지어다"라고 말씀하셨다.막 5:34 이 말씀은 여인의 육체적 건강과 영적 건강을 모두 언급하며 육체적 치료와 영적 치유가 함께 이루어진다는 사실을 나타내 준다. 그녀가 가지게 된 평안은 그녀의 육체적 질병의 종식뿐만 아니라 하나님과의 회복된 관계가 시작한 것과 깊이 관련이 있다.

마크 스트라우스Mark L. Strauss는 마가복음 5:34에서 사용된 '구원하다' 또는 '구원되다'라는 단어의 의미를 탐구하였다. 그는 이 단어가 영적 구원, 육체적 구원, 생명의 보존, 혹은 육체적 치유와 회복을 가리킬 수 있다고 설명한다. 그는 육체적 회복과 영적 회복이 때로는 동일시될 수 있다고 지적한다. 나아가 그는 복음서에서 영적 회복과 육체적 회복이 손을 잡고 함께 간다고 주장한다. 그러므로 예수님이 이 말씀을 하셨을 때 이 두 가지 적용이 함께 어우러질 수 있다. 그러나 마크는 성경 텍스트에서 이 단어가 등장할 때마다 이러한 가정을 하지 말 것을 경고한다.[23]

복크Bock는 누가복음이 제시한 평안eirene이란 개념이 단순한 내면의 감정이 아니라 이 여인이 하나님과 회복된 관계로 인해 얻은 상태라고 강조한다.[24] 갈랜드Garland는 예수님이 여인에게 평안을 선포하면서 육체적, 영적 측면을 연결 짓는 관점을 강조했다. 그는 성경적 개념인 '샬롬'이 행복, 번영, 안전, 우정, 구원을 포괄한다고 본다. 따라서 예수님이 여인에게 평안을 선포하셨을 때 그는 그녀가 얻은 온전함에 대해 말

---

23) Mark L. Strauss, *Mark*, Zondervan Exegetical Commentary on the New Testament (Grand Rapids: Zondervan, 2014), 232.

24) Bock, *Luke*, 799.

쑴하신 것이다.[25] 에두아르트 슈바이처Eduard Schweizer가 이 여인이 경험한 온전함에 대해 가장 간결하게 설명한 말이 있다:

> 예수님은 평안히 가라며 그 사람을 보내신다. '평안히 가라'는 구약
> 성경의 표현이다.삿 17:6; 삼상 1:17; 삼하 15:9 그러나 신약에서는 '평
> 안'이라는 단어가 '구원'과 동의어로 사용된다.눅 7:50; 10:5; 요 14:27;
> 16:33; 20:19, 21, 26 이는 마음의 평안을 의미하는 것이 아니라 비록 폭
> 풍과 갈등 속에 있을지라도 하나님과 올바른 관계로 회복된 사람의
> 객관적 상태를 의미한다.[26]

이전에 장애를 가진 이 여인은 예수님 앞에서 육체적인 건강을 되찾았고 영적으로도 하나님과 회복되었다. 결국 온전함을 되찾았은 것이다. 신학적 믿음-치유 연결을 설명하거나 다루는 데만 집중하다 보면 신학적 믿음-구원 연결을 놓칠 수 있다. 이 여인은 예수님에 대해 들은 것을 그대로 행동한 단순한 믿음을 가졌다. 이 반응 속에서 그녀는 영적 회복을 경험하게 되었다.

이 구원, 즉 여인이 하나님과 회복된 관계에 대한 강조는 장애인을 돌보는 부모, 친구, 그리고 사역자들에게 희망을 준다. 현대 기독교 문

---

25) Garland, *Mark*, 222 (see chap. 3, n. 11).
26) Eduard Schweizer, *The Good News According to Mark* (Atlanta: John Knox, 1970), 118.

화에서는 구원이 체계화된 것으로 보이는 경향이 있지만 여기에서 주어진 단순한 구원은 우리에게 깊이 생각할 여지를 제공한다. 오늘날 구원은 종종 자기 자신, 죄, 그리스도, 속죄에 대한 기본적인 신학적 지식을 포함하는 과정으로 여긴다. 그 후 여러 외적인 행동들이 결합되어 한 사람이 "구원받았다"거나 "예수님께 마음을 드렸다"고 여긴다. 이러한 조립라인 같은 구원의 과정에 대해 이 여인의 이야기는 도전장을 던진다. 그녀는 신학적 이해가 거의 없었고 학문적인 교리 지식도 없었다. 사실 그녀의 지속적인 부정함으로 인해 그녀는 종교의식이나 교육을 받을 기회를 얻지 못했다. 다만 그녀가 알고 있었던 것은 자신이 도움이 필요했고 예수님이 그것을 제공하실 분이라는 것이었다. 예수님은 그녀의 단순한 믿음이 그녀를 영적으로 또 육체적으로 온전하게 만들었다고 선언하셨다.

누가복음과 사도행전에 나타난 구원 사건들을 조사한 마크 파월 Mark Powell은 구원은 "그 사람의 필요에 따라 각각 결정된다"고 추론한다.[27] 다시 말해 누가는 구원을 모든 사람에게 동일하게 적용되는 사건으로 보지 않았다. 오히려 구원은 무엇보다도 마음속에서 일어나는 하나님의 역사다. 하나님은 주어진 지식과 지성을 통해 일하신다. 그분이 주시는 은혜의 선물이 마음을 움직인다. 에베소서 2:8-9에서의 구원과 믿음에 대해 존 스윈턴John Swinton은 다음과 같이 설명한다:

---

27) Mark Powell, "Salvation in Luke-Acts," *Word dr World* 12, no. 1 (1992): 5.

믿음 자체는 인간의 성취가 아니라 은혜로운 선물이다. 따라서 '우리가 바라는 것들의 실상이요 보이지 않는 것들의 증거'라는 의미를 지나치게 인지적으로 접근하지 않는다면 우리는 새로운 흥미로운 가능성에 마음을 열게 될 것이다.[28]

혈루증 여인의 믿음에는 지나치게 인지적인 요소가 없었다. 그녀는 자신이 받은 은혜로운 믿음의 선물로 자신이 알고 있는 예수님에 대해 반응했다. 이 이야기에서는 부모, 목회자, 또는 봉사자들이 "그가 충분히 알고 계실까?"라고 의문을 품었을 때 희망을 발견할 수 있다. 하나님은 마음을 움직이시고 은혜의 선물을 주셔서 가장 단순하고 신학적이지 않은 믿음조차도 한 사람을 구주와 대면하게 할 수 있다.

28) John Swinton, "Known by God," in *The Paradox of Disability: Responses to Jean Vanier and L'Arche Communities from Theology and the Sciences*, ed. Hans S. Reinders (Grand Rapids: Eerdmans, 2010), 144.

7장

맹인 바디매오의 시력을 회복시키심

마태복음 20:29-34; 마가복음 10:46-52; 누가복음 18:35-43

예수님은 예루살렘으로 향하셨다. 예수님은 자신의 죽음이 가까워지고 있음을 알고 계셨다. 예수님과 제자들 그리고 그들을 따르던 무리가 예루살렘 근처에 이르렀을 때 한 맹인 거지가 자비를 구하며 소리를 질렀다. 무리는 그에게 조용히 하라고 했다. 그러나 맹인 거지는 듣지 않고 계속해서 "다윗의 자손이여, 나를 불쌍히 여기소서!"라고 외쳤다. 예수님은 발걸음을 멈추셨다. 예수님이 군중의 소음 속에서 들은 유일한 말이 "불쌍히 여기소서"였던 것처럼 보인다. 예수님은 무리 중 몇 명에게 그 걸인을 자신에게 데려오라고 하셨다. 사람들이 거지가 앉아 있는 곳에 도착하자 그들은 그에게 좋은 소식을 전했다. 예수님이 그를 보고 싶어 하신다는 것이다. 그는 즉시 일어나 외투를 버리고 예수님께로 나아갔다. 예수님이 그를 보시고 "내가 네게 무엇을 해주기를 원하느냐?"라고 물으셨다. 그 남자는 "랍비여, 제가 보기를 원합니다"라고 대답했다. 예수님은 연민의 마음으로 그를 바라보셨다. 예수님은 그 남자의 눈을 만지시고 그의 믿음이 그를 치유했다고 선포하셨다. 바디매오는 즉시 시력을 되찾았고 그는 하나님께 영광을 돌렸다. 시력이 회복된 그는 외투를 버리고 예수님을 따랐다. 바디매오처럼 군중도 이 치유로 인해 하나님을 찬양하며 응답했다.

공관복음서를 간략히 살펴보면 이 치유 기적에 대한 여러 관점을 발견할 수 있다. 맹인 바디매오의 치유를 가장 자세히 기록한 책은 마가복음이다. 그러나 누가복음도 이 이야기에 추가되는 다른 세부 사항들을 제공한다. 다른 치유 이야기와 마찬가지로 마태복음의 기록은 훨씬 간결하다. 이 이야기에서 마태복음은 마가와 누가의 설명에서 빠진 몇 가지 흥미로운 세부 사항을 추가하였다. 마태복음에서 중요한 점은 예수님의 연민과 맹인 거지를 치유하는 데 사용한 촉각적인 방법이다. 마태만 예수님이 연민을 느끼셨고 거지의 눈을 만지셨다고 알려 준다. 그러나 세 복음서 모두 예수님이 "다윗의 자손"이라고 동일하게 진술하고 있다. 또 세 복음서는 예수님이 맹인에게 하신 질문과 맹인이 보기를 원한다고 시력을 구하는 요청에 대한 진술은 일치한다. 공관복음서 저자들 모두 군중이 맹인에게 조용히 하라고 요구한 것과 맹인이 자비를 구한 것에 주목하고 있다.

공관복음서 중 마가복음의 기록이 가장 자세하다. 마가는 맹인의 이름이 바디매오라고 분명하게 명시하였으며 예수님이 바디매오를 데려오라고 요청하셨을때 사람들의 반응 그리고 바디매오가 예수님의 부름에 대한 반응과 예수님을 "랍비"라고 불렀다고 기술하고 있다. 이렇게 자세히 기록함으로써 이야기는 더 개인적이고 친밀한 느낌을 준다. 마가복음과 누가복음의 기록 사이에 한 가지 중요한 차이점은 이 만남의 끝에서 드러난다. 마가복음은 바디매오가 치유된 후 예수님을 따르기 시작했다고 언급하며 결론을 맺는다. 누가복음도 이 점을 지적하지만 누가는 한 걸음 더 나아가 군중과 맹인이었던 바디매오가 이 치유로 인해 하나님을 찬양했다고 강조한다.

이 치유 이야기는 장애사역에 있어 중요한 세 가지 통찰력을 제시해 준다. 첫째, 바디매오는 사건 대조를 통해 포용적 신앙모델을 우리에게 제시한다. 둘째, 바디매오의 치유는 배제에서 공동체로 이동이 어떻게 이루어지는지 그리고 무엇이 이 움직임을 촉발하는지를 보여준다. 마지막으로 이 이야기에 제시된 다중 감각을 활용한 요소는 많은 예배가 단조롭게 진행되는 방식에 대해서 새로운 도전을 제시한다.

대조되는 두 질문과 만남

이 이야기에서 첫 번째로 주목할 점은 두 종류의 대조다. 첫 번째 대조는 예수님이 하신 질문과 관련이 있으며 두 번째 대조는 예수님의 두 번에 걸친 개인적인 만남과 관련이 있다. 문맥적으로 볼 때 예수님은 두 번에 걸쳐 같은 질문을 던지셨다. "내가 네게 무엇을 해주기를 원하느냐?" 이 첫 번째 질문은 예수님의 제자인 야고보와 요한에게 던졌고막 10:36 두 번째 질문은 맹인 바디매오에게 던졌다. 이 질문에 대한 두 가지 답변은 극명하게 다르다. 예수님의 제자들은 예수님의 왕국에서 권력과 지위를 요청하며 답변했다. 이는 그들이 여전히 예수님이 누구신지 그가 어떤 사명을 가지고 오셨는지 제대로 이해하지 못하고 있음을 보여준다. 반면 바디매오는 치유를 요청하며 "다윗의 자손이여"라고 예수님을 부르며 그의 믿음을 나타냈다. 스트라우스Strauss는 예수님이 두 가지 다른 이유로 이 질문을 하셨다고 본다. 야고보와 요한에게는 그들의 교만을 드러내기 위해서 또 바디매오에게는 그의 자비를 구하는 이유를 알아보고 그의 믿음을 성장시키기 위해 질문하셨다고 설명한다.[1] 이 질문에 대한 두 가지 다른 답변은 영적 통찰력이 반드시 육체적 시력에 달려 있는 것은 아니라는 사실을 명확히 보여준다. 야고보와 요한은 바디매오보다 더 눈이 멀었다고 할 수 있다.

두 번째 대조는 맹인 거지 바디매오와 부자 청년막 10:17-31의 반응에 대한 차이를 강조한다. 잘 알려진 이 이야기는 한 부유한 청년이 예수님께 와서 구원을 얻기 위해 해야 할 일을 묻는다. 그 청년이 율법을 잘 지켰다고 말하자 예수님은 그에게 모든 재산을 팔아 가난한 자들에게 나눠주고 그 다음에 자신을 따르라고 말씀하셨다. 이에 이 말을 들은 청년은 많은 재산을 가지고 있었기 때문에 슬프게 떠났다.

이 이야기와 바디매오의 이야기를 비교하면 흥미로운 점을 발견할 수 있다. 바디매오는 예수님이 부자 청년에게 하신 말씀을 그대로 실천

---

1) Strauss, *Mark*, 472 (see chap. 6, n. 23).

한 셈이다. 예수님께 부름을 받았을 때 바디매오는 외투를 버리고 제자들이 그를 즉시 예수님께 이끌도록 허락했다. 겉으로 보기에는 그가 많은 것을 포기하지 않은 것처럼 보일 수 있지만 그가 남긴 모든 것을 고려할 때 그는 예수님이 청년에게 강조하셨던 것과 비슷한 "모든 것"을 희생한 것이다. 케네스 베일리Kenneth E. Bailey는 바디매오가 치유를 선택하고 예수님을 따르기로 한 결정이 주는 다양한 의미를 언급한다. 베일리는 전통적인 중동 사회에서 거지가 공동체에 중요한 역할을 했다고 설명한다. 거지는 다른 사람들이 자비와 연민을 베풀 수 있도록 도와주었다고 본다. 사람들이 자선을 베풂으로서 그들이 하나님께 선을 행하는 것으로 여겼기 때문이다. 결국 거지는 공동체에서 중요한 존재였던 셈이다. 베일리는 또 맹인 거지 바디매오가 교육이나 훈련을 받은 적이 없었을 가능성이 크다고 추정한다. 그가 공동체에 제공할 수 있는 기술은 거의 없었을 것이다. 따라서 시력을 되찾는 선택은 그에게 매우 큰 대가가 요구되는 일이었으며 그를 완전히 다른 세계로 들어가 새로운 도전과 책임을 맞이하게 만드는 일이었다.[2]

베일리는 바디매오가 예수님께 돈을 요청하는 것이 가장 쉬운 일이었을 것이라고 암시한다. 만일 예수님이 자선을 제공했다면 맹인 거지의 일상적인 필요를 충족시키는 데 도움이 되었을 것이다. 특히 치유

---

2) Kenneth E. Bailey, *Jesus through Middle Eastern Eyes*: *Cultural Studies in the Gospels* (Downers Grove, IL: IVP Academic, 2008), 173-74.

를 요청하는 것은 모든 것을 버리고 떠나겠다는 결심을 필요로 했다.

프랜시스 몰로니Francis J. Moloney는 "이야기들은 벽으로 분리되어 있지 않다. 하나는 다른 하나로 자연스럽게 이어지며 이미 언급된 주제들을 되돌아보게 하고 다가올 주제들을 암시한다"고 말한다.3 이 두 가지 대조적인 예들이 서로 연결되는 것을 보는 것은 어렵지 않다. 예수님은 이 두 이야기에서 같은 교훈을 주고자 하신다. 다니엘 파볼라Daniel Paavola도 비슷한 관찰을 했다. 그는 바디매오가 외투를 버리고 떠난 것이 부유한 청년과의 직접적으로 대조된다고 보았다. 이 청년은 예수님을 따를 기회를 받았을 때 자신의 재산을 포기하는 대신 믿음을 지키기로 결정했다.4 이 대조는 예수님을 따르는 자들이 모든 것을 뒤로 하고 제자도가 요구하는 새로운 도전과 책임을 받아들일 준비가 되어 있어야 한다는 점을 보여준다. 이 희생은 부유한 청년에게는 너무 큰 것이었고 그는 성경에서 다시 등장하지 않는다. 그러나 같은 도전에 직면했을 때 바디매오는 예수님의 부름에 긍정적으로 응답했다. 그는 예수님이 말씀하신 대로 자기 길을 가는 대신 예수님을 따르기로 결정했다.

예수님은 바디매오의 믿음을 강조하고 있다. 예수님은 제자들과 성공한 청년과 비교하여 맹인의 영적 지식과 믿음을 인정하셨다. 바디매오의 믿음은 결국 다윗의 자손 즉 메시아이신 예수님과 대면하게 했

---

3) Francis J. Moloney, *The Gospel of Mark* (Peabody, MA: Hendrickson, 2002), 19.
4) Daniel Paavola, *Mark* (St. Louis: Concordia, 2013), 196

다.

이 대조적인 예들은 목회자에게 "설교에서 장애인을 믿음의 본보기로 사용할 수 있는가?"라는 질문을 던진다. 이 질문을 진지하게 고민하면 성경을 보다 깊이 있게 해석할 수 있을 것이다. 결국 회중은 예수님의 치유와 가르침 사역의 포용적 본성을 더 잘 이해하게 될 것이다.

맹인 목회자인 크레이그 새터리Craig A. Satterlee는 목회자들에게 단순히 시력을 잃은 사람들을 치유가 필요한 환자나 용서가 필요한 죄인 또는 교훈적 대상으로만 다루지 말 것을 제안한다. 대신 그는 이러한 단순한 인식을 변화시키고 회중이 바디매오와 같은 믿음의 사람으로 볼 수 있도록 돕기를 권장한다. 새터리는 바디매오가 시력을 얻기 전에 이미 믿음의 본보기가 되었다고 암시한다.[5]

새터리의 주장을 바탕으로 바디매오의 이야기가 대부분의 설교에서 어떻게 다뤄지는지 검토해 보는 것도 흥미로울 것이다. 치유된 후 제자도를 따르게 되었는가? 아니면 다른 사람들이 놓친 것을 볼 수 있는 능력을 가진 믿음의 본보기라고 볼 수 있을까? 바디매오는 예수님 즉 다윗의 자손에게 자비를 구해야 한다는 것을 깨달았다. 맹인 상태에서 그는 모든 그리스도인이 아침에 눈을 뜨면 인식해야 할 것을 보았다. "오늘 나는 예수님께 자비를 구해야 한다!"

---

5) Craig A. Satterlee, "Learning to Picture God from Those Who Cannot See," *Homiletic* (Online) 36, no. 1 (2011): 51-52.

관점의 이동: 배제에서 공동체로

이 이야기에서 두 번째로 주목할 점은 복음서 모두가 언급한 군중의 역할이다. 처음에 군중은 맹인 거지 바디매오를 방해하고 있었다. 그러나 이야기의 중반부에 가서는 예수님께 바디매오를 데려오는 역할을 하게 되며 마지막에는 하나님을 찬양하고 바디매오를 받아들이는 모습을 보여 준다. 이렇게 배제에서 공동체로의 이동은 예수님의 인도로 이루어진다.

처음 군중의 모습은 그리 긍정적이지 않았다. 바디매오가 예수님께 자비를 구하며 외치기 시작했을 때 군중은 그에게 조용히 하라고 꾸짖었다. 파볼라Paavola는 그들의 책망이 예수님께 아이들을 데려온 사람들을 제자들이 꾸짖었던 것과 유사하다고 본다.막 10:13 왜냐하면 예수님이 가르치시는 동안 군중들은 이 소란때문에 말씀을 제대로 듣지 못했을 가능성이 있었기 때문이다. 그래서 그들은 바디매오에게 조용히 하라고 말한 것이다. 그들은 바디매오가 아닌 예수님의 말씀을 듣기 위해 왔던 것이다.[6] 다니엘 에이킨Daniel L. Akin은 군중의 책망이 "닥쳐, 바보야! 우리를 창피하게 하지마"[7]라는 말과 비슷했다고 본다. 블록Block은 C. S. 만C. S. Mann의 마가복음 번역과 주석을 인용하면서 군중의 무례하고 경멸적인 반응은 예수님의 말씀을 듣고자 하는 그들의 열망 때문

---

6) Paavola, *Mark*, 195.
7) Daniel L. Akin, *Exalting Jesus in Mark*, edited by Daniel L. Akin, David Platt, and Tony Merida (Nashville: B&H, 2014), 238.

이었다고 설명한다.[8]

　그러나 맹인 거지 바디매오는 포기하지 않았다. 그가 자비를 구하며 외쳤을 때 행렬은 멈췄고 예수님은 바디매오를 데려오라고 요청하셨다. 블록Block은 이 순간에 예수님이 군중을 배제에서 통합으로 움직이게 하셨다고 주장한다. 예수님이 그들에게 바디매오를 데려오라고 부탁한 것은 예수님이 보여주고자 하는 자비를 그들에게 직접 실천할 기회를 주신 것이라는 것이다.[9] 카미유 포캉Camille Focant은 이 이야기에서 군중이야말로 첫 번째로 치유된 주체라고 본다. 그들은 바디매오를 치유하기 전에 먼저 자신들의 배제적인 태도를 치유받아야 했던 것이다.[10] 이 두 가지 대화의 이면에는 자비에 대한 개념이 깔려 있다. 바디매오는 자비를 요청했고 군중은 그에게 자비를 보이지 않았다. 예수님은 바디매오에게 자비를 베풀고자 하셨지만 군중이 이를 방해하고 있었던 것이다. 그러나 예수님은 군중에게 바디매오에게 자비를 베푸는 과정에 참여할 기회를 주셨고 결국 군중은 바디매오에게 자비를 보였다. 이 자비는 단 몇 분 전만 해도 군중이 바디매오에게서 거두어 갔던 자비였다.

　이렇게 보면 한 회중을 배제에서 통합으로 움직이게 하는 한 가지 방법은 자비를 통해서라는 사실을 알 수 있다. 하나님의 자비를 지속적

---

8) Block, *Copious Hosting*, 134 (see chap. 1, n. 6).
9) Block, 135.
10) Camille Focant, *The Gospel According to Mark* (Eugene, OR: Pickwick, 2012), 437.

으로 경험한 회중은 그 자비를 다른 사람들에게 나누기 위해 노력할 것이다.

맹인 거지 바디매오가 예수님께 나아가 시력을 되찾았다. 예수님은 바디매오가 치유되었으니 이제 자유롭게 자신의 길을 가도 된다고 말씀하셨다. 예수님은 출혈을 앓던 여인을 치유하실 때와 같은 표현으로, 바디매오가 완전히 회복되었다고 선언하셨다. 즉, 바디매오는 신체적 치유와 함께 구원을 받은 것이다.

파볼라Paavola는 예수님이 바디매오를 단순히 시각 장애로부터만 아니라 죄로부터도 구원하셨다고 설명한다. 또한, 그는 칼빈의『복음서 조화』Harmony of the Evangelists: Matthew, Mark, and Luke를 따라, 여기서 말하는 "믿음"이 두 가지 의미를 담고 있다고 본다. 하나는 시력을 회복한 것이고, 다른 하나는 예수님이 하나님의 약속된 메시아임을 인정하는 믿음을 가리킨다는 것이다.[11]

에이킨Akin도 마가복음 10:52 역시 치유 또는 구원이라는 이중 의미로 쓰였다고 주장했다. 그는 바디매오가 육체적으로 치유되었을 뿐만 아니라 영적으로도 치유되었다고 믿는다. 그의 육체적 치유의 증거는 본문에 기록된 대로 즉각적인 시력 회복이다. 그의 영적 치유의 증거는 예수님을 따르려는 그의 열망에서 드러난다.[12]

---

11) Paavola, *Mark*, 196–97.
12) Akin, *Exalting Jesus in Mark*, 240.

바디매오가 자신의 길을 가는 대신 예수님을 따르기로 한 결정은 그가 군중과 함께 예루살렘으로 향하는 길에 합류했음을 의미한다. 다시 말해 그는 군중으로부터 배제되었던 사람에서 이제는 군중에 포함되었다. 예수님과 만남은 군중과 바디매오 둘 모두를 변화시켰고 그들을 공동체로 이끌었다. 그린Green은 바디매오의 구원으로 인해 공동체의 역할이 어떻게 변화하는지 주목했다;

바디매오의 주변부적 위치는 그의 신체적 질환에서 기인한 것이었다. 그러나 이제 그가 구원을 받음으로써 공동체 내에서 그의 지위가 뒤바뀔 가능성을 의미한다. 예수님은 바디매오를 원래 속했던 공동체로 돌려보내지 않고 대신 제자로서 예수님을 따르게 했다. 이로써 이전에는 친구나 가족의 범주에 포함되지 않았던 바디매오가 하나님의 백성 특히 예수님과 그 제자들로 구성된 '친족 집단' 내에서 자신의 위치를 찾게 되었다.[13]

그린의 주장에서 도출할 수 있는 의미는 공동체가 바디매오의 제자도에 중요한 역할을 하게 된다는 것이다. 바디매오는 무리와 함께 여행을 계속하며 예수님과 공동체로부터 배움을 얻었을 것이다. 또 공동체 역시 배우게 된 것은 자비와 믿음에 관한 교훈이었다. 군중과 바디매

---

13) Green, *Gospel of Luke*, 665 (see chap. 5, n. 18).

오 모두 하나님을 찬양하며 응답했으며 이로 인해 군중은 예수님이 보여주신 자비 덕분에 책망에서 초대로 그리고 초대에서 찬양으로 나아가게 되었다. 군중이 향한 지리적 방향은 예루살렘이었지만 그들의 영적 방향은 배제에서 포용으로 전환되었다.

다중감각을 이용한 커뮤니케이션

이 이야기에서 세 번째로 주목할 점은 예수님의 행동 자체보다는 성경이 이 만남을 어떻게 전개하는 지다. 바디매오의 신체적 상태 때문에 이 이야기를 시각 장애와 시력 회복이라는 단일한 관점으로만 보는 경향이 있다. 그러나 사실 이 이야기는 놓쳐서는 안 될 다중 감각적으로 펼쳐진다. 용Yong은 누가복음의 이 이야기를 바탕으로 다음과 같이 설명했다;

다시 이 이야기를 다중감각적 방식으로 읽어보자. (1) 그는 길가에 앉아 있었지만 단순히 수동적이지 않았다. 그는 구걸하고 있었다. (2) 그는 군중이 지나가는 소리를 듣고 무슨 일이 일어나는지 물었다. (3) 그는 끈질기게 소리쳐 결국 다른 이들에 의해 예수님께 인도되었다. (4) 그는 계속해서 '다윗의 자손 예수여, 나를 불쌍히 여기소서!'라고 외쳤고 예수님이 그에게 무엇을 원하는지 물었을 때, '주님, 다시 보기를 원하나이다'라고 답했다. (5) 시력을 회복한 후 그는 예수님을 따라가며 하나님께 영광을 돌렸다. 주목해야 할 것은, 이 맹인이 하나님의 놀라운 역사를 증거한 것은 단순히 시력을 회복한 것 때문이 아니라 그의 믿음을 보여준 것이다. 또한 그의 치유는 그를 예수님께 데려간 주위 사람들의 도움을 통해 이루어졌고 그들은 함께 기뻐했다.[14]

다른 복음서의 내용을 추가로 고려하면 예수님이 바디매오를 불쌍히 여기셨고 그의 눈을 만지셨다는 사실도 포함할 수 있다. 이것을 예수님과 만남으로 이어지는 예배 경험으로 이해할 수 있다. 그러나 우리의 예배가 이러한 다중 감각적 방식을 포함하고 있는지 질문해 볼 필요가 있다.

릭 블랙우드Rick Blackwood는 하나님은 다중 감각적 소통자라고 주장한다. 그는 자연계시와 특별계시의 다중감각적 특성에서 이를 확인할 수 있다고 말한다. 예수님은 포도나무, 가지, 동전, 물, 밀밭과 같은 시각적 이미지를 사용하여 하나님의 진리를 청중에게 전달하셨다. 또한 블랙우드는 세례와 성찬에서 나타나는 다중감각적 경험을 강조하며 최소한 이 경험은 언어적, 시각적, 상호작용적이라고 주장한다. 그는 "다중감각적 형태로 가르치는 목회자는 문화를 모방하는 것이 아니라 창

---

14) Yong, The Bible, *Disability, and the Church,* 74 (see chap. 4, n. 13).

조주를 모방하는 것"이라고 결론지었다.[15]

새터리Satterlee는 시각장애인에게 주일 아침 설교를 잘 전달하기 위해 다중감각적 방법으로 소통할 수 있다고 제안했다. 그는 목회자들이 모든 감각을 모두 활용해 설교할 것을 권장한다. 그는 성경에서 모든 감각이 중요한 역할을 한다고 강조하며 나사로의 부활 사건과 마리아가 예수님께 향유를 부은 사건에 후각을 포함한다고 설명한다. 시편 42편 1절을 설교할 때는 맛과 갈증을 해소하는 감각 표현을 해야 하며 예수님이 외치신 "나의 하나님, 나의 하나님, 어찌하여 나를 버리셨나이까?"라는 말씀 역시 청각적 요소를 생각해야 한다고 강조한다. 따라서 목회자는 설교할 때 성경을 깊이 생각하며 읽어야 한다고 주장한다. 새터리 Satterlee는 성경을 몰입감 있게 읽을 때 하나님이 누구신지 깨닫는 동시에 은혜의 경험이 될 수 있다고 주장한다.[16]

다중 감각적 접근 방식은 설교를 넘어 제자 훈련의 문제로도 확장된다. 목회자들은 장애를 가진 성도들이 자신의 신앙 고백을 나타내고 계속해서 실천할 기회를 어떻게 제공할지 고민해야 한다. 일반적으로 신앙은 내적 믿음을 언어로 표현함으로써 드러나게 된다. 벤자민 T. 코너Benjamin T. Conner는 신앙 고백에 대한 획일적인 접근 방식을 재고할 필요가 있다고 주장한다. 그는 "지적 신앙 고백이 그리스도의 몸에 참여하

---

15) Rick Blackwood, T*he Power of Multi-Sensory Preaching and Teaching: Increase Attention, Comprehension, and Retention* (Grand Rapids: Zondervan, 2008), 76-78.

16) Satterlee, "Learning to Picture God from Those Who Cannot See," 54.

는 데 있어 가장 중요한 특징인가? 이러한 관점이 지적 어려움을 가진 사람들을 어떻게 소외시키고 있는가?"라고 묻는다.[17] 언어적 표현과 언어 이해는 장애를 가진 이들에게 신앙을 외적으로 표현하는 것을 매우 어렵게 만들 수 있다. 제자 훈련 과정에서 이 문제를 해결하는 한 가지 방법은 하나님과의 관계를 나타내는 믿음의 제스처를 격려하여 신앙을 드러내도록 하는 것이다.

이 도전은 교회 전체 특히 교회 지도자들에게 주어진 과제이다. 즉 모든 교회 구성원이 신체적, 정신적 능력에 관계없이 모두 효과적으로 사역에 접근할 수 있는 방법을 고민해야 한다는 것이다. 설교 준비와 제자 훈련 과정에서 다감각적 접근을 고려해야만 목회자들은 자신들이 장애를 가진 이들을 배려하고 효과적으로 사역하고 있음을 확신할 수 있을 것이다.

제자 훈련 과정에서 교회 지도자들은 장애인들이 신앙을 실천하고 계속해서 그들의 신앙 고백을 표현할 수 있는 기회를 제공해야 한다. 일반적으로 신앙의 실천은 내면의 믿음을 외부적으로 표현하는 언어적 방식으로 이루어진다. 하지만 우리는 신앙 고백의 전통적 방식이 모든 사람에게 적합하지 않을 수도 있다는 사실을 고려해야 한다. 말과 언어 이해력이 부족한 장애인들에게는 신앙을 외부적으로 표현하는 것이 어

---

17) Benjamin T. Conner, *Amplifying Our Witness: Giving Voice to Adolescents with Developmental Disabilities* (Grand Rapids: Eerdmans, 2012), 94.

려울 수 있다. 이런 문제를 극복하기 위한 한 가지 방법은 신앙적 제스처를 통해 하나님과의 관계를 증명하는 것이다.

이 신앙적 제스처는 구체적으로 무엇을 의미하는가? 브렛 웹-미첼 Brett Webb-Mitchell은 "제스처는 그리스도의 몸 안에서 신체, 마음, 영혼이 하나 되어 물리적 행동으로 표현되는 것"이라고 설명한다.[18] 이러한 제스처는 장애인들이 언어로는 표현할 수 없는 마음과 정신에서 일어나는 변화를 전달하는 데 도움이 된다. 웹-미첼은 이러한 신체적 표현이 장애인들에게는 신앙의 필수 요소라고 주장하며 신체, 감정, 행동, 시각, 청각, 발달 장애를 가진 사람들의 교육은 종종 신체로부터 시작된다고 말한다. 이러한 교육은 신체의 의도적인 움직임을 통해 신앙의 제스처를 반영하는 데 중점을 둔다. 웹-미첼은 이러한 제스처가 단순한 '신체 언어'나 물체를 가리키거나 언어적 신호에 대한 반응을 넘어서 성령이 이러한 신체적 제스처 속에서 활동하고 있음을 나타낸다고 설명한다.[19]

제프와 카티 맥네어Jeff and Kathi McNair는 이와 비슷한 개념을 설명하면서 이를 '구조structure'라고 부른다. 이 구조는 장애 때문에 신앙을 표현하기 어려운 사람들이 신앙을 외부적으로 드러낼 수 있도록 돕는다. 맥네어 부부는 "이들이 신앙을 증거하는 모습은 성경을 갖고 다니고 싶

---

18) Brett Webb-Mitchell, *Beyond Accessibility: Toward Full Inclusion of People with Disabilities in Faith Communities* (New York: Church Pub, 2010), 126.
19) Brett Webb-Mitchell, *Christly Gestures: Learning to Be Members of the Body of Christ* (Grand Rapids: Eerdmans, 2003), 90-93.

어 하거나 버스 기사나 선생님을 위해 기도를 요청하는 것 또는 그룹 내 누구와도 독립적으로 소통하려는 욕구로 나타난다"고 설명한다.[20]

이러한 구조들이 신앙 형성이나 제자 훈련 수업에서는 어떻게 나타날 수 있을까? 장애를 가진 이들이 또래들과 함께 영적 성장을 보여줄 수 있는 방법은 있을까? 맥네어 부부는 시편 1편을 예로 들어 이러한 가능성을 제시한다;

우리는 각 개인이 어떻게 신앙이 성장하고 매주 어떻게 신앙을 실천하는지 표현할 기회를 포함시킨다. 시편 1편에 근거하여 수업 참석자들은 그들이 "앉았다"-기도, 성경 읽기, 기독교음악 듣기, 기독교 TV, 영화, 비디오 시청 등을 통해 신앙을 발전시키는 데 시간을 보냈는지-, "섰다"-올바른 일을 위해 일어서고 유혹을 저항하며 누군가에게 예수님에 대해 이야기했는지- 또는 "걸었다"-직장에서 열심히 일하고 좋은 시민으로 행동하고 교회나 기독교 프로그램에 참석하거나 도움이 필요한 사람을 도왔는지-를 공유한다. 각 참석자에게 지난주에 무엇을 했는지 보여주는 세 개의 그림이 그려진 카드를 나누어 준다. 이러한 세 영역에 걸친 활동은 매우 다양하며 종종 개인의

---

20) Jeff McNair and Kathi McNair, "Faith Formation for Adults with Disability," in *Beyond Suffering: A Christian View on Disability Ministry*, ed. J. E. Tada and S. Bundy (Agoura Hills, CA: Joni and Friends Christian Institute on Disability, 2014), 473.

현재 신앙 성장 단계를 반영한다.[21]

　　오늘날 교회는 종종 신앙의 언어적 표현에만 집중하도록 프로그래 밍되어 있다. 이는 장애를 가진 이들에게 부정적인 영향을 미칠 수 있다. 이를 보완하기 위한 방법 중 하나는 '틀을 벗어난' 생각을 통해 신앙 형 성과 영적 성장이 비언어적 표현으로도 나타날 수 있는 방법을 모색하 는 것이다. 이러한 신앙의 구조나 제스처는 장애인들 역시 제자 훈련 과 정에서 신앙의 성장을 표현할 수 있는 방법이 된다.

---

21) McNair and McNair, 476.

충실한 해석학적 방법을 사용하여 일부 텍스트를 장애에 중점을 두고 검토한 후, 우리는 에콜스Echols가 제시한 포용적 리더십의 다섯 가지 중요한 특징을 살펴볼 수 있다. 이 다섯 가지 특징은 예수님의 장애사역이 에콜스의 포용적 리더십 틀에 맞는지 이해하는 데 도움이 되는 기준으로 사용될 것이다. 에콜스에 따르면 포용적 리더십은 다음과 같은 특징을 가지고 있다:

첫째, 포용적 리더십은 최대한 많은 개인들을 참여시킨다.

둘째, 포용적 리더십은 특정 집단의 공익을 추구하면서 개인들의 잠재력을 최대한 발휘할 수 있도록 권한을 부여한다.

셋째, 포용적 리더십을 실천하는 사람들은 개인의 가치를 존중하는 문화를 만들어, 독재로 이어질 수 있는 위험을 미리 막는 역할을 한다.

넷째, 포용적 리더십은 현재 리더들이 위의 특성을 모델로 삼아 미래의 리더십이 나타나도록 헌신적으로 노력한다.

마지막으로, 포용적 리더십은 집단의 핵심 가치를 지키면서도 모든 구성원이 함께할 수 있도록 적절한 경계를 설정한다.[1]

에콜스의 논문은 장애사역이나 예수의 치유 기적에 대해서는 다루지 않지만 이 다섯 가지 특징은 예수님의 장애사역을 분석하는 데 충분한 도구가 될 수 있다. 예수님이 포용적 리더였는가? 구체적으로 예수님이 사회적으로 배제되고 소외된 사람들을 포용하여 포용적 리더로 인정받을 수 있었는가? 하는 질문을 던진다.

예수님과 최대의 참여

참여에 관한 질문은 비교적 간단히 답할 수 있다. 성경의 치유 사건 기록을 보면 예수님은 사회로부터 낙인 찍히고 배척된 사람들을 돌보시고 치유하셨다. 예수님의 치유는 그들을 배제의 자리에서 참여의 자리로 이끌었다. 나병 환자, 손 마른 자, 혈루증 여인, 중풍병자, 그리고 맹인은 모두 자신들의 문화로부터 소외되었다. 대부분의 경우, 이들의 장애는 "부정하다"는 배제적 낙인을 동반했다. 이는 사실상 손댈 수 없는 존재로 선언된 것과 마찬가지였다.

참여는 또한 "다른 이들"이 치유 과정에 어떻게 관여했는지를 보면 알 수 있다. 중풍병자를 치유하실 때 예수님은 "그들의 믿음"을 보셨다.

---

1) Echols, "Transformational/Servant Leadership," 88-91 (see chap. 1, n 15).

막 2:5 여기서 '그들의'라는 복수형 표현은 예수님께서 중풍병자의 치유에 다른 사람들을 관여시키기로 선택했음을 보여준다. 예수님은 그들이 치유의 만남에 기여한 것을 인정하고 검증하셨다. 그 믿음은 중풍병자 한 사람만이 예수님께 품고 있었던 것이 아니다. 오히려 중풍병자와 그를 예수님께 데려온 사람들 모두가 그 믿음과 희망을 품고 있었다.

이러한 치유 이야기들은 또 예수님께서 자신을 반대하는 이들도 자신의 사역에 참여시키려 노력하셨음을 보여준다. 예수님께서 용서나 치유에 대해 종교지도자들에게 질문을 던지신 이유는 바로 그들이 곧 일어날 일에 동참하도록 하기 위한 것이었다. 예수님은 그들에게 자신의 본질을 드러내어 그들이 메시아에 대해 알고 있는 것과 그들이 목격하는 것을 연결하기를 바라셨다. 마찬가지로 예수님께서 손 마른 사람을 치유하실 때 종교지도자들을 참여시키신 것도 다분히 그러한 의도였다. 그들에게 양 한 마리와 인간의 가치를 비교하도록 하심으로써 그들은 결국 이 치유 과정의 일부가 되었다. 사람들이 침묵을 선택했을 때도 그들이 기적에서 배제되지 않았다. 오히려 그들의 침묵은 치유 과정에서 그들이 취한 입장을 명확히 표현한 것이었다. 즉 그들의 침묵은 예수님과 손 마른 사람에 대하여 부정적인 그들의 입장을 분명히 드러낸 것으로 보인다.

바디매오의 시력을 회복시키시는 사건에서는 예수님은 그 거지를 배제시켰던 군중을 참여시켰다. 바디매오에 대한 예수님의 관심과 그에게 자비를 베풀려는 의지가 군중을 소외에서 참여로 이끌었다. 군중은 바디매오에게 "조용히 해"라고 말하던 것에서 "기운 내"라고 말하는 쪽으로 관점을 바꾸었다. 이러한 시각의 변화는 전적으로 예수님의 상황에 대한 영향력과 관련이 있다. 예수님은 바디매오에게 직접 다가갈 수도 있었지만 그 대신 군중이 그를 예수님께 데려오도록 하셨다. 이렇게 예수님은 군중을 구경꾼에서 적극적인 참여자로 변화시켰다.

혈루증 여인을 치유하실 때 예수님은 그녀를 야이로의 믿음을 격려하고 성장시키는 신앙의 모델로 삼으셨다. 그러나 이 이야기에서 예수님이 보여주신 참여의 성격은 그저 한순간에만 그치지 않았다. 이는 또한 베드로, 야고보, 요한, 그리고 어린 소녀의 부모를 선택하신 것까지 확장되었다. 예수님은 이 그룹을 선택하여 야이로의 딸을 살리는 기적에 참여시키고자 하셨다. 예수님은 그들이 이 기적에 참여하여 자신이 죽음을 이기는 권세를 드러내는 것을 목격하기를 원하셨다. 야이로의 종들과 애통하는 자들의 부정적인 반응에 대해 예수님께서 반응하신 방식에서도 그들을 믿고 참여하도록 도전하셨다고 볼 수 있다.

마지막으로 예수님께서 나병 환자를 치유하셨을 때 제사장에게 가서 "그들에게 증거로" 자신을 보여주라고 말씀하셨다.마8:4 다시 한 번 예수님은 자신의 치유 기적에 다른 사람들을 참여시키신 것이다. 여기서 예수님은 제사장이 규정된 제사를 받아들이게 함으로서 메시아의 본질에 대한 증거로 제시하였다. 이 행위는 제사장이 제사를 통해 한때 나병 환자였던 사람을 공동체에 다시 받아들이는 치유 과정이다. 제사장은 이 사람의 치유를 선언하고 그가 종교 및 사회 공동체에 다시 들어갈 수 있다고 선언함으로써 비로소 치유가 완성된다.

이렇게 주요 인물과 주변 인물들 모두를 참여시키는 예수님의 포용적 리더십은 그들 또한 예수님을 받아들이거나 거부할 수 있는 기회를 갖도록 하셨다.

예수님과 개인의 권한 부여

이 각각의 치유 사건은 그들의 사회적 낙인을 제거하는 역할을 했다. 혈루증 여인은 더 이상 출혈로 정의되지 않게 되었다. 손 마른 남자는 더 이상 왼손만 사용하는 것으로 의심받지 않게 되었다. 중풍병자는 더 이상 자신의 집에 갇혀 지내거나 친구들의 도움에만 의존하지 않게 되었다. 바디매오는 더 이상 맹인 거지로서 공동체의 자비에 생계를 의존하지 않게 되었다. 게네사렛 근처의 나병환자는 더 이상 "부정하다!"를 외치며 사람들에게 피하라고 경고할 필요가 없게 되었다. 근본적으로 그들의 장애가 제거되었고 그들은 사회의 소외에서 벗어날 수 있게 되었다. 예수님께서 이들에게 행하신 일은 그들 스스로는 결코 이루어낼 수 없는 일이었다.

그러나 이러한 포용적 리더십의 특징을 단순히 신체적 치유의 차원에만 국한하는 것은 이 기적들을 온전히 이해하지 못하게 한다. 즉 예수님의 신체적 치유가 어떻게 영적 치유로 이어졌는지를 놓치는 것이다. 다시 말해 예수님의 치유는 단순히 장애를 제거하는 것을 넘어서 온전함을 이루는 것이다. 혈루증 여인과 바디매오는 그들의 믿음으로 인해 신체적, 영적으로 온전함을 얻었다.

이러한 포용적 리더십의 특징이 교회 지도자들에게 주는 도전은 장애에도 불구하고 온전함을 얻도록 장애인에게 권능을 부여해 줄 수 있음을 깨닫는 일이다. 교회 지도자는 예수 그리스도와의 관계를 통해 오는 온전함이 현실적으로 가능하다는 사실을 명확히 전달할 수 있어야 한다. 시각장애인 교인은 바디매오의 이야기를 보며 시력을 회복한 그의 기쁨을 자신은 결코 알 수 없을 것이라는 생각에 낙담해서는 안 된다. 따라서 목회자는 회중들을 위해 "부서짐"에 대한 탄탄한 신학을 발전시키는 것을 목표로 해야 한다. 이 신학은 모든 인간이 창세기 3장의 인류 타락 이후부터 부서짐의 영향을 받아왔다는 것을 이해하도록 도울 것이다. 모든 사람은 근본적으로 부서진 상태임을 회중에게 가르친다면 온전한 자와 치유가 필요한 자 사이의 잘못된 이분법을 제거하는 데 도움이 될 것이다. 대신 회중은 모든 사람이 부서져 있으며 치유와 온전함이 필요하다고 인식하게 될 것이다.

예수님과 개인의 가치

예수님께서 행하신 치유는 사람들에게 권능을 부여했을 뿐만 아니라 그들의 가치를 드러내는 역할도 했다. 예수님께서 장애인들과 교류하신 방식은 장애를 부정적으로 보는 사회와는 정반대였다. 심각한 피부병, 시각장애, 마비, 또는 기형과 같은 문제들은 모두 성경 시대 문화에서 개인의 가치나 존엄성을 의심하게 만드는 요인이었다. 이 문제는 특히 예수님께서 종교지도자들과 대립하셨을 때 가장 두드러지게 나타났다. 예수님께서 안식일에 양을 구하는 문제를 놓고 변론을 하셨을 때 예수님은 인간 생명의 가치를 확립하기 위해 '작은 것으로부터 큰 것으로' 논증을 사용하셨다. 종교지도자들에게 무엇이 더 가치가 있는지 즉 한 마리의 양인가 아니면 한 인간인가 라고 물으셨다. 이 질문에 대한 그들의 침묵은 예수님의 분노와 연민을 불러일으켰다. 이 지도자들이 인간이 하나님의 형상대로 창조되었다는 사실을 인정하면서도 손 마른 사람에게는 그 믿음을 실제로 적용하지 않았기 때문이다.

혈루증 여인을 치유하셨을 때 예수님께서는 그녀를 '딸'이라고 부르셨다.마9:22 이처럼 친밀하고 다정한 호칭은 질병으로 인해 사회에서 소외된 이에게 개인적이고 가정적인 가치를 표현한 것이다. 당시 그녀를 '딸'이라고 부르는 일이 흔하지 않았을 것이다. 그러나 예수님께서는 그녀를 그렇게 보셨다. 다른 사람들이 그녀를 부정하다고 보았을 때 예수님께서는 그녀를 가족으로 자신의 딸로 여기셨다. 따라서 그녀의 가치와 존엄성은 단순한 인간으로서 뿐만 아니라 사랑받는 가족 구성원으로서 이기도 했다.

예수님께서는 자비를 표현하거나 보여주는 방식으로 개인의 가치를 전달하셨다. 맹인 바디매오와 나병환자를 치유하실 때 예수님께서 '자비를 느끼셨다'고 기록되어 있다. 예수님께서는 이 두 남자를 조롱의 대상으로 보지 않으시고 그들의 신성한 가치를 보셨다. 공감에서 행동으로 옮기셨다. 이 자비는 예수님께서 나병이 있는 피부나 맹인의 눈을 만지시는 것을 통해 더욱 분명히 나타난다. 두 남자 모두 다른 사람과 접촉이 자유롭게 주어지지 않았을 것이다. 두려움과 '부정하다'는 꼬리표는 사회가 이들과 접촉하는 것을 회피하게 만들었을 것이다. 하지만 예수님께서는 신성한 자비로 질병이나 장애를 두려워하지 않으셨다. 대신에 두 사람을 치유하기 위해 그들을 만지셨다. 이렇게 하심으로써 예수님께서는 나병환자와 바디매오 그리고 듣고자 하는 모든 이들에게 인간의 가치는 능력이나 장애에 따라 증진되거나 감소되지 않는다는 강력한 메시지를 전달하셨다.

예수님과 포용적 지도자의 양성

예수님께서는 포용적 지도자를 양성하셨을까? 다시 말해 예수님의 제자들도 그분처럼 포용적인 태도를 지녔을까? 예수님께서 승천하신 후 제자들이 복음을 세상에 전파하는 과정을 보면 그들의 사역이 예수님의 포용적 사역으로부터 영향을 받았는지를 찾아볼 수 있다. 사도행전은 예수님의 포용적 접근 방식이 제자들에게 분명히 영향을 미쳤음을 보여주는 몇 가지 사례를 제시해 준다.

첫 번째 사례는 사도행전 3장 1-10절에 기록된 치유 사건이다. 베드로와 요한은 성전 문 앞에서 태어날 때부터 못 걷는 사람과 마주친다. 예수님처럼 베드로와 요한은 그에게 멈춰 서서 그를 주목하고 그의 오른손을 잡아 일으켜 세웠다. 이러한 행동은 예수님께서 보여주신 행동을 반영한 것이다. 두 사도는 그를 지나치거나 피하지 않고 그의 요청에 응답해 인간의 존엄성을 존중하며 그와 대면했다. 그들은 그에게 '우리를 보라'고 말했다. 이 요청은 개인적 교감의 수준을 나타낸다. 두 사도는 이 사람에게 개인적으로 투자하고 있음을 보여주는 것이다.

다른 사람들이 이 사람을 혐오스럽게 여겼을 때 이 두 사도는 그를 동정으로 바라보았다. 그들은 그가 인간의 혐오가 아닌 신성한 동정을 보기를 원했다. 그런 다음, 예수 그리스도의 이름과 능력을 빌려 그를 만졌다. 그들의 주님과 마찬가지로, 그들은 포용적인 손길을 내밀어 그를 일으켜 세웠다. 동정 어린 시선과 포용적인 손길은 성전에서의 기쁨으로 이어졌다. 이 사람은 신앙 공동체로 완전히 복원되었다. 이 상호작용은 베드로와 요한이 예수님께서 장애와 포용성에 대해 얼마나 많은 것을 배웠는지를 보여준다.

사도행전의 또 다른 사건은 포용에 대해 사도들이 얼마나 많은 것을 배웠는지를 보여준다. 사도행전 7장 마지막 부분에 사울이라는 인물이 등장한다. 사도행전 8장과 9장에서 사울은 교회를 박해하는 자에서 하나님을 따르는 시각장애인이 된다. 다마스커스 도상에서 회심 경험 후 그는 아나니아라는 사람을 만나게 된다. 아나니아는 사울의 시각을 회복시키고 그에게 세례를 베풀어 준다. 사도행전 9장 19절은 사울이 다마스커스에서 제자들과 함께 지낸 사실을 언급한다. 이 사건은 다시 한번 예수님의 포용적 사역의 증거를 제시해 준다. 아나니아는 교회의 한때 적이었던 사울과 친구가 되고 그에게 연민을 베풀며 치유를 제공했다. 또 그는 사울에게 세례 예식을 베풀었다. 그 뿐만 아니라 사울의 회심은 믿음의 공동체에 대한 수용과 통합을 가져왔다. 이 모든 요소들은 예수님의 의미 있고 목적 있는 포용적 사역의 일환을 반영하고 있다.

예수님의 경계 설정

예수님의 사역을 경계설정의 관점에서 살펴 보려면 첫째, 구약시대의 핵심인 율법과 유대인의 레위기 법을 탐색해야 한다. 둘째, 예수님의 가르침과 행동은 새로운 왕국의 시민들을 위한 새로운 종류의 경계를 설정한다. 이러한 경계는 산상수훈과 같은 가르침에서 찾을 수 있다. 이 설교에서 예수님은 "옛사람에게 말한 바… 나는 너희에게 이르노니…"라는 비교 기법을 사용하여 새로운 경계가 어디에 있는지를 암시하신다.

이 새로운 포용적 경계를 가장 간결하게 설명한 것은 마태복음 22장 36-40절과 마가복음 12장 28-31절에서 예수님께서 가장 큰 계명에 대해 질문을 받으셨을 때이다. 이 질문에 대한 예수님의 대답은 "네 마음을 다하고 목숨을 다하고 뜻을 다하여 주 너의 하나님을 사랑하라…네 이웃을 네 자신과 같이 사랑하라"마 22:37, 39라는 말씀이다. 이 간단한 "하나님을 사랑하고 이웃을 사랑하라"는 명령은 예수님께서 시대적 문화에서 소외되고 낙인 찍힌 사람들을 어떻게 대하셨는지를 나타낸다. 예수님은 나병 환자를 만지거나 안식일에 병자를 치유하는 것이 이두 계명을 포용하는 것이라고 보셨다. 이 표현은 유대 율법이 해석하고 지켜는 방식과는 아주 대조적이다. 예수님의 우선순위는 특정한 날이나 장애의 유무가 아니라 인간에게 반영된 하나님의 형상이었다. 그러므로 해야 할 일은 하나님께서 보이신 동정과 자비를 실천하는 것이었다.

예수님께서 혈루증 여인, 죽은 아이, 중풍병자, 맹인 거지와 만나신 방식에서도 마찬가지이다. 예수님께서 이들을 기꺼이 대면하셨을 때 예수님은 하나님을 사랑하고 이웃을 사랑하는 것이 무엇인지 친히 보여주셨다. 장애는 하나님의 형상 담지자인 인간을 피하거나 소외시킬 이유가 되지 않는다. 실제로 예수님께서 이렇게 간결하게 율법을 요약하시고 이 두 경계를 통해 율법을 실천하심으로써 예수님의 반대자들을 좌절하게 만들었다. 그들의 좌절이 질문으로 바뀌었을 때 그 결과는 때때로 침묵으로 나타났다.

예수님께서는 하나님의 사랑과 이웃 사랑에 기반하여 자신의 행동을 설명하는 능력을 가지셨으며 이는 사람들을 종종 당황스럽게 하고 분노하게 만들었다. 바로 하나님과 이웃에 대한 사랑에 대한 헌신이 사도들을 자주 곤경에 빠뜨리기도 했다.

공관복음서에 기록된 치유 사례들은 예수님께서 사회로부터 소외되고 버려진 사람들을 어떻게 품으셨는지를 잘 보여준다. 이러한 포용적 관계성을 통해 예수님은 모든 인간이 가진 내재적 가치와 존엄성을 존중했으며 그들에 대한 동정심을 통해 그들을 힘있게 하셨다. 예수님께서 새 왕국의 경계를 설정하실 때 그분은 그를 따르려는 모든 사람을 포함시키려고 노력하셨다. 포용은 단지 우호적인 사람들만을 위한 것이 아니었다. 더 나아가 이러한 포용적 리더십은 제자들에게도 모범이 되었다. 예수님이 하늘로 승천하신 후 제자들은 스스로 포용적 리더가 될 수 있었다. 그들이 예수님을 3년 동안 따랐던 경험은 그들이 어디에서든 소외된 사람들에게 손을 내밀고 포용할 수 있는 충분한 준비를 갖추게 해주었다.

요한복음 5:1-18

사무엘하 5장 6절에서 12절에 따르면 다윗 왕은 이스라엘의 수도
로 예루살렘을 정하려고 했다. 하지만 그 도시는 이미 여부스족이 점령
하고 있었다. 다윗과 그의 군사들이 도시를 포위하려 준비할 때 여부스
족은 자신들이 쌓은 성벽이 매우 견고하여 침입할 수 없을 것이라 믿고
그들을 조롱했다. 그들은 다윗과 군사들에게 심지어 맹인과 다리 저는
자들조차도 그 도시를 지킬 수 있다고 비웃었다. 다윗이 그 도시를 점령
하고 그것을 '다윗의 성'으로 삼았을 때 그는 '맹인과 다리 저는 자는 결
코 집에 들어오지 못할 것'이라고 대담하게 선언했다. 학자들은 이 선언
의 의미와 다윗의 '맹인과 다리 저는 자를 미워한다'는 언급을 놓고 다양
한 해석을 내놓는다. 유대 문헌은 성전에 장애인들이 들어가지 못하게
하는 전통이 이 구절에서 기인했다고 전하고 있다.[1]

성경의 이야기가 구약에서 신약으로 넘어가면서 이야기 속 등장인

---

1) See Saul M. Olyan "Anyone Blind or Lame Shall Not Enter the House: On the Interpretation of 2 Samuel 5:8b," in *Catholic Biblical Quarterly* 60, no. 2 (April 1998): 218-27.

물이 다윗에서 예수님으로 바뀐다. 그리고 예루살렘의 맹인과 다리 저는 자는 이 두 인물 사이에 아이러니한 연결고리를 형성한다. 예수님의 예루살렘 사역에서 그는 단 두 명을 치유하셨다. 예수님은 베데스다못 주변에 모여 있던 한 다리 저는 자를 고치셨고 태어날 때부터 맹인이었던 한 사람을 고치셨다. 따라서 예루살렘의 맹인과 다리 저는 자는 다윗과 예수님의 삶에서 중요한 역할을 한다.

이 연결점이 흥미롭지만 요한복음 9장에서 예수님이 나면서부터 맹인이었던 사람을 고치신 사건과 요한복음 5장에서 다리 저는 사람을 고치신 사건에 대해 더 깊이 이해할 필요가 있다. 즉 예수님이 이 두 장애인과의 관계를 통해 포용적인 리더였는지 판단할 수 있을까?

베데스다에서 다리 저는 사람의 치유 요 5:1-18

요한복음 5장은 예수님께서 유대인의 절기를 지키기 위해 예루살렘으로 가셨다고 묘사하고 있다. 그곳에 도착한 예수님은 베데스다 못으로 가셨다. 그곳은 양문 근처로 맹인, 다리 저는 사람, 그리고 마비된 사람들이 모여 있던 장소였다. 이들은 근처의 연못이 치유의 능력을 가지고 있다고 믿었다. 물이 움직일 때 가장 먼저 들어간 사람이 병에서 낫게 된다는 것이었다. 예수님은 38년 동안 장애를 가지고 있던 한 사람에 대해 알게 되었고 그가 누워 있던 곳으로 가셨다. 예수님은 그에게 질문을 하셨다.

"네가 낫고자 하느냐?" 그 사람의 대답은 "예" 또는 "아니요"가 아니었다. 대신 그는 왜 낫지 못했는지 설명했다. 물이 움직일 때마다 자신을 데려다 줄 사람이 없었고 자신이 들어가려 하면 다른 사람이 먼저 들어가 버렸다고 말했다. 이 말을 들은 예수님은 그에게 "일어나 네 자리를 들고 걸어가라"라고 말씀하셨다. 그러자 그 사람은 즉시 나았다. 그는 일어나 자리를 들고 걸어갔다. 예수님은 군중 속으로 사라지셨다.

치유된 사람이 걸어가고 있을 때 한 유대 지도자가 그를 만나 안식일을 어긴 것에 대해 비난했다. 그 지도자는 안식일에 자리를 들고 다니는 것은 불법이라고 말했다. 그러자 치유된 사람은 자신을 치유해 준 사람이 그렇게 하라고 지시했다고 답했다. 추가로 질문을 받자 그는 자신의 치유자가 누구인지 알지 못한다고 고백했다. 나중에 예수님은 성전에서 그 사람을 다시 만났다. 예수님은 그에게 "다시는 죄를 짓지 말라. 그렇지 않으면 더 나쁜 일이 일어날 수 있다"고 경고하셨다. 그 치유된 사람은 종교지도자들을 찾아가 자신을 치유한 사람이 예수님 임을 알렸다. 이 사건을 계기로 유대 지도자들은 예수님을 박해하기 시작했다. 그러나 예수님은 아버지께서 안식일에도 일하시니 자신도 일할 것이라고 응답하셨다.

이 이야기를 예수님과 장애인의 만남을 중심으로 보면, 세 가지 중요한 요소가 있다: 장애로 인한 고통, 예수님의 행동, 그리고 믿음의 부재다. 이 요소들이 이야기의 흐름을 결정한다. 예수님과 장애인이 서로 어떻게 행동하고 소통했는지를 보면, 예수님이 장애인을 어떻게 대하셨는지를 알 수 있다. 또한, 이러한 상호관계는 장애를 가진 사람들이 스스로를 어떻게 생각하는지에 대한 통찰도 제공한다.

장애가 초래하는 고통

요한복음에서 예수님이 만난 이 사람의 장애가 그에게 얼마나 큰 영향을 미쳤는지를 보여주는 지표들은 여러가지가 있다. 가장 분명한 설명 중 하나는 그가 무려 38년 동안이나 장애를 겪었다는 것이다. 그의 질병이 이토록 오래 지속되었다는 점은 그가 겪었던 고통의 깊이를 이해하는 데 중요한 역할을 한다. 키너Keener는 이 남자의 장애와 관련하여 세 가지 중요한 점을 제시한다. 첫째, 그의 장애가 그 시대의 사람들의 평균 수명보다도 길었다는 사실이다. 둘째, 고대 치유 사례들을 보면 치유자의 위대함을 강조하기 위해 종종 질병의 지속 기간을 명시하곤 했다. 셋째, 38년이라는 숫자는 이스라엘 백성이 광야에서 방황한 시간과 유사하다는 점이다. 키너는 이런 지문이 의도적으로 상징적이거나 비유적인 의미를 담았는지는 명확하지는 않지만, 초기 교회 역사에서 이 숫자를 알레고리적으로 이해했다는 것은 사실이라고 이해했다.[2] 코스텐베르거Köstenberger는 키너의 첫 번째 관점을 지지하며 이 남자의 장애 기간이 그 시대 남성들의 평균 기대 수명보다 길었을 것이라고 설명

---

2) Keener, *IVP Bible Background Commentary* 262 (see chap. 5, n. 14).

한다.[3]

제럴드 L. 보처트Gerald L. Borchert는 이 남자의 장애 기간과 이스라엘 백성이 광야에서 방황하던 기간 사이에 어떤 과장된 상징성 또는 비유가 있다고 주장하는 듯하다. 그는 이 남자가 오랜 세월 동안 장애를 겪으며 끝없는 버려짐의 광야에 있는 듯한 느낌을 받았을 것이라고 본다. 보처트에 따르면, 이러한 현실은 이스라엘 백성이 가데스에서 세렛 시내까지 방황하며 느꼈을 "영원처럼 느껴지는" 고통과 동일한 경험일 것이다.[4]

D. A. 카슨D. A. Carson은 이 사람이 38년 동안 연못가에 살았다는 증거는 없다고 주장하며 아마도 물이 움직일 때마다 못가로 누군가 데려가지 않았을까 생각한다.[5] 하지만 카슨의 주장과 달리 이 사람의 대답을 보면 그가 전혀 치유 받지 못했음을 암시한다. 만약 그를 도와주는 친구나 가족이 있었다면 그들은 물이 움직일 때마다 못으로 데려갔을 것이다. 휘태커Whitacre는 이 남자가 38년 동안 연못에 자주 갔지만 치유되지 않았다고 언급한다. 따라서 그는 물이 움직이며 치유의 힘이 있다고 여겨질 때마다 여러 번 기회를 놓쳤을 것이다.[6]

---

3) Andreas J. Kostenberger, John, *Baker Exegetical Commentary on the New Testament* (Grand Rapids: Baker Academic, 2004), 179.
4) Gerald L. Borchert, *John 1—11*, New American Commentary, vol. 25a (Nashville: B&H, 1996), 232.
5) D. A. Carson, *The Gospel According to John* (Grand Rapids: Eerdmans, 1991), 243.
6) Rodney A. Whitacre, John, *IVP New Testament Commentary Series*, vol. 4 (Downers Grove, IL: InterVarsity, 1999), 119.

이 정보를 바탕으로 우리는 이 사람이 오랜 시간 동안 장애를 겪었다는 사실을 간과해서는 안 된다. 실제로 그의 장애 기간은 동시대 사람들의 평균 수명보다도 길었다. 성경에서는 그가 태어날 때부터 장애를 가졌는지 명시하지 않았지만 인생의 대부분을 장애인으로 살아왔을 가능성이 크다. 보처트가 언급한 '영원처럼 느껴지는' 고통은 단순한 비유일 수 있지만 그가 오랜 시간 동안 다리를 사용할 수 없었을 때 겪었을 육체적, 정신적 고통의 현실을 반영하는 비유로 적절하다.

또 이 시대의 장애인들이 겪었을 전반적인 신체적 상태를 생각해 보는 것도 필요하다. 휠체어에 의존하는 학자 드와이트 피터슨Dwight Peterson의 경험을 인용하며 개리 버지Gary M. Burge는 이 사람의 삶이 어땠을지를 생생하게 묘사한다:

> 21세기 하반신 마비자의 도전도 무겁긴 하지만 1세기의 장애인은 그와 비교할 수 없을 정도로 어려웠을 것이다. 이동성, 생계, 사회적 고립 문제는 그저 시작에 불과하다. 개인 위생 문제도 생각해 보아야 한다. 하반신 마비자들은 종종 배변 및 방광 조절이 어렵다. 이런 문제들을 고려하면 이 남자의 삶을 이렇게 그려볼 수 있다: 다른 사람들이 그를 여기저기로 옮겨 주었거나 스스로 기어 다녔을 것이다. 대부분의 수입은 구걸이나 친구 또는 가족들의 주머니에서 나왔을 것이다. 만약 배변이나 방광 조절이 되지 않았다면 위생 문제는 엄청났

을 것이고 사람들은 그를 피했을 것이다. 손은 거리에서 움직이기 위해 사용되었고 거칠고 찢어졌을 것이다.[7]

버지의 설명은 육체적, 정신적, 사회적 고통을 모두 포함한다. 고대의 장애인들이 겪었을 육체적, 정신적, 사회적 문제는 매우 심각했을 것이다.

이 남자가 겪었을 상처는 육체적인 것을 넘어 심리적, 정서적 상처로 이어졌을 것이다. 데이비드 앤더슨David W. Anderson은 이러한 상처를 네 가지 범주로 나눈다. 즉 상처받은 지위, 거부, 개인적, 그리고 물질적/경험적 상처. 지위와 관련된 상처는 그에게 낮은 사회적 지위가 부여되고 일탈자로 치부된다. 그의 이름이 본문에 언급되지 않는 것도 이러한 지위 상처를 반영한다. 거부로 인한 상처는 사회로부터 버림받고 장애가 사회에 부담이 된다는 인식에서 비롯된다. 이 다리 저는 자는 사회로부터 배제되어 가족이나 친구들의 지지 없이 홀로 연못 주변에 누워 지낼 수밖에 없었다. 개인적 상처는 의미 있는 관계가 끊어지고 인간 이하로 취급 받는 인식 때문이다. 이 다리 저는 자는 가족도 친구도 없었고 적절한 기술교육도 받지 못했고 직업도 갖지 못했다. 따라서 그는 사회에 아무런 기여도 하지 못했고 이로 인해 아무런 가치도 없는 사람으로 업신여김을 받았다. 하지만 그는 단지 장애를 가진 사람일 뿐인데 말이

---

7) Gary M. Burge, John, *NIV Application Commentary* (Grand Rapids: Zondervan, 2000), 183.

다. 마지막으로 이 다리 저는 자는 물질적 또는 경험적 상처를 겪었다. 이러한 상처는 물리적 환경으로부터 분리, 물질적 빈곤, 그리고 착취와 관련이 있다. 요한이 묘사한 이 사람은 하나의 집단 즉 치유를 바라는 마음으로 연못 주변에 모인 장애인 공동체의 일원이었다는 점을 강조한다. 침대 외에는 그가 소유한 개인 소지품도 없었다.[8]

드레이콧Draycott은 에마 그레이엄Emma-Jayne Graham의 연구를 인용하여 고대 그리스와 로마 문화에서 신체적 장애가 있는 사람들은 더 능력 있는 사람들과 다르게 취급되었으며 그들은 종종 "공공의 조롱과 굴욕의 대상"이 되었다고 지적한다.[9]

이 모든 요소를 종합해 보면 그의 이런 신체적 상태는 사람들이 그를 피하게 만들었고 이는 그의 사회적 상처로 이어졌다. 이로 인해 그는 모든 희망을 잃었을 가능성이 크다.

데이비드 존스David Lee Jones는 이 사람이 "38년 간 장애로 인해 좌절감, 낙담, 피로감, 수치심, 허무함, 심지어 무가치함까지 느꼈을 가능성이 크다"고 상상한다. 존스는 이 사람이 예수님의 질문에 직접적으로 대답하지 못한 이유가 그의 절망감 때문일 수 있다고 본다. 그는 오직 못에 들어가야만 치유될 수 있다고 생각하고 있었으며 그가 첫 번째로 들

---

8) David W. Anderson, *Reaching Out and Bringing In: Ministry to and with Persons with Disabilities* (Bloomington, IN: WestBow, 2013), 84.

9) Jane Draycott, "Reconstructing the Lived Experience of Disability in Antiquity: A Case Study from Roman Egypt," *Greece & Rome* 62, no. 2 (October 2015): 201, https://doi.org/10.1017/S0017383515000066.

어갈 가능성은 없었다.[10] 카슨은 요한이 이 사람을 "암울한 색조"로 묘사했다고 보며 그의 대답은 "나이 들고 지혜롭지 못한 남자의 불만스러운 투덜거림"같다고 보았다. 이 남자는 자기 생각에 어리석은 질문에 대답할 의지도 없었다.[11] 메릴 테니Merrill C. Tenney도 이 남자의 대답에서 그의 절망감을 읽는다. 테니는 예수님이 그의 마음을 탐색하며 "당신은 치유 받을 의지라도 있는가?"라는 질문을 했다고 본다. 본문의 질문과 대답은 육체적으로나 의지적으로나 마비된 남자의 마음을 반영한다고 본다.[12]

이러한 절망감은 장애를 논할 때 놓쳐서는 안 되는 중요한 부분이다. 장애를 가진 사람들에게 절망은 쉽게 찾아올 수 있다. 신체적인 어려움뿐 아니라 정신적, 사회적 상처를 함께 겪으며 살아가다 보면 삶을 비관적으로, 때로는 참담하게 바라보게 되는 일이 많다.

J. I. 패커J. I. Packer와 캐롤린 니스트롬Carolyn Nystrom은 희망과 삶의 연관성을 이렇게 이해한다;

희망의 상실은 사람의 마음과 정신에 치명적인 영향을 미친다. 흔히 "생명이 있는 한 희망이 있다"라고 말하지만, 더 깊은 진실은 "희망이

---

10) David Lee Jones, "A Pastoral Model for Caring for Persons with Diminished Hope," *Pastoral Psychology* 58, no. 5-6 (December 2009): 644.

11) Carson, *Gospel According to John*, 244.

12) Merrill C. Tenney, *John: The Gospel of Belief* (Grand Rapids: Eerdmans, 1997), 105.

있을 때만 생명이 있다"는 것이다. 희망이 사라지면, 삶은 모든 흥미롭고 다양한 기회와 경험을 잃어버리고 단지 존재하는 것에 불과하게 된다. 희망이 없는 삶은 흥미롭지도, 보람되지도 않으며, 어둡고 칙칙하고 멀리하고 싶은 고통과 짐이 되어 버린다. [13]

이런 절망적 상태에 바로 요한복음 5장의 이 남자가 있었다. 그는 절망에 빠져 있었고 예수님의 질문은 그의 절망감을 확인시켜 주는 것에 불과했다. 그는 자신이 나을 수 있는 방법을 상상조차 할 수 없었다. 이런 절망감은 많은 장애인들이 겪는 현실이기도 하다. 그들의 희망과 꿈은 모두 현실 앞에서 무너지고 더 나은 삶을 상상할 수 없게 된다. 그렇기 때문에 교회 지도자들과 교회 구성원들이 장애인들에게 희망과 꿈을 다시 찾을 수 있도록 돕는 것이 중요하다. 장애인들에게 정서적으로 회복할 수 있도록 환경을 제공하는 교회는 그들이 잃어버린 기쁨과 희망을 다시 찾게 하는 역할을 할 수 있다.

요한복음 5:1-17에서 예수님의 행동

만약 "요한복음 5:1-17에서 예수님은 무엇을 하셨는가?"라는 질문을 한다면 "예수님께서 다리 저는 사람을 치유하셨다"라고 대답할 것이

---

13) J. I. Packer and Carolyn Nystrom, *Never beyond Hope: How God Touches & Uses Imperfect People* (Downers Grove, IL: InterVarsity, 2000), 9-10.

다. 이 대답은 언뜻 보기에는 맞지만 그 과정에서 예수님께서는 훨씬 더 많은 일을 하셨다. 두 가지 중요한 행동에 주목해야 한다. 첫째, 예수님께서 베데스다 못에 나타나신 사실이 중요하다. 둘째, 예수님께서 다리 저는 사람을 의도적으로 찾아가신 행동도 주목할 만하다. 이 두 가지 행동을 고려하면 장애인에 대한 예수님의 관심을 이해하는 데 도움이 된다.

먼저 예수님께서 당시의 많은 종교인들이 기피하던 장소에 나타나셨다는 점에 유의하여야 한다. 코스텐베르거Kostenberger는 양문양을 성전으로 들이기 전에 씻는 장소 근처에 위치한 작은 통로를 설명하며 이곳이 바로 베데스다 못이 있었던 장소라고 설명한다. 이곳은 또한 도시에 사는 장애인들이 치유를 바라며 모여들었던 장소이기도 했다. 이러한 이유로 사회적 엘리트와 의식적 순결을 지키고자 하는 사람들은 이 장소를 피했다. 그러나 예수님에게는 이런 이유가 고려대상이 아니었다.[14]

키너Keener의 주장에 따르면 종교지도자들이 이 치유의 연못을 그리스의 아스클레피오스 신전과 같은 치유 장소로 여겼을 가능성이 있다는 것이다. 따라서 그들은 이 장소와 그 의미를 혐오했을 것이다.[15] 이러한 이유로 유대 종교지도자들이 베데스다 연못과 같은 장소를 피했을 것이라고 안전하게 추정할 수 있다.

---

14) Kostenberger, *John*, 178.
15) Keener, *IVP Bible Background Commentary*, 262 (see chap. 5, n. 14).

예수님은 예루살렘을 방문할 때 엘리트들을 방문하거나 성전 중심의 사역에만 집중하지 않으셨다. 대신 예수님은 도움이 필요한 이들을 만나기 위해 한결같이 노력하셨다. 예수님은 사회적 엘리트들이 '문화의 찌꺼기'로 낙인 찍은 이들을 찾아가셨다. 사람들은 장애인과 고통받는 이들 곁을 함께 하길 꺼렸지만 예수님은 일부러 그곳을 찾아가셨다. 종교지도자들은 그러한 상황에 불편함을 느꼈을 것이다. 정결법이 억제 요인이 되었을 것이다. 그러나 이 정결법도 예수님을 얽매지 못했다.

보르케르트Borchert는 예수님께서 베데스다 연못 주변에 계셨던 것은 예루살렘에서 예수님이 시간을 보내셨던 장소를 상기시킨다고 말한다. 예수님은 고급 숙소나 독점적인 성전 사역에 집중하지 않으셨으며, 그 도시에서 부유한 자들, 유명인들, 혹은 정치적 권력자들을 일부러 찾으려 하지 않으셨다. 대신, 예수님은 도움이 필요한 이들을 만나기 위해 단 하나의 목적을 두고 움직이셨다. 예수님은 사회적 엘리트들이 "하층민"으로 분류하는 이들과 함께하셨다. 그들은 장애인과 고통받는 사람들 사이를 걷고 싶어하지 않았겠지만, 예수님은 일부러 그들과 함께하는 것을 중요하게 여기셨다. 종교지도자들은 이러한 상황에서 불편함을 느꼈을 것이며, 정결 규정을 어길 위험이 그들에게 장애물로 작용했을지도 모른다. 그러나 장애인들도, 정결 의식도 예수님을 구속할 수 없었다.[16]

---

16) Borchert, *John* 1-11, 231-32.

예수와 장애 ··· 147

찰스 스윈돌Charles R. Swindoll은 이 베데스다 못에 대해 흥미로운 해석을 제시한다. 그는 못이 그리스의 아스클레피오스 신전과 유사하다고 주장한다. 만약 그가 옳다면 이 연못은 아스클레피오스라는 치유의 신에게 바쳐진 그리스식 치유소였을 것이다. 그는 또한 이 연못이 헤롯의 성전과 매우 가까운 곳에 위치해 있다고 믿는다. 스윈돌은 만약 그렇다면 예수님께서 다리 저는 이를 찾기 위해 이교도의 치유소로 가신 것이 된다. 그 어떤 바리새인이나 종교지도자들도 가고 싶어하지 않았던 곳을 방문하신 것이다. 실제로 종교지도자들이 이교도의 치유소로 가는 사람을 꾸짖었을 가능성이 높다.[17]

이스라엘 성서 연구소Institute of Biblical Studies의 엘리 리조킨-아이젠버그Eli Lizorkin-Eyzenberg는 베데스다 못이 그리스-로마와 유대의 사상이 혼합된 장소라고 추측한다. 따라서 이곳은 실로암 연못처럼 순수한 유대인의 연못이 아니었을 것이다. 이러한 혼합적 성격이 예수님께서 요한복음 9장에서 맹인에게는 실로암 연못에 가서 씻으라고 명령하시면서 베데스다 못의 다리 저는 자에게는 그렇게 하지 않으신 이유가 될 수 있다. 또한 그는 베데스다 연못에 모여 있던 다리 저는 자들이 이스라엘의 하나님께 도움을 구하는 것을 포기하고 그리스-로마의 신 아스클레피오스에게 치유를 구하고 있었다고 주장한다.[18]

---

17) Charles R. Swindoll, *Insights on John, Swindoll's New Testament Insights* (Grand Rapids: Zondervan, 2010), 107-8.
18) Eli Lizorkin-Eyzenberg, "The Pool of Bethesda as a Healing Center of Asclepius, Israel

베데스다 못이 그리스-로마와 유대의 사상이 혼합된 장소였다는 주장은 흥미롭지만 이는 소수 의견일 뿐이다. 그러나 이러한 주장이 사실이라고 해도 예수님께서 당시 종교지도자들이 방문하지 않았을 장소에 나타나셨다는 사실만은 변하지 않는다. 연못의 의식적 부정함이나 신학적 배경 모두가 바리새인들과 종교지도자들이 그 장소를 피하게 했을 법한 이유다. 그러나 예수님은 문화와 종교 공동체로부터 소외된 이들이 모여 있는 연못으로 이끌리셨다.

이 이미지는 그리스도인들이 마음속에 새겨야 할 장면이다. 예수님은 스스로 의도적으로 사회에서 소외되고 낙인찍힌 이들이 있는 장소를 찾아가셨다. 다른 사람들이 기피하는 곳에 예수님은 기꺼이 가셨으며, 대중의 시선이나 두려움에 따라 사역의 방향을 정하지 않으셨다. 오늘날 교회에 있어, 베데스다 못에 계셨던 예수님의 모습은 사역 계획에 중요한 시사점을 제공한다. 일부 교회는 공동체의 필요보다 대중의 인기와 평가에 따라 프로그램을 기획하고 운영하는 경향이 있는데, 이런 경우 교회의 대외적 활동은 사회적 소외자들을 돌보는 데서 멀어지며 그저 유행하는 사역 형태를 쫓게 된다. 예를 들어, Celebrate Recovery 형태의 중독 회복 프로그램을 필요로 하는 사람들에게 집중하기보다 내부 지향적 프로그램을 우선시한다면, 이러한 소홀함으로 인해 소외

Institute of Biblical Studies (blog), *December* 1, 2014, https://blog .israelbiblicalstudies.com/jewish-studies/bethesda-pool-jerusalem-shrine-asclepius/.

된 사람들을 돌보지 못하게 될 위험이 커진다.[19] 만약 이러한 선택이 교회 내 인간적 역학 관계가 바뀔 것이라는 우려에서 비롯되었다면 그 책임은 더 커질 것이다.

예수님의 두 번째 중요한 행동은 못 걷는 자의 필요를 파악하신 것이다. 이 문제의 핵심은 예수님께서 이 못 걷는 자가 연못에 있는 것을 어떻게 "보시고" "알게 되셨는가"에 있다. 더 구체적으로 말하면, "예수님께서는 이 사람에 대해 어떻게 아셨을까?"라는 질문이다. 헨드릭슨 Hendriksen은 이 질문에 대해 세 가지 가능한 답변을 제시한다. 첫째, 예수님께서 인간적인 대화를 통해 정보를 얻으셨다는 것이다. 둘째, 하나님 아버지께서 예수님께 직접 정보를 계시하셨다는 것이다. 셋째, 예수님의 신성이 이 정보를 예수님의 인간적 본성에 전달했다는 것이다. 헨드릭슨은 세 번째 옵션의 경우 정보의 전달이 우리가 이해할 수 없는 과정을 통해 이루어졌다고 인정한다.[20]

카슨 Carson은 이 세 가지 가능성을 구조화하면서 예수님께서 부지런한 탐문을 통해 못 걷는 자의 상태를 알아내셨을 거라고 추측한다. 이 치유 에피소드는 예수님의 주권적 주도권을 보여준다고 시사한다. 카슨은 이 사람이 예수님에 의해 치유되도록 선택되었다고 믿는다. 따라

---

19) Celebrate Recovery is a Christ-centered, 12-step program for those who struggle with addictions or overcoming hurts. See https://www.celebraterecovery.com/.
20) William Hendriksen, *Exposition of the Gospel According to John, Baker New Testament Commentary* (Grand Rapids: Baker, 1953), 1:192.

서 이것은 마가복음 2:1-12에서 지붕을 열어 예수님께 치유를 요청한 중풍병자의 치유와는 다르다.[21] 코스텐베르거Kostenberger도 예수님께서 어떻게 못 걷는 자의 상태를 "보시고" "알게 되셨는지"에 대한 명확성이 없다고 언급한다. 그는 이 표현이 초자연적으로 얻은 지식이나 탐문을 통해 얻은 지식을 모두 의미할 수 있다고 본다. 또 그는 예수님께서 이 중풍병자와 나눈 대화가 중풍병자의 구걸 요청에서 비롯되었을 가능성도 제기한다.[22] 만약 단순히 탐문을 통해서라면 본문에서 생략된 것은 예수님이 제기하신 치유 질문을 만들어낸 대화의 첫 부분일 것이다.

테니Tenney는 예수님께서 이 사람과 그의 마비 상태에 대한 초자연적인 지식을 가지고 있었다는 점을 강조한다. 이 점은 예수님의 직접적인 의지에 의해 일어난 사건으로 이해하는 것이 매우 중요하다. 테니는 이 사람이 연못 주변의 다른 모든 장애인들 중에서 예수님에 의해 선택되었다고 주장한다. 이 선택은 몸과 영혼 모두에서 무력함이 드러나는 자들을 치유하려는 예수님의 바람과 일치한다.[23]

반면에 모리스Morris는 예수님께서 이 사람과 그의 장애에 대해 지속적인 대화를 통해 알아 가셨다고 본다. 모리스는 예수님의 지식에 있어 신적 계시를 통해서와 또 자연적인 계시 가능성 모두를 인정하면서도 예수님께서 이 사람의 상태를 직접 대화나 다른 사람과 대화를 통해

21) Carson, *Gospel According to John*, 243
22) Kostenberger, *John*, 180.
23) Tenney, *John*, 105.

알게 되셨을 가능성에 더 무게를 두는 듯하다.[24]

머레이 해리스Murray J. Harris도 자연적, 신적 두 가지 가능성을 인정한다. 그러나 그는 이 순간의 감정을 강조한다. 그는 이 구절의 원어가 예수님께서 그 사람이 그곳에 누워 있는 불쌍한 상태를 보셨으며, 그가 얼마나 오랫동안 그런 상태에 있었는지 알게 되셨음을 강조한다고 믿는다.[25] 해리스는 이 만남에서 예수님의 연민을 본 유일한 사람이 아니다. 헨드릭슨Hendriksen도 예수님께서 그 사람을 보셨을 때 그의 상태를 오랫동안 알고 계셨기 때문에 연민의 눈으로 그를 보셨다고 제안한다.[26]

이 만남에서 예수님의 지식을 어떻게 해석하든지 간에 분명한 것은 예수님께서 이 장애인을 목적적이고 자비롭게 대하셨다는 점이다. 이 예시는 교회 지도자들도 같은 태도로 행동해야 함을 시사한다. 목회자들은 장애인 공동체와 어떻게 관계를 맺고 있는지 깊이 생각해야 한다. 이러한 목적적 상호관계는 존중과 배려가 바탕이 된다. 앤더슨Anderson은 예수님께서 못 걷는 자를 존중하는 방식으로 대하셨다고 인정했다. 예수님께서 던지신 질문은 그 사람이 자신의 필요와 바람을 표현할 수 있도록 고안된 것이다. 이러한 접근 방식은 예수님께서 단순히 그가 원

---

24) Leon Morris, *The Gospel According to John, rev. ed, New International Commentary on the New Testament* (Grand Rapids: Eerdmans, 1995), 269.

25) Murray J. Harris, John, *Exegetical Guide to the Greek New Testament* (Nashville: B&H Academic, 2015), 105.

26) Hendriksen, *Exposition of the Gospel According to John*, 1:191.

할 것이라고 안전하게 추측한 다음 치유행위를 하는 것과는 다르다. 이 질문은 대화를 열어 상대방으로 하여금 자신의 관점을 표현할 수 있게 한다. 이렇게 함으로써 예수님의 만남은 존중 받는 대화가 된다.[27]

예수님께서 다리 저는 자와 나눈 상호관계 또한 배려심이 담긴 것이었다. 예수님은 질문을 던지신 후 그 사람의 대답을 경청하셨다. 이 질문은 서로 대화에 이어질 수 있도록 고안되었다. 이 대화에서 예수님은 말하고 듣는 두 가지 과정에 모두 참여하셨다. 이런 이중성은 장애사역에서 중요한 고려 사항이 되어야 할 것이다. 더 구체적으로 이 대화의 단어를 세어보면 예수님께서는 말씀하신 것보다 더 많이 들으셨다는 사실을 알 수 있다.

에이미 리Amy Fenton Lee는 장애사역에서 덜 말하고 더 많이 듣는 것이 중요하다고 강조한다. 그녀는 자녀가 장애 진단을 받은 부모들에게 애정을 표현하는 방법에 대해 논의할 때 이러한 주장을 한다. 그녀는 덜 말하고 더 많이 듣겠다는 다짐이 진정한 감정을 표현할 수 있는 안전한 공간을 만든다고 믿는다.[28] 예수님과 중풍병자의 만남은 이러한 안전한 공간을 모델로 보여준다. 예수님의 질문과 이어진 경청의 자세는 상대가 자유롭게 자신을 표현할 수 있는 분위기를 조성한다. 이 환경은 못 걷는 자가 자신의 치유가 불가능한 이유를 자유롭게 표현하는 방식에서

---

27) Anderson, *Reaching Out and Bringing In*, 88.
28) Amy Fenton Lee, *Leadinga Special Needs Ministry* (Nashville: B&H, 2016), 10-11.

도 분명히 드러난다.

장애인에 대한 목적적이고 배려심 있는 대화와 교류는 예수 그리
스도께서 보여주신 본보기다. 예수님은 연못 주변에 모인 군중에서 이
못 걷는 자를 찾아내셨다. 그리고 그에게 다가가 간단한 질문으로 대화
의 길을 열었다. 이후 그는 그 사람의 솔직한 대답을 경청하셨다. 또 그
사람을 향한 안전한 공간을 계속해서 유지하셨다. 예수님은 그 사람이
예수님을 알아보지 못했다고 나무라지 않으셨다. 그가 변명으로 가득
한 이유를 제시했다고 꾸짖지도 않으셨다. 이렇게 함으로써 예수님은
그 장애인을 최대한 존중해 주셨다. 목적적이고 배려심 있는 교류는 오
늘날 목회자와 교회 지도자들이 장애인 공동체와 소통하는 데 있어 여
전히 최고의 방법 중 하나이다.

요한복음 5:1-17에서 믿음의 부재

이 치유 기적에서 가장 놀라운 점 중 하나는 이야기 전체에 믿음이
전혀 언급되지 않았다는 점이다. 못가에 있던 사람은 치유되기 전에도
예수님에 대한 믿음을 표현하지 않았고 치유된 후에 그를 다시 만났을
때도 믿음을 보이지 않았다. 오히려 그는 종교지도자들로부터 안식일
규정을 어겼다는 비난을 받자 그 책임을 예수님께 돌리는 반응을 보였
다. 게다가 그 사람은 이후 종교지도자들과 대화에서 예수님을 기꺼이
고발하려는 듯한 태도를 보였다. 요한이 기록한 예수님과 종교지도자

들간의 갈등이 점점 심화되는 과정을 고려할 때 이 사람의 행동은 감사보다는 배신에 가깝다.

두 번의 기회가 있었는데 그때 이 못 걷는 자는 그리스도에 대한 믿음을 표현할 수 있었으나 실패했다. 첫 번째 기회는 치유 직후였다. 두 번째 기회는 예수님께서 그를 성전에서 발견하시고 더 이상 죄를 짓지 말라고 경고하셨을 때였다. 학자들은 그가 예수님과 처음 만났을 때 믿음을 보이지 않은 것에 대해 더 관대하게 본다. 코르넬리스 베네마Cornelis Bennema는 이 못 걷는 자가 치유 전이나 후에 예수님이 누구신지 몰랐던 것에 대해 책임을 묻지 않는다. 이 사람이 한 불평의 내용을 볼 때 그는 예수님이 누구인지 그리고 예수님이 치유할 수 있는 능력을 갖고 계신다는 것을 몰랐음을 말해준다. 치유를 받고 난 후에도 예수님의 이름을 알지 못했다는 사실은 못 걷는 자의 수동성 때문이 아니라 예수님께서 연못 주변에서 조용히 떠나셨기 때문이다. 베네마는 이 사람이 중요한 상황에서 예수님에 대해 증언하지 못한 점이 그의 믿음 부족을 보여준다고 지적한다. 이 점에서 그는 요한복음 4장의 사마리아 여인이나 요한복음 9장의 맹인과는 다르다.[29]

야코부스 코크Jacobus Kok는 요한복음에서 지식과 믿음이 서로 연결되어 있다고 주장한다. 이 연결은 예수님을 알지 못하는 사람들이 곧 믿

---

29) Cornelis Bennema, *Encountering jesus: Character Studies in the Gospel of John*, 2nd ed. (Minneapolis: Fortress, 2014), 188-91.

지 않는 사람들이며 하나님 아버지도 알지 못하는 사람들임을 의미한
다. 그들은 영생을 알지 못하며 영적 죽음 속에 산다. 코크에게 요한복
음 5장의 못 걷는 자는 이러한 연결의 한 예이다.[30] 코크가 설명한 바에
따르면 이 사람의 믿음 부족은 치유 이전부터 명백한 상태이었으며 안
식일에 그의 자리를 들고 가는 것때문에 종교지도자들로부터 질책 받
았을 때 그리고 마지막으로 예수님께서 그를 성전에서 훈계하셨을 때
도 드러난다. 한때 못 걷는 자였던 이 사람은 예수님을 단지 치유자로만
알고 종교지도자들에게 그렇게 보고했던 것이다.

　　이 사람의 무관심한 반응은 크레이그 코스터Craig R. Koester가 자세
히 설명한다. 코스터는 이 사람이 예수님으로부터 들은 말에 반응하지
않았다고 결론짓는다. 이 무관심은 치유 직후와 성전에서 예수님과 다
시 대면했을 때 모두 나타난다. 따라서 이 사람의 믿음 부족은 요한복
음 4:46-54에서 병든 아들이 치유된 관원의 믿음과 대조된다. 코스터는
"단순히 기적을 보거나 경험한다고 해서 믿음이 보장되는 것은 아니다"
라고 지적한다.[31] 이 못 걷는 자는 요한복음 2:23-25에서 기적을 보고도
믿지 않았던 군중들과 비슷하다.[32]

　　못 걷는 자의 믿음 부족은 예수님께서 그에게 더 이상 죄를 짓지 말

30) Jacobus (Kobus) Kok, *New Perspectives on Healing, Restoration, and Reconciliation in John's Gospel*, Biblical Interpretation Series, vol. 149 (Leiden, NL: Brill, 2017), 126.
31) Craig R. Koester, "Hearing, Seeing, and Believing in the Gospel of John" *Biblical*, no. 3 (1989): 338.
32) Koester, 337-38.

라고 강하게 말씀하신 이유가 된다. 이는 더 심각한 일이 그에게 일어날까 봐 염려한 것이다. 일부 학자들은 예수님의 이 말씀을 이 사람의 장애가 특정한 죄의 결과라는 점을 강조한 것으로 해석한다. 휘태커Whitacre는 이 사람의 죄와 그의 병 사이에 명확한 연관성이 있다고 주장하며 이러한 해석을 지지한다. 그러나 동시에 요한복음 9장에 나오는 맹인의 경우처럼 유사한 사례에서 죄와 연결 짓는 것이 성급한 판단일 수 있음을 경고한다.[33] 카슨Carson은 이 사람의 장애가 실제로 특정한 죄의 결과라고 믿는다. 그는 예수님께서 하신 "죄를 그만 지어라"와 "더 심한 일이 너에게 일어날 수 있다"는 두 발언이 문법적으로 연결되어 있다고 지적한다. 따라서 다시 반복해서는 안 되는 죄의 결과로 장애가 주어졌다는 것이다. 카슨은 만약 이 해석이 맞다면 "죄를 그만 지어라"는 표현이 긴급함을 강조하기 위해 선택된 것이라고 추측한다. 여기서 '더 심한 일'이란 최종 심판을 의미할 수 있다.[34]

카슨은 이 두 발언의 가능한 의미를 매우 철저하게 분석한 후 결론을 내렸다. 그러나 그의 주장에는 한 가지 고려사항이 빠져 있다. 그것은 이 사람의 병이 얼마나 오랫동안 지속되었는지와 그 당시 사람들의 평균 수명을 고려하지 못한 것이다. 만약 카슨그리고 휘태커도 마찬가지이 옳다면 이 사람의 38년 동안의 장애는 아마도 어린 시절에 저지른 죄일 가

---

33) Whitacre, *John*, 122.
34) Carson, *Gospel According to John*, 246

능성이 크다. 그들의 논리를 따르면 하나님께서 사람의 젊은 시절에 저지른 자잘한 죄 때문에 평생 장애로 그를 징계하셨다는 결론이 나온다.

코스텐베르거Kostenberger는 휘태커Whitacre와 카슨Carson의 의견에 동의하지 않는다. 그는 예수님의 말씀이 이 사람의 특정한 죄보다는 죄에 대한 영원한 심판을 가리킨다고 주장한다.[35] 모리스Morris는 잠재적 연관성을 인정하지만 예수님의 이 말씀을 죄의 영원한 결과를 강조하는 것으로 해석한다. 이러한 결과는 어떤 신체적 장애보다도 훨씬 심각하다.[36] 조지 비즐리-머레이George R. Beasley-Murray 역시 이 경고가 그가 계속해서 죄를 지을 경우 게헨나지옥에 빠질 수 있다는 경고라고 해석한다.[37] 따라서 이 세 학자는 현실적 죄나 믿음 부족이 이 ㅍ사람의 영원한 운명에 어떤 영향을 미칠지에 주목한다. 이 사람이 예수님을 메시아로 인정하지 못한 것은 그의 영혼을 잃을 위험을 초래한다. 코크Kok는 예수님과 치유받은 남자가 성전에서 만나는 장면을 지혜롭게 분석하고 있다;

예수님께서 그 남자에게 다시는 죄를 짓지 말라고 명하신 것은 세 가지 의미를 담고 있다. 첫째, 예수님의 손길이 닿아 치유되었음을 깨닫

---

35) Kostenberger, *John*, 182.
36) Morris, *Luke*, 172 (see chap. 6, n. 8).
37) George R. Beasley-Murray, *John*, Word Biblical Commentary (Nashville: Thomas Nelson, 1999), 74.

게 하는 것이다. 둘째, 자신을 온전하게 하신 분이 누구인지 알아야 한다는 점을 일깨워주기 위함이다. 셋째, 이제부터는 그 관계 속에서 새로운 삶을 살아가야 함을 의미한다. 그러나 예수님이 누구인지 제대로 알지 못한 이 남자는 결국 자신의 불신으로 인해 심판을 받게 된다. 그는 예수님의 진정한 정체성을 깨닫지 못한 불신자였다.[38]

이 이야기에서 못 걷는 자는 명백한 믿음 부족을 드러냈다. 이 믿음의 부재는 단순히 한 번의 경험만으로 끝난 것이 아니다. 그는 두 번씩이나 자신을 치유하신 분에 대해 무언가를 인정할 기회를 얻었는데도 믿음의 표현으로 이어지지 않았다. 오히려 이 사람은 예수님을 적들에게 고발하는 데까지 이르렀다. 이 부분은 교회 지도자나 성도들이 아프거나 장애가 있는 사람의 믿음을 의심하는 것을 조심해야 한다는 경고를 주고 있다. 믿음이 부족하면 하나님도 무력해 진다는 잘못된 신학적 생각이 그 뒤에 숨어 있다. 못 걷는 자의 이야기에서 보듯이 믿음이 없더라도 하나님이 치유하실 능력이 막히는 것은 아니다.

교회가 전도에서 제자 양육으로 서둘러 나아가려는 경향이 있는 상황에서, 이 이야기는 "하나님의 사랑과 자비의 실천이 신앙 고백에 의존해야 하는가?"라는 질문을 던진다. 즉, "푸드 뱅크 사역이 지난 1년간 한 명도 예수님께 인도하지 않았지만 가난한 자들에게 그분의 사랑과

---

38) Kok, *New Perspectives on Healing, Restoration, and Reconciliation in John's Gospel*, 129.

자비를 꾸준히 실천했다면, 그것은 의미 있지 않은가?"라고 물을 수 있다. 분명히 말하자면, 교회는 단순히 육체적 필요만을 채우기 위한 사회적 조직이 아니다. 교회의 사명은 전도하고, 세례를 주며, 제자를 양육하는 데 있다. 그러나 이 사명의 밑바탕에는 신앙을 고백하지 않는 사람 앞에서도 그리스도의 신성한 사랑과 자비를 본받아 실천하는 방법이 깔려 있다.

이 이야기에서 걷지 못하는 사람의 믿음이 부족했던 점은 교회가 주목해야 할 또 다른 중요한 시사점을 제공한다. 안타깝게도 건강과 치유 문제는 종종 신앙과 연결된다. 충분한 믿음이 있으면 원하는 치유가 이루어진다는 생각이 퍼져 있지만, 이 이야기는 그러한 관념에 반하는 메시지를 담고 있다. 걷지 못하던 이 남자는 예수님에 대한 믿음을 전혀 드러내지 않았고, 단지 변명만 내놓았다. 오히려 그는 치유 받을 것이라 믿지 않았으면서도 치유를 경험했다. 그의 환경은 자신의 믿음을 초과했지만, 예수님의 치유 능력에는 아무런 방해가 되지 않았다. 이 이야기는 병든 사람이나 장애가 있는 사람의 믿음을 의심하는 교회 지도자나 교회 구성원에게 경각심을 일깨워 준다. 이러한 질문 뒤에는 그 사람의 믿음이 없으면 하나님도 치유하실 수 없다는 잘못된 신학적 가정이 숨겨져 있다. 이 이야기는 믿음이 전혀 없는 상황에서도 하나님은 치유하실 수 있음을 보여준다.

　　　　　　　　태어날 때부터 맹인의 시력을 회복시키심

요한복음 9:1-41

　　어느 날 예수님과 제자들이 길을 걷고 있을 때 예수님은 태어날 때부터 맹인인 사람을 보게 되었다. 제자들이 예수님께 물었다. "이 사람이 맹인으로 태어난 것이 그의 죄 때문입니까? 아니면 그의 부모의 죄 때문입니까?" 이에 예수님은 대답했다. "이 사람이 맹인으로 태어난 것이 개인적인 죄나 부모의 죄 때문이 아니다. 오히려 하나님의 영광이 나타날 기회를 제공한다." 그렇게 말씀하신 후 예수님은 땅에 침을 뱉어 진흙을 이겨 그의 눈에 발랐다. 그리고 실로암 연못에 가서 씻으라고 지시했다. 그가 예수님의 말씀대로 하자 눈을 뜨고 시력을 되찾았다.

　　이 치유사건으로 인해 여러 가지 논란이 일어났다. 이웃들은 그를 알아보았지만 어떻게 그가 시력을 되찾았는지 알지 못했다. 바리새인들은 그의 부모를 불러 아들이 어떻게 시력을 되찾았는지 물었다. 부모는 종교지도자들이 두려워 답변을 꺼렸다. 종교지도자들이 한때 눈이 멀었던 사람을 심문하면서 오히려 그와 예수님과 관계에 대해 점점 더 좌절감을 느꼈다. 결국 그들은 그를 회당에서 쫓아내기로 결정했다.

예수님은 그가 회당에서 쫓겨났다는 소식을 듣고 그를 찾아가셨다. 만나자마자 예수님은 그에게 다시 믿음에 대해 물으셨고 그는 예수님을 믿고 따르기로 마음을 먹었다. 이 소식을 들은 바리새인들은 예수님께 질문을 하기 시작했다. 그러자 예수님은 목자와 양에 대한 비유를 들려주셨다.

예수님은 먼저 목자가 양들을 돌보는 이야기를 하셨다. 양들은 도둑이나 강도가 아닌 목자의 목소리만 듣는다고 설명하셨다. 하지만 종교지도자들은 이 비유를 잘 이해하지 못했다. 그래서 예수님은 조금 바꾸어 자신이 '양의 문'이라고 말씀하셨다. 양들이 안전하게 다닐 수 있는 유일한 길이 바로 자신을 통해서만 가능하다는 것을 강조하셨다.

그 후 예수님은 다시 목자의 비유로 돌아와 자신을 '선한 목자'라고 부르며 양들을 돌보는 목자의 역할을 설명하셨다. 그리고 마지막으로 예수님은 자신이 양들을 위해 생명을 바칠 것이며 하나님께서 다시 살리실 것이라고 말씀하셨다.

이 말씀을 들은 바리새인들은 예수님이 정말 귀신에 사로잡힌 것은 아닌지 의심하며 논의하기 시작했다. 그들은 여전히 예수님의 행동과 말씀 그리고 가르침을 온전히 이해하지 못하고 있었다.

요한복음 9장에 나오는 맹인 치유 이야기는 장애 관련 성경 연구에서 빠지지 않고 언급된다. 제자들이 죄와 장애의 관계를 묻는 신학적인 질문이 그 한가지 이유로 보인다. 또 다른 이유는 장애인이 믿음이 없는 상태에서 그리스도를 따르는 제자가 되는 과정 때문이다. 이러한 접근법은 전도와 제자 훈련의 유익한 방법이 될 수 있지만 이 책의 방향과는 맞지 않는다.

세 번째로, 요한복음 9장의 치유 이야기가 장애 관련 성경 논의에 자주 포함되는 이유는 요한복음 5장의 치유 이야기와 대조되기 때문이다. 요한복음 9장에 태어나면서 맹인이 된 사람은 치유를 받은 후 예수님을 따르는 제자가 되지만 요한복음 5장에서는 병자가 치유를 받은 후 예수님의 제자가 되는 대신 종교지도자들에게 예수님을 고발하는 역할을 한다. 이와 같은 대조가 요한복음 9장을 중요한 논의 주제로 만들었으며 이러한 점은 이미 많이 다루어졌으므로 이 장에서는 다루지 않을 것이다.

장애 연구와 요한복음 9장

장애나 장애 사역을 성경에서 연구할 때, 거의 필수적으로 요한복음 9장에 나오는 맹인의 치유 이야기가 포함된다. 이 장이 주목받는 주요 이유 중 하나는 죄와 장애의 연관성에 대해 제자들이 던진 신학적 질문이 중요한 촉매 역할을 하기 때문이다. 또 다른 둘째 이유는 장애를 가진 이 사람이 믿음 없는 상태에서 예수님의 제자로 변화하는 과정을 보여준다는 점에서 전도와 제자 양육의 접근법을 제시하기 때문이다. 이러한 접근은 가치 있는 탐구 주제가 될 수 있지만, 본서의 방향과는 다르다. 셋째로, 요한복음 9장의 치유가 장애에 관한 대부분의 성경 논의에서 다뤄지는 이유는 이 이야기가 요한복음 5장의 치유 이야기와 뚜렷한 대조를 이루기 때문이다. 요한복음 9장에서 태어날 때부터 맹인이었던 사람은 치유를 받은 후 예수님의 제자가 되며 긍정적으로 반응한다. 반면, 요한복음 5장에서는 병자가 치유된 후 예수님을 따르기보다는 종교지도자들의 편에 서서 정보를 제공하는 역할을 한다. 이러한 요한복음 9장이 요한복음 5장과의 대조로 다뤄진 부분에 대해서는 이미 많은 논의가 이루어졌기 때문에, 본 절에서는 이에 대한 구체적 논의를 생략할 것이다.

요한복음 9장과 10장의 연결:
요한복음 9장에서 맹인을 치유하신 예수님에 대한 또 다른 접근법

요한복음 9장과 관련된 장애 연구에서 자주 간과되는 부분이 있다. 그것은 바로 요한복음 9장과 10장 사이의 의도된 연결이다. 맹인을 치유하신 후 예수님은 자신이 선한 목자임을 강조하시며 종교지도자들과의 차이가 있음을 드러내신다. 종교지도자들이 한때 맹인이었던 사람에게 행했던 행동들이 이 비교를 불러일으켰다. 이는 장애를 포용하는 목회자나 교회 지도자에게 중요한 의미를 갖는다. 예수님은 맹인에 대한 신적 연민과 동정을 가지지 못한 지도자들이 진정한 목자가 아님을 분명히 하셨다. 또한 예수님 안에서 이러한 신적 연민과 자비를 인식하지 못한 지도자들의 무능력이 그들의 잘못을 더욱 심화시키는 것이다.

필립 컴포트Philip Wesley Comfort와 웬델 호울리Wendell C. Hawley는 요한복음 10장 1절에서 21절이 예수님이 바리새인들에게 하신 말씀의 연장선이라고 주장한다. 이 말씀의 핵심은 종교지도자들이 한때 맹인이었던 사람을 어떻게 대했는지에 있다. 그들은 그를 유대교와 성전에서 추방했다. 그래서 예수님은 이 사람을 유대교를 떠나 예수님을 따르는 자로 묘사하셨다. 그들은 목자를 따르는 양이다.[1] 버지Burge도 같은 입장을 취한다. 요한복음 10장 1절에서 21절이 요한복음 9장의 연속이며 요한복음 10장 21절에서 맹인의 치유를 언급한다고 설명한다. 버지는 이 구절이 맹인이었던 사람이 바리새인들을 따르지 않은 이유가 그들의 목소리를 알아듣지 못했기 때문이라고 유추했다. 이 사람은 거짓 목자나 바리새인들 대신 양처럼 참목자의 목소리를 알고 예수님을 따랐다. 버지는 요한복음 10장 1절에서 21절이 요한복음 9장에서 실패한 바리새인들의 리더십을 강하게 비판하는 역할을 한다고 지적한다.[2]

모리스Morris는 요한복음 9장과 10장 사이의 연결이 요한복음 10장 1절의 첫 구절에서 명확하게 드러난다고 본다: "내가 진실로 진실로 너희에게 이르노니". 모리스는 이 구절이 새로운 담화를 시작하기 위해 사용된 것이 아니라 이전 가르침에 대한 후속 설명을 위한 연결 기법으로

---

1) Philip Wesley Comfort and Wendell C. Hawley, *Opening John's Gospel and Epistles* (Carol Stream, IL: Tyndale, 2009), 137.

2) Burge, *John*, 286 (see chap. 9, n. 7).

사용된 것이라고 강조한다.[3]

코스텐베르거Köstenberger는 이 상황을 독자가 위기감을 느낄 수 있도록 요약했다;

제10장은 전환 없이 9장의 이야기를 이어가고 있다10:21 참조. 따라서 예수님의 청중은 아마 동일했을 것이다. 예수님이 맹인을 치유하신 사건은 그가 지역 회당에서 쫓겨나는 결과를 초래했는데, 이는 예수님 보시기에 권위를 남용한 오만한 행위로 추가적인 논평이 필요하다고 여겨졌다. 바리새인들은 스스로도 눈먼 사람들이었을 뿐 아니라9:40-41, 맡겨진 이들을 잘못된 길로 인도하는 "눈먼 인도자들"이기도 했다.마 23:16, 24 참고 예수님의 선한 목자 설교가 갖는 어두운 배경은 바로 이러한 유대 종교지도자들의 명백한 무책임이다.[4]

벤 로즈Ben Rhodes는 요한복음 10장과 9장을 연결하는 감각적 연관성을 언급한다. 로즈는 예수님이 바리새인들에게 진정한 목자의 목소리가 어떤 것인지 설명하기 위해 시각적 이미지에서 청각적 이미지로 전환하셨다고 지적한다. 그는 예수님이 염두에 두신 양들이 현재의 문맥에 있는 사람들 뿐만 아니라 이후의 모든 청중이라고 믿는다. 따라서

---

3) Morris, *Gospel According to John*, 446 (see chap. 9, n. 24).
4) Kostenberger, /s/w, 298 (see chap. 9, n. 3).

맹인이었던 사람처럼 오늘날 예수님을 따르는 자들은 그를 본 적은 없지만 성경을 통해 들려오는 그의 목소리를 듣고 반응한 사람들이다.[5]

이 요한복음 9장과 10장 사이의 연결은 장애 연구에서 자주 간과되는 부분이다. 요한복음 9장에 대한 연구는 주로 맹인과 그의 치유에 집중하는 경향이 있다. 이로 인해 대부분의 자료가 죄에 대한 질문, 요한복음 5장과의 대조, 혹은 제자 훈련의 패턴에 집중된다. 요한복음 9장에서 멈추고 요한복음 10장으로 이어가지 않는 연구는 예수님의 전체 말씀에 충분한 주의를 기울이지 않는 것이다. 이 두 장을 인간 중심이 아닌 그리스도 중심으로 바라본다면 이 연구와 관련된 중요한 두 가지 질문을 제기할 수 있다. 첫째, 하나님의 영광이 치유를 통해서만 드러나는가? 둘째, 예수님이 조명하시는 사역이 어떻게 진정한 목자와 거짓 목자를 드러내는가?

하나님의 영광이 치유를 통해서만 드러나는가?

선천적으로 맹인이었던 사람의 치유에 대한 전형적인 해석은 종종 장애를 가진 사람들에게 불편한 감정을 불러일으킬 수 있다. 예수님이 "이것은 하나님의 하시는 일을 그에게 나타나게 하려 함이라"요 9:3고 하신 말씀이다. 따라서 본문의 맹인의 치유는 장애가 지속되는 사람들

---

5) Ben Rhodes, "Signs and Wonders: Disability in the Fourth Gospel," *Journal of the Christian Institute on Disability* 5, no. 1 (March 13, 2016): 65.

에게 자신들의 장애가 하나님께 불명예를 가져다 주는 것처럼 느끼게
할 수 있다.

존 파이퍼John Piper는 이 구절을 전형적인 방식으로 해석하며 제자
들이 "누가 죄를 지었느냐"고 묻는 질문에 예수님이 "하나님의 일"이라
고 답하신 것이라고 본다. 파이퍼는 예수님이 원인을 묻는 질문을 목적
에 관한 질문으로 바꾸셔서 이 사람의 장애가 하나님의 일을 드러내기
위한 것임을 강조하셨다고 설명한다. 즉, "이 맹인이 된 이유는 과거의
원인에 있는 것이 아니라 미래의 목적에 있다"는 것이다.[6] 또 파이퍼는
바울이 육체의 가시를 제거해 달라고 하나님께 간청했을 때 치유되지
않았던 상황과 이 맹인의 치유를 비교한다. 그는 바울의 경우 하나님께
서 바울을 치유하심으로써가 아니라 그를 지탱하심으로써 하나님의 영
광이 드러났다고 주장한다. 따라서 "맹인이 된 것도 하나님의 영광을 위
한 것이고 육체의 가시도 하나님의 영광을 위한 것이다. 치유는 하나님
의 영광을 위한 것이며 치유되지 않는 것 또한 하나님의 영광을 위한 것
이다."[7]

이러한 해석은 장애를 가진 사람들에게 큰 부담을 줄 수 있다. 특히
그들이 믿음의 싸움에서 이기기보다는 지고 있다고 느낄 때 더욱 그렇

---

6) John Piper and Tony Reinke, *Disability and the Sovereign Goodness of God* (Minne-
apolis: Desiring God, 2012), 11-16, https://www.desiringgod.org/books /disabili-
ty-and-the-sovereign-goodness-of-god.
7) Piper and Reinke, 16.

다. 매일의 삶을 유지하기 위해 믿음보다 더 많은 개인적인 노력이 필요하다고 느낄 때 그들은 감정적으로 고통을 호소하게 된다. 이러한 감정은 존 헐John Hull의 글 "시력을 가진 구세주에게 보내는 눈먼 제자의 공개 편지"에서 잘 표현되어 있다;

요한복음 9장에서 맹인에 대한 이야기를 읽을 때 상황은 다르지만 여전히 문제를 제기한다. 제자들은 이 사람이 태어날 때부터 맹인이 된 이유가 그의 죄 때문인지 아니면 그의 부모의 죄 때문인지 질문하며 장애와 죄를 연결시키려 했다. 그러나 예수님은 이 생각을 거부하시며 "하나님께서 하시는 일이 그에게서 나타나게 하려 함이라"라고 말씀하셨다. 요9:3 즉 이 사람은 부모의 죄 때문에 맹인이 된 것이 아니라 예수님께서 하나님의 일을 드러내기 위해 선택된 것이라는 것이다. 예수님께서 맹인에게서 하나님의 뜻이 나타난다고 말씀하셨을 때 그 말씀은 그 사람의 맹인 상태가 아닌 시력을 회복하는 것에 대한 것이었다. 이는 하나님의 일은 맹인 상태에서는 드러나지 않고 오직 맹인이 시력을 회복할 때만 드러날 수 있다는 의미로 받아들여진다.[8]

헐Hull이 자신의 시각 장애를 받아들이며 이 구절에 대해 흔히 해석

---

8) John Hull, "Open Letter from a Blind Disciple to a Sighted Savior," in *Borders, Boundaries, and the Bible*, ed. M. O'Kane (New York: Sheffield Academic, 2002), 161-62.

되는 방식에 대해 고뇌하는 소리가 들리는 듯하다. 이어서 그는 "왜 예수님께는 시각 장애를 가진 제자가 없었을까?"라는 질문을 던진다. 요한복음 9장의 맹인과 바디매오를 치유하셔서 그들의 시각 장애가 예수님을 따르는 과정에 남아 있지 않게 하신 이유를 예수님께 묻는 것이다.

헐과 파이퍼 모두 이 구절을 좁게 이해하고 있다. 그들의 관점은 요한복음 9장 3절만을 바라보며 예수님의 말씀 전체요 9:3-5을 고려하지 않기 때문이다. 또 그들은 요한복음 9장에서 예수님의 행동과 대화를 요한복음 10장의 가르침과 연결하지 못하고 있다. 이렇게 문맥적 조정이 이루어지면 요한복음 9장 3절의 예수님의 초기 발언의 의미가 더 넓어지게 된다. 요한복음 9장 4절에서 5절에 걸쳐 예수님은 제자들의 질문과 자신의 대답을 더 명확히 하기 위해 세 가지 말씀을 하셨다. 첫째, "우리는 나를 보내신 분의 일을 낮 동안 해야 한다". 둘째, "밤이 오니, 그때는 아무도 일할 수 없다". 마지막으로, "내가 세상에 있는 동안, 나는 세상의 빛이다"라고 말씀하셨다. 이 세 가지 말씀은 제자들에게 시간, 예수님의 정체성, 그리고 그들이 해야 할 일에 대해 생각하게 하신 것이다.

로즈는 이 세 가지 말씀의 연결을 설명하며 이 이야기가 영적 및 육체적 시각장애에 관한 것이라고 설명한다;

이 이야기가 영적 및 육체적 시각장애에 관한 것이라고 설명한다. 전기가 발명되기 전에는 태양빛 덕분에 낮에만 일을 할 수 있었다당시

등불은 비싸고 작아 농사에는 충분한 빛을 제공하지 못했다. 예수님이 계
신 곳에서는 어둠의 세상이 영적인 빛으로 밝혀진다. 그래서 종교지
도자들은 핑계할 수 없었다. 그들은 예수님의 표적에 드러난 신성한
정체성을 가장 먼저 알아보아야 할 사람들이기 때문이다. 예수님은
이 사람을 치유하는 행위뿐 아니라 전반적인 만남을 통해 그의 삶에
대한 하나님의 목적을 드러내고 있다고 말씀하신다. 또한, 제자들과
이후의 기독교 공동체, 즉 우리 독자들이 장애가 있는 사람을 대하는
방식을 통해 하나님의 목적을 드러내도록 부름받고 있다는 뜻일 수
도 있다.[9]

버지Burge도 요한복음 9장 3절– 5절을 해석하며 하나님의 영광이
드러나는 것에 주목한다. 다만 이 맹인은 단순히 하나님의 영광을 보여
주기 위한 목적으로 태어난 것은 아니다. 오히려 예수님의 치유 사역 자
체가 하나님의 일을 나타내며 이를 통해 하나님의 영광이 드러난다는
것을 보여 주는 것이다.[10]

카슨Carson은 이 사람의 눈 뜨게 한 치유를 단순히 하나님의 영광을
나타내는 증거로만 보지 않는다. 그는 이 사건이 단순한 기적 이상의 의
미를 가진다고 설명한다. 이 치유 사건은 예수님이 오랫동안 기다려온

9) Rhodes, "Signs and Wonders," 67.
10) Burge, *John*, 273 (see chap. 9, n. 7).

메시아임을 나타내는 표적이다. 따라서 이러한 하나님의 일들은 예수님을 통해 어둠 속에 빛을 비추고 메시아를 드러내는 일이다.[11] 카슨은 이 설명에서 요한복음의 표적들이 단순한 기적이 아니라 영적 실재를 나타내는 중요한 행위라고 설명한 C. H. 도드C. H. Dodd의 견해를 반영한다. 이러한 표적들을 직관적으로 보고 올바르게 이해하는 사람들이 바로 이 영적 실재를 깨닫게 된다.[12]

코스텐베르거는 요한복음에 등장하는 표적들이 예수님 안에 나타난 하나님의 영광을 가리킨다고 간결하게 설명한다. 이러한 표적들은 예수님이 하나님의 진정한 대표자임을 말해준다.[13]

요한복음 9장 3절만을 강조할 때 제자들의 질문과 예수님의 대답에만 초점을 맞추게 된다. 이는 맹인의 치유가 하나님의 일이나 영광과 관련이 있다는 잘못된 결론을 초래할 수 있다. 그러나 예수님의 전체 대답을 고려할 때 초점은 맹인의 치유에서 예수 그리스도의 계시로 옮겨간다. 이 중요한 치유 표적을 통해 하나님은 예수 그리스도가 메시아이자 그의 대표자임을 시각적으로 확인하심으로써 영광을 받으셨다. 따라서 초점은 맹인에게서 하나님 아버지와 예수님에게로 옮겨진다.

이 치유 사건을 이해하려면 이야기가 가진 방향성을 고려할 때 그

---

11) Carson, *Gospel According to John*, 363 (see chap. 9. n. 5).
12) C. H. Dodd, *The Interpretation of the Fourth Gospel* (Cambridge: Cambridge University, 1953), 90.
13) Andreas J. Kostenberger, *A Theology of John's Gospel and Letters, Biblical Theology of the New Testament* (Grand Rapids: Zondervan, 2009), 327.

뜻이 명확해진다. 예수님은 참된 목자로서 자신의 목소리를 듣고 인식하며 따를 사람들을 부르신다. 한때 맹인이었던 이 사람은 유대교를 떠나 참된 목자를 따르는 삶으로 부르심을 받은 것이다. 이 사역은 제자들의 과업이 되기도 한다. 그들도 사람들을 그들의 종교적, 철학적 틀에서 불러내어 예수님을 따르는 제자의 삶으로 인도하는 역할을 맡았다. 요한복음 9장에서 예수님이 보여주신 것처럼 예수님의 부르심은 사회적 지위나 종교적 성과에 달려 있지 않다. 한때 맹인이었던 이 사람은 그 어떤 자격도 갖추지 못했지만 참된 목자의 부르심을 듣고 따랐다.

예수님의 빛을 비추는 사역이 어떻게 참된 목자와 거짓 목자를 드러내는가?: 비유와 모델에 대하여

예수님, 그리고 한때 맹인이었던 사람, 종교지도자들 사이의 대화는 그 사람이 예수님을 따르는 제자가 되고 회당에서 쫓겨나는 결과로 이어졌다. 이 사건 이후 예수님은 바리새인들이 자신과 맹인이었던 사람이 예수님에 대해 한 고백에 어떻게 반응했는지 말씀하셨다.요10:1-19 예수님은 에스겔서의 예언의 말씀을 사용하여 자신을 선한 목자로 종교지도자들을 에스겔 34장에서 말한 악한 목자들에 비유하셨다. 이 강력한 비유는 예수님과 제자들이 이루어야 할 하나님의 사역에 대해 많은 것을 알려준다. 하지만 예수님은 이 비유에서 문, 즉 양의 우리로 들어가는 문으로 자신을 묘사하시기도 했다. 이 비유는 예수님이 도둑과

강도라고 부르는 이들과 자신의 성품을 비교하는 데 사용되었다. 선한 목자와 양의 우리 문이라는 비유는 장애사역에 중요한 함의를 가지고 있으므로 깊이 탐구해 볼 가치가 있다.

농업 중심이 아닌 문화에서 쉽게 이해하기 어려운 이 비유를 이해하기 위해 목자의 삶에 대한 짧은 요약이 필요하다. R. C. 스프로울R. C. Sproul은 목자의 일상적인 생활을 간결하게 설명한다;

당시, 한 공동체에는 큰 양 우리가 하나 있었고 저녁이 되면 사람들이 각자 작은 양 떼를 이끌고 큰 양 우리로 들어갔다. 그들은 자원을 모아 문지기에게 돈을 지불했고 문지기는 밤새도록 양들을 지키는 일을 맡았다. 아침이 되면 문지기는 원 주인 목자에게 문을 열어주었다. 이 목자들은 문을 통해 들어갔는데 그들은 그렇게 할 권리가 있었기 때문이다. 양들은 그들의 것이고 문지기는 그들이 고용한 하인이었기 때문이다. 목자가 양 우리에 들어가면 그 지역의 다른 양 떼가 섞였지만, 양들은 자기 목자의 목소리를 알아듣고 그에게로 간다. 실제로 좋은 목자는 양들을 돌보고 양육하는 일에 매우 헌신적이어서 양들 각자에게 이름을 지어주고 이름을 불렀다. 양들은 목자의 음성을 알고 따랐다.[14]

---

14) R. C. Sproul, John, St. *Andrews Expositional Commentary* (Lake Mary, FL: Reformation Trust, 2009), 187.

이 설명은 예수님이 사용하신 비유를 이해하는 데 도움을 준다. 목자인 예수님은 양 우리에 정당하게 들어가시어 자신의 양들을 알고 부르시며 이끌고 나가신다. 양들은 그의 목소리를 알고 따르기 때문에 예수님을 따른다. 이러한 요소들은 하나님께서 예수님에게 맡기신 사역요 9:4-5을 나타낸다. 이 목자의 역할 설명은 또한 바리새인들을 정죄하는 기준이 되었다. 예수님이 그들을 거짓 목자로 규정하셨기 때문이다.

예수님의 비유에서, 목자와 양들 사이의 관계는 주인과 그의 양 떼 사이에 존재하는 세 가지 중요한 특성에 대해 생각하게 만든다. 첫째, 요한복음 10장 1절에서 6절은 목자와 양들 사이의 친밀감과 신뢰를 강조한다. 목자는 양을 잘 알고 양들은 목자의 목소리를 신뢰하고 따른다. 둘째, 7절에서 10절에서는 접근성에 대해 다룬다. 목자는 양들이 안전하게 드나들 수 있도록 문 역할을 하며 양들은 목자를 통해 보호받는다. 셋째, 11절에서 21절은 희생에 대해 이야기한다. 좋은 목자는 양들을 위해 자신의 목숨까지 내어놓을 정도로 헌신적이다. 이렇게 세 가지 특성을 통해 예수님은 목자와 양의 관계가 단순한 보호나 인도가 아니라 깊은 친밀감과 신뢰, 접근성, 그리고 희생에 기초하고 있음을 보여주신다.

친밀감과 신뢰 요한복음 10:1-6

케네스 O. 갱겔Kenneth O. Gangel은 요한복음 10장 3절NIV에서 나오는 동사인 '열고', '듣고', '부르며', '이끄는'이라는 단어들이 목자와 양들 사이의 관계를 이해하는 데 중요하다고 강조한다. 그는 이 네 단어들이 목자와 양 사이에 존재하는 애정을 나타낸다고 본다. 갱겔은 이를 뒷받침하는 근거로 목자가 양들의 이름을 부르며, 단순히 양 떼 전체를 부르는 것이 아니라 각 양을 개별적으로 부른다고 지적한다.

갱겔은 또한 요한이 그의 세 번째 서신에서 "친구들이 너에게 문안한다. 친구들을 이름으로 문안하라"요삼 14라고 표현한 구절을 인용하며, 여기에도 개인적이고 친근한 의미가 담겨 있음을 강조한다.[15]

찰스 토마스 윌슨Charles Thomas Wilson은 이 이미지를 더 발전시켜 요한복음 10장 3절을 예로 들며, "목자들은 종종 양들에게 각자의 특성이나 특징을 반영한 이름을 붙인다. 예를 들어 '긴 귀', '하얀 코', '점박이' 같은 이름들이다. 양들은 자주 이러한 이름을 기억하고, 부르면 반응하기도 한다"라고 설명한다. 이로써 목자가 단순히 양 떼를 부르는 것이 아니라, 각각의 양을 알고 개별적으로 부른다는 깊은 애정을 나타낸다.[16]

최근 들어 크레이그 S. 키너Craig S. Keener는 목자가 양을 각각의 이름으로 부르고 관리하는 모습을 설명한다. 목자들은 "스노위Snowy"처럼 짧은 이름을 선호했는데, 이는 동물을 신속하게 부르기에 유리했기 때문이다. 또한 양의 이름은 종종 외형, 색상, 또는 특정 특징을 바탕으로 지어졌다. 이러한 작명 방식은 목자와 양 사이의 친숙함과 애정을 나타

---

15) Kenneth O. Gangel, *John* (Nashville: B&H, 2000), 195-96.
16) Charles Thomas Wilson, *Peasant Life in the Holy Land* (London: J. Murray, 1906), 165.

낸다.[17]

현대에선 목자와 양의 관계를 반려동물로 비교할 때 다소 오해의 소지가 있을 수 있지만, 북미 대부분의 기독교인들이 목축과 거리가 멀다는 점에서 이러한 비교가 유익할 수 있다. 반려견이나 반려묘를 입양한 후 첫 번째로 하는 일 중 하나가 적합한 이름을 붙이는 것이다. 이 이름 짓기는 주인과 반려동물 간의 애정을 더 깊게 만든다. 예수님이 종교 지도자들에게 전하려 하신 목자와 양의 비유도 바로 이런 종류의 애정과 관련이 있다. 목자와 양의 관계는 현대인이 반려동물과 나누는 애정과 비슷한 것이다. 코스텐베르거Köstenberger는 이를 잘 요약하여 "목자와 양떼 사이의 친밀함은 예수님과 그분의 추종자들 사이에 존재하는 신뢰, 친숙함, 유대감을 아름답게 보여준다"고 썼다.[18]

앞선 인용에서 코스텐베르거는 관계의 또 다른 중요한 요소인 '신뢰'를 언급한다. 헤르만 N. 리더보스Herman N. Ridderbos는 목자와 양 사이의 신뢰 수준을 이렇게 설명한다. 양들은 목자의 목소리를 들으면 귀를 세우고, 친숙한 이름으로 불릴 때 집중하게 된다. 양들은 목자가 인도하는 대로 따라가며, 목자는 양들이 우리에서 모두 나온 것을 확인한 후에야 앞장서서 초장으로 인도한다. 목자는 양들에게 친숙하고, 양들도 목

---

17) Craig S. Keener, *The Gospel of John: A Commentary* (Peabody, MA: Hendrickson, 2003), 805.

18) Kostenberger, *John*, 302 (see chap. 9, n. 3).

자에게 친숙하다.[19]

양들이 목자의 목소리에 반응하는 것은 목자에 대한 깊은 신뢰를 드러낸다. 카슨Carson은 양들이 단순히 목자의 목소리를 알아듣기 때문에 그를 따른다고 설명하며, 이는 낯선 이의 목소리에 대한 무관심과 대조적이라고 말한다. 양들은 낯선 사람의 목소리를 알아채지 못하기 때문에 그를 따르지 않는다.[20] 에른스트 헤엔첸Ernst Haenchen도 이를 다음과 같이 설명한다. "양들이 목자의 목소리를 알아듣고 그를 따르는 것은 그들 사이의 신뢰를 보여준다."[21] 즉, 양과 목자 사이의 신뢰는 목자의 목소리에 대한 익숙함에서 비롯된다. 목자는 각각의 양을 자신의 양으로 인식하며, 반대로 양들도 목자의 목소리에 완전히 익숙해져 있어 부름에 순순히 응답하며 따른다. 반면, 다른 목자가 양들을 부르면, 양들은 그 목소리를 인식하지 못해 신뢰하지 않으며 따르지 않는다.

흥미롭게도, 테니Tenney는 신뢰의 문제를 단순히 듣는 차원을 넘어 경험의 차원으로 확장시킨다. 그는 목자는 언제든 양 우리에 들어갈 권리가 있으며, 양들은 목자가 주는 명령에 집중한다고 설명한다. 또, 양들이 목자를 따르는 이유는 목자의 리더십을 신뢰하기 때문이라고 주장한다. 그는 이러한 가정하에 요한복음 10장 1-6절의 목자를 10장

---

19) Herman N. Ridderbos, *The Gospel According to John: A Theological Commentary* (Grand Rapids: Eerdmans, 1997), 355.
20) Carson, *Gospel According to John*, 383.
21) Ernst Haenchen, *John: A Commentary on the Gospelojjohn*, vol. 2, Hermeneia (Philadelphia: Fortress, 1984), 2:47.

11-21절의 선한 목자와 연결 짓는다.[22] 예수님을 선한 목자로 이해하는 차원에서는 이러한 연결이 타당해 보이지만, 양이 목자의 리더십을 얼마나 이해할 수 있는지 평가하기는 어렵다. 신뢰는 목소리에 대한 익숙함이라는 현실에 기초하는 것이 더 적절해 보인다.

목자가 양들을 알고 사랑하는 마음은 양들과의 의미 있는 관계를 형성한다. 이러한 관계는 양들이 목자의 목소리를 알아듣고 분별할 수 있는 환경을 조성한다. 그 결과 양들은 목자가 양 우리에서 데리고 나가 푸른 초장으로 인도할 때 그를 따라가게 된다. 이러한 양들의 행동에는 목자에게 둔 깊은 신뢰가 밑바탕에 있다. 목자는 그들의 이름을 알고 그 이름으로 부르며, 양들은 그런 목자를 신뢰하여 따르게 되는 것이다.

케네스 E. 베일리Kenneth E. Bailey는 매우 시사적이고 실질적인 통찰을 제공한다. 그는 양이 목자의 목소리를 듣고 인식하며 따르는 능력에 적용점을 찾는다. 비록 예수님의 비유가 농경 문화에 뿌리를 두고 있지만, 베일리는 현대 기술 중심 사회에서도 이 비유가 매우 적절하다고 본다;

이 본문은 현대적 관점에서 매우 시의적절하다. 정보 기술이 우리를 둘러싸고 있는 지금, 인류 역사상 그 어느 때보다도 다양한, 그리고 강력한 목소리들이 '양 떼'의 관심과 충성을 끌기 위해 소리 높여 외

---

22) Tenney, *John*, 163-65 (see chap. 9, n. 12).

치고 있다. 매일 양들은 이러한 소음을 무시하고 선한 목자의 목소리에 귀를 기울여 따르려는 노력을 의식적으로 해야 한다.[23]

여기서 다룬 신뢰의 문제를 고려해 본다면, 오늘날 예수님의 제자들은 다른 목소리를 차단하고 선한 목자의 목소리를 따름으로써 목자에 대한 신뢰의 깊이를 드러내는 것이라고 할 수 있다. 예수님의 비유에서 양들이 목자의 목소리만 따르고 낯선 사람의 목소리에서는 도망치는 것처럼, 오늘날의 신자들도 마찬가지여야 한다. 예수님의 조용한 목소리는 현대 사회의 수많은 소음 속에서도 익숙하게 들려야 한다.

접근성 요한복음 10:7-10

요한복음 10장 7절에서 10절에서 예수님은 비유를 바꾸어 자신을 양 우리로 들어가는 문이라고 말씀하셨다. 예수님은 양들에게 접근할 수 있는 유일한 길이자 양들이 구원과 축복을 경험할 수 있는 유일한 방법이 되신다는 점을 강조하신 것이다.

리더보스Herman N. Ridderbos는 예수님이 자신을 문으로 표현한 것은 양들에게 접근할 수 있는 유일한 분이라는 뜻으로 이해한다. 목자인 예수님만이 양들에게 접근하여 그들을 보호하고 안전하게 지킬 수 있는

---

23) Kenneth E. Bailey, *The Good. Shepherd: A Thousand-Year Journey From Psalm 23 to the New Testament* (Downers Grove, IL: InterVarsity, 2014), 219.

능력을 가지고 계신다는 것이다. 또 예수님은 양들을 구원으로 인도하는 문이 되신다. 즉, 양들이 구원받고 안전하게 보호받으려면 반드시 이 문을 통과해야 한다는 뜻이다.[24]

헨드릭슨Hendriksen도 예수님이 양들에게 들어가는 문이자 양들을 위한 문이라는 점을 강조하며 이 비유의 이중적인 의미가 매우 적절하다고 설명한다. 이는 문이 양들이 들어오고 나가는 두 가지 중요한 역할을 하기 때문이다.[25]

그러나 예수님이 비유를 확장하거나 바꾸신 이유는 처음에 이 비유를 들은 사람들이 그 의미를 이해하지 못했기 때문이라는 점을 고려해야 한다.요10:6 따라서 요한복음 10장 1절에서 6절에 나오는 첫 번째 비유와 연결점을 놓쳐서는 안 된다. 버지Burge는 요한복음 10장 7절에서 10절을 이해할 때 이러한 연결점을 강조한다. 그는 목자와 문이라는 비유를 통해 양들의 안전과 번영을 설명한다. 이 비유에서 양들은 주변의 포식자로부터 보호받는 연약한 존재로 그려진다. 포식자들은 양의 우리에 들어올 수 없다. 또한 양들은 매일 물과 초원으로 인도받아 잘 먹고 건강하게 자란다. 이 비유에서 묘사된 양들은 목자의 뛰어난 능력 덕분에 만족하고 번성하는 모습을 보여준다.[26]

티모시 라니악Timothy S. Laniak도 버지의 의견에 동의하며 두 가지

---

24) Ridderbos, *Gospel According to John*, 358.
25) Hendriksen, *Exposition of the Gospel According to John*, 1:108 (see chap. 9, n. 20).
26) Burge, *John*, 290

비유를 함께 이해할 때 이 강조점이 더 분명해진다고 말한다;

> 예수님은 자신을 문이자 목자로 동일시하신다. 문으로서 예수님은
> 보호된 양 우리로 들어가는 유일한 방법이 된다. 목자로서 예수님은
> 양 떼를 풍성한 삶으로 인도하신다. 이 두 가지 비유를 통해 예수님은
> 자신을 문을 사용하지 않고 양 떼를 돌보지 않는 다른 이들과 대조시
> 키고 있다.[27]

　　버지와 라니악 외에도 예수님이 비유를 통해 주시는 유익을 강조
한 주석가들이 있다. B. F. 웨스트코트는 예수님의 두 가지 비유에 깊이
있는 의미가 담겨 있다고 보았다. 그는 버지가 말한 두 가지 유익 외에도
세 가지를 추가로 제시했다. 웨스트코트는 요한복음 10장 9절에서 예수
님이 "내가 문이다. 누구든지 나로 말미암아 들어가면 구원을 받고, 들
어가며 나오며 꼴을 얻으리라"라고 말씀하신 것은 기독교인의 삶에서
중요한 세 가지 요소인 안전, 자유, 그리고 지지를 제공하신다고 보았
다. 예수님은 문으로서 양들을 보호하시며 이 보호는 양들이 자유롭게
활동할 수 있는 기반을 마련해 준다. 또 예수님 덕분에 양들은 일상에서

---

27) Timothy S. Laniak, *Shepherds After My Own Heart: Pastoral Traditions and Leadership in the Bible*, New Studies in Biblical Theology 20 (Downers Grove, IL: InterVarsity, 2006), 214.

필요한 양식을 얻을 수 있다.[28]

예수님이 자신을 문이라고 선언하신 것이 특히 장애와 관련해 중요한 이유는 이 가르침이 태어날 때부터 맹인이었던 사람의 치유 사건 이후에 주어졌기 때문이다. 예수님은 이 치유를 통해 장애로 인해 접근할 수 없었던 사람에게 새로운 접근성을 열어 주셨다. 브루스 말리나 Bruce J. Malina와 리처드 로어보Richard L. Rohrbaugh에 따르면 당시 문화에서 질병이 가져오는 주요 문제는 병든 사람이 사회적 지위와 관계에서 단절된다는 점이었다. 가족, 친구, 이웃, 그리고 마을 사람들과 사회적 연결이 끊기게 되며 치유가 되어야만 다시 사회로 복귀할 수 있었다고 한다.[29]

이러한 상황을 고려할 때 한때 맹인이었던 이 사람은 평생 동안 어떠한 사회적 관계에서도 제외되어 있었다고 할 수 있다. 또 그는 이웃들에게 거지로 알려져 있었다.요 9:8 이러한 삶은 그의 사회적 지위를 더욱 낮추었을 것이다. 요한이 바리새인들이 이 사람의 이웃과 부모와 대화를 나누는 장면을 기록한 것은 그의 삶이 완전히 고립되어 있지는 않았음을 보여준다. 이 점은 요한복음 5장의 병자와 요한복음 9장의 맹인 사이의 차이 중 하나다. 그러나 이러한 관계들이 깊이 있는 의미 있는 관계였을 가능성은 크지 않다. 이 사람의 이웃과 부모 모두 치유에 대해 압박

---

28) B. E Westcott, *The Gospel According to St. John* (Grand Rapids: Eerdmans, 1978), 153.

29) Bruce J. Malina and Richard L. Rohrbaugh, *Social-Science Commentary on the Gospel of John* (Minneapolis: Fortress, 1998), 113-14.

을 받자마자 자신을 변호하기 급급했기 때문이다. 따라서 예수님이 이 사람을 치유하신 것은 그에게 예수님을 따르는 사람들과 새로운 사회적 관계를 열어주었을 뿐만 아니라 천국으로의 영원한 접근성을 제공해주신 것이다.

이러한 접근성 모델은 교회가 의도적인 장애 사역을 생각할 때 중요한 고려 사항이다. 접근성은 영적, 물리적, 사회적 측면을 모두 포함해야 한다. 영적 접근성은 장애를 가진 사람들이 복음을 이해하기 쉬운 방식으로 들을 수 있도록 의도적인 전도를 고려하는 것이다. 또 영적 접근성은 장애를 가진 사람들이 예수 그리스도에 대한 신앙 고백을 자신만의 방식으로 할 수 있도록 제자 훈련의 과정을 어떻게 마련할지 고민해야 한다. 더 나아가 영적 접근성은 장애를 가진 사람들이 자신이 가진 영적 은사를 신앙 공동체와 함께 사용할 수 있는 기회를 제공하는 것을 목표로 한다.

물리적 접근성이란 교회 건물로 인해 장애인이 교회 생활에 참여하는 데 어려움을 겪지 않도록 교회가 세심하게 고려하는 것을 의미한다. 예를 들어, 장애인 주차 공간, 장애인 좌석, 화장실 접근성 등이 중요한 시작점이 될 수 있다.

사회적 접근성은 장애인을 교회의 다양한 프로그램에 지원하고 격려하며 참여시킬 수 있는 네트워크를 구축하는 것을 중심으로 한다. 또 단순히 프로그램에만 의존하지 않고 장애인들이 교회의 다른 구성원들과 자연스럽게 연결될 수 있는 방법을 모색하는 것을 포함한다.

이러한 접근성 요소들이 모두 충족될 때 낸시 이슬랜드Nancy L. Ei-esland가 "많은 장애인들에게 교회는 '언덕 위의 도시'-물리적으로 접근할 수 없고 사회적으로도 불친절한 곳"이라고 쓴 결론을 교회가 뒤집을 수 있을 것이다.[30]

희생 요한복음 10:11-21

예수님은 요한복음 10장 1절에서 15절까지 목자에 대해 설명하신 후 예수님은 자신을 선한 목자로 정의하셨다. 현대 문화에서 "좋은"이라는 단어가 자주 사용되어 그 의미가 희석될 수 있는데 이것이 "선한 목자"의 "선한"을 오해하게 할 수 있다. 라니악Timothy S. Laniak은 "선한"이라는 단어로 사용된 "칼로스kalos"를 "좋은" 대신 "모범적인"으로 번역해야 할 두 가지 이유를 제시한다.

첫째, 일반적으로 "좋은"이라는 단어는 도덕적 특성을 의미하는 경우가 많다. 그러나 "칼로스"는 그 이상의 의미를 내포하고 있다. 라니악은 "칼로스는 매력적인 특성, 즉 고귀하거나 이상적인 무언가를 의미한다"고 설명한다.[31] 따라서 "모범적인"이라는 단어가 이 이미지를 더 잘 나타낸다.

---

30) Nancy L. Eiesland, *The Disabled God: Toward a Liberatory Theology oj Disability* (Nashville: Abingdon, 1994), 20.
31) Laniak, *Shepherds After My Own Heart*, 211.

둘째, "칼로스"는 모방할 수 있는 특성을 지닌다. 따라서 "모범적인" 이라는 단어가 "좋은"보다 이 의미를 더 정확하게 전달한다. 예수님을 모범적인 목자로 보는 관점은 또한 제자들을 자신의 삶과 죽음에서 본받도록 준비시키셨다는 요한복음의 시각과도 잘 맞아 떨어지기 때문이다.[32]

문법적으로 보면 예수님이 목자에서 선한 목자로 설명을 바꾸신 것은 우리가 따라야 할 목자의 모범을 제시하려는 것이다. 하지만 이것은 단순히 문법적인 차원에서만 이해할 문제가 아니다. 예수님은 자신이 유일한 선한 목자임을 강조하셨고 그를 따르는 사람들은 그의 목자됨을 본받아야 한다고 말씀하신 것이다. 예수님은 각자 편한 방식으로 좋은 목자가 되라고 말씀하신 것이 아니라 진정한 선한 목자 즉 모범적인 목자는 바로 예수 그리스도 자신임을 알려주신 것이다. 따라서 예수님을 따르는 사람은 그리스도의 삶을 본받아야 하며 이를 통해 예수님이 제시하신 모범을 따라야 한다고 이해하는 것이 중요하다.

예수님은 모범적인 목자가 어떤 모습인지 보여주기 위해 자신을 고용된 일꾼과 비교하셨다. 예수님은 고용된 일꾼은 양들을 돌보지 않으며 생명의 위협이 오면 먼저 도망간다고 말씀하셨다.요 10:12-13 고용된 일꾼은 자신의 생명을 양들보다 더 소중하게 여긴다. 라니악Timothy S. Laniak은 예수님이 이 비유에서 그 경계를 확장하고 있다고 설명한다.

---

32) Laniak, 211.

실제로 목자들은 가끔 양들을 위해 자신의 목숨을 걸기도 하지만 자신이 사랑하는 양들을 보호하기 위해 일부러 죽음을 택하는 목자는 전혀 들어본 적이 없다. 라니악은 이를 잘 요약하며 "포식자의 생명은 양 떼의 죽음을 의미하고 양 떼의 생명은 목자의 죽음을 필요로 한다"고 말한다.[33]

키너Craig S. Keener는 모범적인 목자를 설명하면서 병든 양을 돌봐서 건강을 회복시키는 목자의 모습을 언급한다. 충성스럽고 모범적인 목자의 삶은 어려운 것이며 양들을 보호하기 위해 포식자들과 마주해야 할 때도 있다. 때로는 포식자나 도둑을 대면하면서 목자의 생명이 위험에 처할 수도 있다. 하지만 양들을 사랑하여 자신의 생명을 기꺼이 내어주는 충성스러운 목자는 듣는 이들에게 큰 충격을 줄 것이다.[34]

라니악과 키너는 예수님이 비유를 통해 더 깊이 전개하신 내용이 얼마나 충격적이었는지를 강조한다. 예수님은 모범적인 목자로서 일반적인 목자라면 생각조차 하지 않을 일을 하신다. 즉 자신의 양들을 위해 기꺼이 목숨을 내어 주신 것이다. 이 모범적인 목자의 자기희생의 중심에는 사랑이 있다. 고용된 일꾼은 늑대나 도둑, 강도가 나타나면 도망친다. 그들은 자신의 생명을 지키고 목축을 통해 얻는 금전적 이익에 더 관심이 있기 때문에 양들을 위해 싸우기는 커녕 생명을 내어주지 않는다.

---

33) Laniak, 216.
34) Keener, *Gospel of John*, 813-14.

하지만 모범적인 목자는 그렇지 않다.

존 쾨스텐John Quasten은 모범적인 목자가 양들을 위해 목숨을 내어놓는 두 가지 이유를 강조한다. 첫째, 선한 목자는 양들을 사랑하고 돌본다.요 10:11-13 둘째, 선한 목자는 양들을 알고 있다.요 10:14-15 이 두 가지 이유는 선한 목자의 중요한 성품을 보여준다. 선한 목자는 양들을 위해 목숨을 내어놓는 것을 두려워하지 않는다. 더 나아가 이 자기희생은 선한 목자가 지닌 자유의지의 표현이다.[35]

모범적인 목자가 양들을 돌본다는 것은 어떤 모습일까? 다시 말해 모범적인 목자는 왜 문제의 순간에 고용된 일꾼처럼 도망치지 않고 오히려 양들을 위해 죽음을 택하는 것일까? 모리스Morris는 고용된 일꾼의 행동 이유를 설명하면서 그 답을 제시한다;

고용된 일꾼이 도망치는 것은 우연이 아니라 그가 고용된 사람이라는 본질 때문이다. 그는 양들보다는 임금에 관심이 있다. 그는 양들에 대해 깊이 신경 쓰지 않는다. 그들의 상황에 참여하지 않으며 그에 대한 열정도 없다. 양들의 이익은 그에게 중요한 문제가 아니다.[36]

즉, 고용된 일꾼은 임금 때문에 일하는 사람일 뿐 양들에 대한 진정

---

35) John Quasten, "The Parable of the Good Shepherd: JN. 10:1-21 (Continued), *Catholic Biblical Quarterly* 10, no. 2 (1948): 161.
36) Morris, *Gospel According to John*, 455 (see chap. 9, n. 24).

한 관심이나 책임감을 가지고 있지 않다는 것을 말하고 있다.

반면 모범적인 목자는 자신의 양들을 진심으로 돌본다. 그는 양들의 상황에 깊이 관여하며 양들이 보호받고 양식을 얻을 수 있도록 한다. 요 10:9 이와 더불어 모범적인 목자는 양들을 개인적으로 알고 있으며 그들의 이름을 불러 주기까지 한다. 요 10:3 예수님은 이러한 지식이 그가 하나님 아버지를 알고 아버지께서 그를 아시는 것과 비슷하다고 말씀하셨다. 버지 Burge 는 이것이 무엇을 의미하는지 그리고 모범적인 목자의 지식이 가지는 중요한 의미를 설명한다;

예수님의 해석에서 가장 놀라운 점은 양과 목자 사이의 깊은 친밀함을 묘사하는 부분이다. 이미 양들이 목자의 음성을 "안다"는 사실을 배웠지만, 여기서는 이 지식이 서로 상호적이며 완전하다는 사실을 알게 된다 10:4. 더욱이, 이 친밀함의 모델은 아들과 아버지 사이의 상호적인 관계이다. 이 지점에서 예수님은 비유에서 벗어나 자신과 하나님에 대해 직접적으로 언급하신다 마 11:27 참조. 예수님이 하나님과 맺고 있는 깊은 관계는 그가 제자들과 맺고자 하는 친밀함의 본질을 잘 보여준다 요 17:21. 예수님과 하나님이 깊은 사랑을 나누듯이, 예수님과 그의 양 떼도 이러한 사랑을 나눈다.[37]

---

37) Burge, *John*, 291.

버지는 요한복음 10장 11-13절의 모범적인 목자의 돌봄과 사랑, 그리고 요한복음 10장 14-15절에서 말하는 선한 목자의 깊은 지식을 결합하여 설명한다. 이렇게 함으로써 버지는 예수님과 하나님 사이의 상호적이고도 완전한 관계가 선한 목자와 양 사이 관계의 모델이 된다고 주장한다.[38]

콰스텐Quasten 또한 이러한 지식과 사랑을 결합해 설명한다. 그는 요한복음 10장 14절에 나오는 지식이 단순히 "하나님의 영광과 능력, 사랑, 신실함"에 대한 이론적 지식이 아니라고 주장한다. 오히려 이 지식은 "가장 깊고 친밀한 사랑의 교제"를 나타낸다고 강조한다. 이 사랑은 목자가 양을 섬세하고 세심하게 돌보는 애정에서 비롯된다. 이러한 상호적 지식은 사랑으로 강화되며, 목자가 양을 위해 자신의 생명을 기꺼이 내놓게 하는 준비 상태를 만들어 준다.[39]

하나님 아버지와 예수님이 나누는 친밀함은 목자와 양이 누리는 친밀함의 모델이다. 이는 단순히 누군가를 아는 것을 넘어서는 지식, 즉 사랑을 담은 지식을 강조한다. 목자에게는 자신의 양을 위해 생명을 내놓겠다는 사랑이 담긴 지식이며, 이 희생은 양들에게 영원한 보호와 공급이라는 궁극적 축복을 안겨 준다.

---

38) Burge, 291.
39) Quasten, "The Parable of the Good Shepherd," 162.

선한 목자 모델의 교회

앞서 논의한 네 가지 관계적 특성을 모두 종합하면 장애를 가진 사람들이 잘 성장할 수 있는 공동체 환경을 만들어 낼 수 있다. 접근성, 신뢰, 친밀감, 그리고 희생이 교회의 주요 특징이 될 때 그 교회는 접근하기 쉽고 환영 받는 곳이 된다. 이 공동체는 접근성이 단순히 건물의 구조적 설계에 의한 것이 아님을 인식하며 접근성은 건물 뿐만 아니라 태도에서도 나타난다는 점을 이해하는 공동체이다.

이러한 특성들은 교회를 주변의 일반 문화 공동체와 구별되게 만든다. 건물의 접근성을 보장하는 것은 정부의 법적 요구 사항이지만 인간의 마음속에 있는 태도를 바꾸는 데는 한계가 있다. 따라서 대부분의 사회적 환경에서 신뢰, 친밀감, 그리고 희생과 같은 관계적 특성을 찾기는 어렵다. 그러나 하나님의 백성은 정부가 요구하는 접근성 기준보다 더 높은 기준에 따라 살아야 한다고 부름 받았다. 만약 그리스도인들이 이 높은 기준을 진정으로 받아들여 교회가 신뢰, 친밀감, 그리고 희생으로 이루어진 접근 가능한 공동체의 등대가 된다면 장애를 가진 사람들에 대한 교회의 사랑은 기하급수적으로 증가할 것이다. 장애로 인해 사회에서 소외된 사람들이 교회 공동체 안에서 선한 목자가 제시한 모범을 따르는 환영 받는 환경을 발견하게 될 것이다.

에콜스Echols는 포용적 리더십이 다음과 같은 다섯 가지 특성을 보여준다고 설명한다:

- 최대 참여: 포용적 리더십은 가능한 한 많은 사람들이 참여하도록 이끈다.
- 개인의 역량 강화: 포용적 리더십은 개인이 공동체의 공익을 추구하면서 자신의 잠재력을 최대한 발휘할 수 있도록 돕는다.
- 개인의 가치 존중: 포용적 리더십은 개인의 가치를 도덕적으로 존중하는 문화를 발전시켜 전제주의의 가능성을 예방하는 저항 역할을 한다.
- 포용적 리더의 재생산: 포용적 리더십은 위의 특성을 모델링하여 오늘날의 리더들을 재생산하고 미래의 리더십이 등장할 수 있도록 의도적으로 노력한다.
- 경계 설정: 포용적 리더십은 공동체의 본질을 유지하면서

도 어떤 구성원도 소외되지 않도록 적절한 경계를 설정한
다.[1]

이제 물어야 할 질문은 요한복음 5장과 9-10장에서 예수님이 보여
주신 리더십의 본이 에콜스가 제안한 포용적 리더의 특성과 유사한지
따져보는 일이다.

예수님과 최대 참여

요한복음 5장과 9-10장에서 예수님은 각각 치유 대상으로 선택하
셨다. 요한복음 5장에서는 베데스다 연못 근처에서 치유를 기다리던 한
사람을 선택하셨고 요한복음 9-10장에서는 맹인을 선택하셨다. 비록
이 두 이야기에서 예수님은 개인을 치유하셨지만 그 영향은 여러 사람
에게까지 미쳤다. 단순히 병자나 맹인만이 예수님과 만남을 통해 변화
를 경험한 것이 아니라는 것이다.

요한복음 5장에서는 치유 받은 자가 종교지도자들과 마주하게 된
다. 그는 안식일에 규칙을 어긴 것에 대해 답변해야 했으나 결국 "그분
이 그렇게 하라고 하셨다"는 대답을 할 수밖에 없었다. 이 사건은 종교
지도자들과 치유 받은 사람 모두에게 더 큰 호기심을 불러일으켰다. "하
나님에게서 온 치유자가 어째서 안식일을 일부러 어기셨을까?" 이후 예

---

1) Echols, "Transformational/Servant Leadership," 88-91 (see chap. 1, n. 15).

수님이 그를 성전에서 다시 만났을 때 예수님은 자신이 누구인지 그에게 알려주셨고 그 사람은 종교지도자들에게 예수님이 자신을 치유하셨다고 말한다. 이로써 종교지도자들도 이 치유 사건에 참여하게 되었다.

예수님이 베데스다 못 주변에 누워있던 병자에게 "네가 낫고자 하느냐?"라고 물으신 것도 참여의 기회를 제공하기 위한 것이다. 이 질문은 그 사람에게 자신의 의지를 표현할 기회를 주었지만 그는 단순히 치유 받지 못한 이유를 설명하며 예수님께서 물이 움직일 때까지 자신과 함께 있어 줄 것이라고 생각했는지도 모른다. 예수님은 그의 변명을 무시하지 않고 그의 마음 깊숙한 열망을 읽으셨고 그에게 "네 자리를 들고 걸어가라"라고 말씀하셨다. 이로써 다시 한 번 그는 순종을 통해 치유에 참여할 기회를 얻었다.

마지막으로 예수님이 그를 다시 성전에서 만나셨을 때 이 치유는 그가 사회적 고립에서 벗어나 종교 생활에 다시 참여할 기회를 제공한 것이라는 것을 확인한 순간이었다. 그는 분리된 상태에서 참여하는 삶으로 전환되었으며 종교적, 사회적 관계망에 다시 연결될 수 있었다. 그러나 이 두 번째 만남에서 예수님은 믿음과 신앙의 문제를 강조하셨다. 이 사람은 예수님의 치유를 받아들였지만 예수님이 제공하는 구원에 참여하지는 않았다. 예수님은 그에게 치유자로서만 예수님을 보는 것이 아닌 구원자로서 예수님을 볼 것을 촉구하셨다. 이는 예수님이 최대한의 참여를 추구하는 포용적인 지도자로서 예수님을 좁은 시각으로 바라보는 사람을 최대한 참여시키려는 노력을 보여준다.

한편 요한복음 5장에서 베데스다 못 주변에 많은 병자들이 있었지만 예수님은 오직 한 사람만 치유하셨다는 점은 최대 참여를 저해하는 요소로 보일 수 있다. 더 많은 사람들을 치유하셨다면 더 많은 참여가 이루어졌을 것이다. 그러나 한 사람을 통해 최대한의 참여가 이루어졌다고 볼 수도 있다. 이 사람의 성격은 의심스러워 보이기도 한다. 그는 이야기 속에서 불평하고 믿음이 부족하며 치유 받은 것에 대해 감사하지 않는 모습으로 묘사된다. 그럼에도 불구하고 예수님은 그를 치유하셨다. 이를 통해 하나님의 은혜가 나타난다. 이 은혜는 오늘날에도 여전히 유효하며 불평하고 감사하지 않는 사람까지도 치유할 수 있는 능력이 있다. 이와 같은 은혜는 오늘날에도 사람들을 하나님 나라의 삶에 참여하도록 부르신다.

요한복음 9장에서 맹인의 치유는 최대 참여의 예로 더 명확하게 나타난다. 한 사람의 치유를 통해, 이웃, 가족, 예수님의 제자들, 그리고 종교지도자들이 모두 이 기적에 참여하게 되었다. 이야기가 두 장에 걸쳐 전개됨에 따라 참여의 범위는 점점 더 확장되었다.

맹인은 처음에 예수님을 단순히 선지자로 생각했지만 시간이 지나면서 예수님을 구원자로 인식하게 되었다. 종교지도자들이 그를 비난하거나 예수님이 그를 격려하는 과정을 통해 맹인은 점점 더 하나님의 나라에 참여하게 되었다. 이웃과 부모도 종교지도자들이 사건을 조사하면서 이 치유에 참여하게 되었다. 그들은 자신들이 영적으로 시각장애인임을 인정하고 이 사건을 통해 하나님 나라에 참여할 기회를 가졌다. 그러나 요한복음 5장에 나오는 병자와 마찬가지로 종교지도자들의 압박 때문에 그 기회를 거절했다. 그들은 맹인이 겪은 일이 중요한 것임을 알고 있었지만 더 이상 깊이 관여하려 하지 않았다.

종교지도자들도 예수님을 통해 하나님께서 이루신 기적을 인정함으로써 이 치유 사건에 참여할 기회를 가졌다. 하지만 그들은 여전히 영적으로 눈이 멀어 있었고 예수님을 메시아로 받아들이기를 거부했다. 요한복음 10장에서 예수님이 말씀하신 선한 목자 비유는 예수님이 사람들의 최대 참여를 원하셨다는 것을 잘 보여준다. 바리새인들이 믿지 않자 예수님은 그들을 떠나지 않고 맹인의 치유에 대해 더 자세히 설명하셨다. 이 가르침은 종교지도자들에게 하나님 나라에 참여할 또 다른 기회를 주기 위해 설계된 것이었다. 하지만 그들은 여전히 고의적으로 진리를 보지 않으려 했고 예수님을 오랫동안 기다려온 메시아로 인정하기를 거부했다.

예수님은 포용적인 지도자로서 치유의 기적을 통해 만난 사람들로부터 최대한의 참여를 이끌어내려고 하셨다. 요한복음에 기록된 두 가지 기적의 이야기는 예수님이 이러한 치유 사건을 단순한 기적으로 끝내지 않으셨다는 것을 보여준다. 예수님은 그 기적에 연관된 사람들에게 예수님이 메시아임을 깨닫고 새롭게 열리는 하나님 나라에 참여할 기회를 제공하셨다.

예수님과 개인의 능력 강화

공관복음서의 치유 이야기들과 마찬가지로 요한복음의 이 두 가지 치유 이야기는 예수님이 개인의 능력을 강화하는 데 얼마나 헌신하셨는지를 보여준다. 이 능력 강화는 당시 사회가 장애를 이유로 이들 개인에게서 빼앗아 갔던 힘을 되찾아 주는 것이다. 예수님이 이들을 만났을 때 두 사람은 모두 무력한 상태였다. 그러나 예수님의 치유를 통해 그들은 다시 신체적인 능력을 얻었다. 장애가 제거되고 신체적인 능력이 회복되면서 이들은 다시 종교적, 가족적, 그리고 사회적 네트워크에 참여할 수 있는 힘을 얻게 되었다. 그들이 장애로 인해 경험하지 못했던 방식으로 각 네트워크에 참여할 수 있게 된 것이다.

이 능력 강화의 가장 확실한 증거는 두 이야기에서 회당과 종교지도자들과 관계에서 드러난다. 다리를 저는 사람과 맹인이 예수님을 만나 치유 받은 후, 종교지도자들과 깊이 있게 대화할 수 있었고, 회당에 들어갈 수 있는 자격을 얻게 되었다. 예수님이 이들을 치유하여 능력을 회복시켜 주지 않았다면 이러한 경험은 불가능했을 것이다.

그러나 육체적인 치유 뿐만 아니라 영적인 능력 강화도 동시에 이루어졌다. 요한복음 1장 12절에서 언급된 것처럼, "영접하는 자 곧 그 이름을 믿는 자들에게는 하나님의 자녀가 되는 권세를 주셨으니"라는 말씀이 이 영적 능력 강화를 잘 설명해준다. 치유 이후 예수님은 각각 추가적인 만남을 통해 육체적인 치유를 영적인 치유로 전환하려고 하셨다. 예수님은 이들을 메시아로 받아들이고 하나님의 자녀가 되도록 권면하셨다. 이러한 새로운 관계는 이들을 하나님의 자녀로 만드는 영적 능력 강화를 가능하게 한다.

요한복음 5장 예전에 다리를 저는 남자에게 한 이 대화는 죄 가운데 머무는 것이 가져올 실제적이고 영원한 위험에 관한 것이었다. 예수님을 단순히 치유자로 보는 것에서 벗어나 메시아로 인식하는 것만이 이 영원한 위험을 피하는 길이었다. 이 대화는 그에게 영적 능력을 부여하는 것이었으나 그는 예수님을 떠나 종교지도자들에게 돌아가면서 자신의 치유와 영적 능력의 잠재력을 완전히 받아들이지 못한 것으로 보인다.

요한복음 9장의 맹인은 예수님과의 두 번째 만남을 통해 신체적인 치유에서 영적인 치유로 나아가게 되었다. 그는 예수님을 메시아로 받아들이고 하나님의 자녀가 되었다. 이 믿음으로 인해 그는 회당에서 쫓겨나게 되었지만 아이러니하게도 종교지도자들은 그가 영적 권능을 잃어버렸다고 생각했다. 그들은 이제 이 남자가 유대교의 의식과 전례를 통해 더 이상 하나님께 접근할 수 없다고 보았다. 그러나 이 맹인이 예수님을 통해 받은 영적 능력은 종교지도자들이 상상할 수 없을 만큼 깊고 강력한 것이었다. 이제 그는 예수 그리스도를 통해 직접 하나님께 나아갈 수 있었고 하나님의 자녀로서 모든 권리와 특권을 누리게 되었다. 이로써 그는 바리새인들의 율법 체계 아래에서는 결코 얻을 수 없었던 자신의 영적 잠재력을 발휘할 수 있게 되었다.

예수님이 다리를 저는 사람과 맹인을 만나셨던 이야기는 그분의 치유가 단순히 잃어버린 신체적 기능을 회복시키는 것에만 그치지 않았음을 보여준다. 예수님은 단순히 걷는 능력이나 보는 능력을 회복시키는 것 이상을 원하셨다. 이 능력은 예수님을 만나기 전에는 불가능했던 신체적 성취를 가능하게 했지만 예수님이 행하신 치유 기적은 그분이 메시아임을 나타내는 표적이기도 했다. 따라서 이 모든 치유는 신체적인 능력 강화에서 영적인 능력 강화로 나아가도록 계획되었다. 이 능력 강화를 통해 사람들은 하나님의 자녀가 될 권리를 얻게 되었다. 이러한 영적 능력은 바리새인의 율법적 체계 아래에서는 장애인들에게 허락되지 않았던 것이다. 그들은 성전과 회당에서의 예배에 참여하지 못하여 오히려 낙인 찍히고 소외되었다. 예수님은 포용적인 지도자로서 이 두 사람을 종교적 의무에서 해방시켰고 그들의 치유는 하나님의 자녀로서 더 큰 영적 능력을 얻을 기회를 제공했다. 그러나 이러한 기회를 알아차리고 받아들인 사람은 오직 맹인 뿐이었다.

예수님과 개인의 가치

요한복음 5장과 9장은 당시 문화에서 별로 가치가 없다고 여겨졌던 사람들에게 예수님이 얼마나 큰 가치를 부여하셨는지를 보여준다. 제롬 네레이Jerome H. Neyrey는 이 시대에 사람들을 열 가지 범주로 분류할 수 있다고 주장한다. 이러한 범주들은 온전함wholeness에 따라 순위가 매겨지며 가장 온전한 사람이 가장 거룩한 사람으로 간주되었다. 따라서 사람들은 다음과 같은 순서로 분류되었다: 제사장, 레위인, 이스라엘 사람, 개종자, 해방된 노예, 자격이 박탈된 제사장, 성전 노예, 사생아, 고환이 손상된 사람, 성기가 없는 사람. 네레이는 이 목록이 온전함을 기준으로 한 가치의 순위를 보여준다고 지적한다. 따라서 신체적으로 손상된 사람들은 가장 낮은 위치에 있으며 가계가 손상된 사람들은 그 바로 위에 위치한다. 반면 제사장들은 지성소에 들어갈 수 있는 자격 때문에 가장 높은 위치에 있으며 레위인들은 성소에 들어갈 수 있기 때문에 두 번째로 높은 위치에 있다. 세 번째 위치는 성전의 뜰에 설 수 있는 자격이 있는 이스라엘 사람들이다. 이러한 사회문화적 순위 체계는 사람들이 자신의 위치를 정확히 파악할 수 있게 해주었다.

이처럼 당시 사회에서는 사람들의 가치를 온전함이라는 기준에 따라 평가했고 신체적 또는 가계적 결함이 있는 사람들은 그 가치가 매우 낮게 여겨졌다. 그러나 예수님은 이러한 가치 체계를 뒤집어 문화적으로 가치가 없다고 여겨졌던 사람들에게서도 큰 가치를 발견하셨다.[2]

---

2) Jerome H. Neyrey, ed., T*he Social World of Luke-Acts*: *Models for Interpretation* (Peabody, MA: Hendrickson, 1991), 279.

이러한 시스템 속에서 예수님은 개인의 가치를 다시 정의하셨다. 예수님은 온전함과 거룩함이라는 기준으로 사람들을 보지 않으셨다. 따라서 요한복음 5장의 병자나 요한복음 9장의 맹인이 어떤 목록의 끝자리에 위치한다고 생각하지 않으셨다. 만약 예수님이 그들을 단지 목록의 한 항목으로 보셨다면, 그들은 부정한 사람으로 간주되어 접근조차 하지 않았을 것이다. 그러나 예수님은 베데스다 못 근처의 병자를 만나기 위해 일부러 가셨고 맹인을 치유하기 위해 의도적으로 대화하고 그를 만지셨다.

　　요한복음 5장에서 예수님이 병자를 치유하신 사건은 예수님이 사회문화적으로 부정하다고 여겨진 사람들이 모인 곳을 기꺼이 방문하셨음을 보여준다. 이러한 장소는 바리새인들과 종교지도자들이 의도적으로 피하는 곳이었다. 특히 유대인의 특정 절기가 다가올 때는 더욱 그러했을 것이다. 부정한 사람들과 접촉하는 것은 부정함의 전이를 초래할 수 있었고 이는 그 절기에 참여할 수 없게 만드는 결과를 가져왔다. 그러나 예수님께 중요한 것은 절기에서의 배제 가능성이 아니라 베데스다 못에서 부정한 병자를 돌보는 것이었다. 예수님은 안식일에 치유하신 것처럼 절기 기간에도 치유하기를 기꺼이 원하셨다. 부정함으로 인한 오염 가능성은 병자의 건강을 회복시키고자 하는 예수님의 열망 앞에서 뒤로 물러섰다. 그 병자의 가치는 사회문화적 인식과 관계없이 예수님의 눈에는 우선이었다.

요한복음 9장에서 예수님은 맹인을 치유하심으로써 인간의 가치를 보여주셨다. 요한복음 9장은 이렇게 시작된다;

예수께서 길을 가시다가 날 때부터 맹인 된 사람을 보신지라 제자들이 물어 이르되, '랍비여, 이 사람이 맹인으로 난 것이 누구의 죄로 인함이니이까? 자기니이까 그의 부모니이까?' 요 9:1-2

예수님과 제자들 모두 이 맹인을 보았지만 제자들의 반응은 전혀 달랐다. 예수님은 이 사람을 보시고 그에게 다가가셔서 그의 시력을 회복시키려 하셨다. 그러나 제자들은 이 사람을 단지 예수님께 질문을 던질 기회로 보았다. 그들에게 그는 예수님의 치유가 필요한 사람이 아니라 죄와 장애에 대한 신학적 논의를 촉발시킬 소재에 불과했다.

요한복음 9장 첫 절에서 예수님과 제자들의 반응이 대조된다. 예수님은 치유의 기회와 메시아의 계시를 보셨지만 제자들은 질문과 그들의 신학적 발전의 기회를 보았다. 이러한 반응은 예수님이 개인의 가치를 어떻게 보셨는지를 잘 보여준다. 장애를 가진 맹인은 해결해야 할 문제가 아니고 논의해야 할 질문도 아니다. 그보다는 예수님의 치유가 필요한 한 사람이었다. 예수님은 제자들의 질문에 대답하셨지만 맹인을 치유하고 이어서 선한 목자에 대한 가르침을 통해 제자들과 종교지도자들에게 예수님이 사람들에게 가지신 연민을 가르치셨다. 예수님은 자신이 선한 목자라고 말씀하시며, 양들을 돌보는 그의 깊은 사랑과 친절함이 그를 다른 어떤 목자도 하지 못한 일을 하게 만들 것이라고 하셨다. 선한 목자는 자신의 양들을 위해 기꺼이 목숨을 바칠 것이다. 이 선한 목자의 자기 희생은 개인이 지닌 영원한 가치와 존엄성을 보여주는 가장 강력한 증거이다.

예수님과 포용적 리더십의 전수

요한복음 5:1-15에서는 제자들이 등장하지 않는다. 실제로 이 장 전체에서 그들은 언급되지 않는다. 그래서 이 사건에서 제자들이 어떤 역할을 했다고 이야기하는 것은, 그들이 예수님의 치유를 조용히 지켜봤을 것이라고 추측하는 것에 지나지 않을 것이다. 그렇기 때문에 이 사건을 통해 포용적인 리더십의 전수에 대해 논하는 것은 어디까지나 가정일 뿐이다. 그럼에도 불구하고, 이 사건에서 제자들은 예수님을 통해 하나님의 치유 능력이 나타나는 장면을 보았을 것이다. 또한, 믿음이 거의 없었던 사람에게도 그 능력이 발휘되는 것을 목격했을 것이다. 이 경험은 제자들이 믿음과 치유에 대해 더 깊이 이해하는 계기가 되었을 것이다. 또한, 이 사건을 다른 치유 사건과 비교해 볼 때, 믿음이 있는 치유는 신체적 회복 뿐만 아니라 영적인 회복도 이루어졌다는 것을 깨달았을 것이다. 이 비교를 통해 제자들은 사회에서 소외되고 낙인 찍힌 사람들과의 관계가 반드시 신앙 고백에 의존하지 않는다는 것을 알게 되었을 것이다. 다시 말해, 다른 사람에게 친절을 베푸는 데 믿음이 꼭 필요하지는 않다는 것을 배웠을 것이다. 비록 이 모든 생각이 추측에 불과하지만, 가능성의 범위 내에서 충분히 생각해 볼 수 있는 이야기이다. 사실, 이 치유 사건은 다른 사건들에서는 경험할 수 없는 중요한 교훈을 제공했을 것이다.

한편, 요한복음 9장에서는 맹인을 치유하는 사건이 등장한다. 이 사건은 예수님의 포용적 행동이 제자들에게 어떻게 영향을 미쳤는지 살펴볼 수 있는 좋은 기회를 제공한다. 이 장의 초반에 등장한 제자들은 예수님의 치유와 뒤따르는 선한 목자에 대한 가르침을 직접 들을 수 있었다. 이를 바탕으로 사도행전에서 두 가지 사건을 살펴보면, 예수님의 포용적 리더십이 제자들에게 잘 전달되었음을 알 수 있다. 또한, 제자들은 그들이 배운 리더십을 교회의 다음 세대 지도자들에게도 전수했다.

사도행전 9장 43절과 10장 6절은 베드로가 욥바라는 도시에서 머물렀던 이야기를 전해준다. 이 이야기에서 특히 흥미로운 부분은 베드로가 어떤 집에서 묵었느냐는 것이다. 이 구절들은 베드로가 가죽 세공사 시몬의 집에 머물렀다고 전하고 있다. 사도행전 9장을 끝내고 10장으로 넘어갈 때, 이 부분을 쉽게 지나칠 수 있지만, 베드로가 시몬의 집을 선택했다는 사실은 매우 중요한 의미를 가진다.

시몬은 가죽 세공사로서 죽은 동물의 가죽을 다루는 일을 했기 때문에, 그와 그의 집은 종교적으로 '부정한' 장소로 여겨졌을 것이다. 당대의 종교지도자들은 이러한 부정한 사람이나 장소를 의도적으로 피했을 것이다. 그들과 함께 있거나 그들의 집에 들어가는 것을 금기시했을 것이다. 그러나 예수님께로부터 한 사람의 가치를 배운 베드로는 시몬의 집을 그렇게 보지 않았다. 베드로는 또한 하나님께서 정결과 부정을 나누는 기준에 의문을 품고 계시다는 점도 어느 정도 인식했을 것이다. 그래서 예수님이 베데스다의 부정한 연못을 방문하시거나, 사회적으로 낙인 찍힌 맹인과 접촉하셨던 것처럼, 베드로도 시몬이나 그의 집을 그의 직업 때문에 피하지 않았다.

신약 학자 네이레이Neyrey는 예수님의 시대에도 사람들이 '개인적 오염'을 어떻게 정의하고 분류했는지에 대한 지도가 있었다고 설명한다. 이 오염은 한 사람이 정결한지 부정한지를 결정하는 기준이 되었고, 그들의 거룩함의 등급을 매기는 요소였다. 네이레이는 일곱 가지 단계의 부정함을 제시하는데, 그 목록의 가장 첫 번째가 바로 죽은 것과의 접촉이었다. 그 다음에는 체액, 침, 정액, 소변과 같은 것들이 있었다.[3] 이러한 두 가지 요소는 요한복음 9장의 치유 사건과 사도행전 9장과 10장에서 베드로의 행동에 영향을 미쳤다.

요한복음 9장에서 베드로는 예수님이 침을 이용해 진흙을 만들어 맹인의 눈에 바르는 모습을 지켜보았다. 이 행동은 당시의 부정함 기준에서 예수님을 부정한 위치에 두는 것이었다. 따라서 베드로가 욥바에

---

3) Neyrey, 279-80.

있었을 때, 죽은 동물과 접촉하는 직업을 가진 사람의 집에 머무르는 것을 아무렇지도 않게 여겼던 것이다. 베드로는 예수님이 부정한 것으로 여겨지던 것과 포용적 상호작용을 직접 목격했으며, 그와 같은 포용적 정신을 시몬 가죽 세공사와 함께하며 실천한 것이다.

그러나 베드로가 이 모든 것을 완전히 이해한 것은 아니었다. 사도행전 10장의 핵심은 베드로가 꿈속에서 부정하다고 여겨지는 음식을 먹는 것을 거부하는 장면이다. 하나님께서는 베드로에게 먹을 수 있는 음식에 대해 가르침을 주시면서, 그가 정결과 부정을 바라보는 시야를 넓혀 주셨다. 이 환상은 또한 베드로가 곧 시작하게 될 이방인 고넬료에게 전도하는 사역을 준비시켰다. 이 모든 과정은 베드로가 하나님의 나라에서 포용적인 태도를 배워가는 지속적인 과정이었다는 것을 보여준다.

사도행전 8:26-39에서는 빌립이라는 사람의 이야기가 등장한다. 그는 원래 도움이 필요한 과부들에게 음식을 나눠주기 위해 선택된 일곱 사람 중 한 명이었다. 그러나 이 이야기에서 그는 음식을 나누기보다는 에티오피아 내시에게 복음을 전하고 그를 세례까지 주었다. 이 구절에서 빌립의 행동에 대해 두 가지 중요한 점을 주목할 필요가 있다.

첫째, 빌립은 유대 사회에서 가장 낮은 계층으로 여겨지는 사람에게 복음을 전했다는 것이다. 빌립은 이 사역을 하면서 아무런 불만도, 망설임도 보이지 않았다. 또한, 에티오피아 내시와의 만남 이전에, 빌립은 사마리아에서 복음을 전하고 있었다. 사마리아는 예수님께서 자주 방문하셨지만 대부분의 유대 종교지도자들은 피하던 지역이었다. 빌립에게 있어 복음은 사람들의 거주지나 그들의 정결함의 등급에 따라 차별받지 않는 메시지였다.

둘째, 빌립이 교회의 2세대 지도자였다는 점도 눈여겨볼 만하다. 빌립이 보여준 포용적인 사역은 예수님이 소외된 자들을 어떻게 대하셨는지에 대한 가르침이 제자들에게 전해졌음을 나타낸다. 이 제자들은 다시 교회의 다음 세대 지도자들에게 그 가르침을 전수했다. 그래서 빌립에게는 사마리아나 마차를 타고 있던 에티오피아 내시에게 복음을 전하는 것이 이상한 일이 아니었다. 더욱이, 빌립이 내시의 신앙 고백을 듣고 곧바로 그를 세례 준 결정은 새로운 신앙 공동체의 모습을 보여준다. 이 하나님의 새로운 나라는 사람의 혈통이나 신체 조건에 따라 차별하는 경계를 두지 않았다. 빌립은 지도자로 선택된 인물로서, 사마리아에서의 사역과 에티오피아 내시와의 만남을 통해 이러한 포용적 메시지를 몸소 실천했다.

예수님과 경계설정

신약 학자 네이레이Neyrey는 유대인들은 예수님과 그분의 추종자들이 세상을 뒤집어 놓고 있다고 생각했다고 관찰한다. 그러나 예수님과 그분의 제자들의 삶을 살펴보면, 그들이 법을 무시하거나 혼란을 일으킨 것은 아니다. 오히려 예수님은 사람들이 하나님과 어떻게 관계를 맺을 수 있는지를 보여주는 포용적인 계획을 추구하셨다. 예수님은 혼란이나 무질서를 조장한 것이 아니라, 기존의 경계를 완전히 없애기보다는 새로운 경계를 그리면서 시스템을 개혁하신 것이다. 이 새로운 경계는 사람들이 하나님과의 관계에서 자신이 어디에 서 있는지를 명확히 알 수 있게 했다.[4]

요한복음 5장에서 예수님이 베데스다 못 근처를 방문하셨을 때, 그분은 오래된 경계 지도를 새로이 쓰고 계셨다. 단순히 물에 들어가지 못한 병자를 치유하신 사건을 넘어서, 이 사건은 사회적, 문화적 경계가 일상생활을 조직하는 방식에 근본적으로 도전하는 것이었다. 네이레이는 예수님의 시대에는 사회적으로 어떤 것이 무엇이며 어디에 속하는지를 정확히 아는 것을 중심으로 질서가 형성되었다고 주장한다. 이러한 범주화 방법은 장소, 사람, 사물, 시간에 대한 경계선을 설정한다는 의미를 지닌다. 이 각각의 영역은 '완전하고 거룩한 것'에서부터 '부서지고 거룩하지 않은 것'까지의 순위 체계로 나눌 수 있었다. 이러한 분류는 깨끗하고 순수한 것과 오염되고 부정한 것을 쉽게 구분할 수 있게 해주었다.[5]

이 맥락에서 우리는 예수님께서 어떻게 사회가 소외되고 낙인 찍힌

---

4) Neyrey, 299.
5) Neyrey, 274-89.

사람들을 한 곳에 모아 두고 그들을 방치하는 데 사용된 경계선을 다시 쓰고 계셨는지 이해할 수 있다. 예수님은 장애를 깨끗함과 부정함을 구분하는 기준으로 여기는 관점을 재정립하고 계셨다. 그분의 존재 자체가 베데스다 못 주변에 모인 모든 장애인들의 가치를 회복시켜 주었다. 그곳에 모인 사람들은 단순히 장애를 가진 개인들의 집합체가 아니었다. 오히려 그들의 가치는 하나님의 아들이 그들과 함께 있기를 기꺼이 하셨다는 사실을 통해 드러났다. 그들은 장애로 정의되지 않고, 인간으로서의 가치로 정의되었다.

예수님은 이러한 일을 유대 절기 기간 동안 행하셨다. 다시 말해, 그분은 정결하지 않다고 여겨진 사람들과, 오염된 장소에서, 유대인의 달력에서 정결함과 깨끗함, 거룩함에 초점을 맞추는 시기에 함께 하셨다. 이러한 배경을 고려하면, 단순히 한 사람을 치유한 사건 그 이상이 있었다는 것이 분명해진다. 예수님은 기존의 경계를 인식하시고 그것들을 포용적인 방식으로 다시 그리셨다.

이러한 경계를 다시 그리면서 예수님은 거룩함을 확립할 수 있는 특정한 관계를 강조하셨다. 네이레이는 이 생각이 사도행전 7장에서 스데반의 연설에 핵심적으로 반영되어 있다고 본다. 여기서 스데반은 예수 그리스도가 거절당한 모퉁이돌이지만, 그분이 새로운 경계선의 중심이자 거룩함의 중심임을 밝혔다. 따라서 성전에 얼마나 가까이 있는가에 기반한 장소의 거룩함은 그리스도와의 가까움에 의해 측정되는 거룩함으로 대체되었다.[6] 이러한 경계선 재정립의 결과는 성전 복합체에 모일 수 있는 능력과는 관계없이, 누구나 거룩함에 참여할 수 있는 포용적인 하나님의 왕국을 만든 것이었다. 베데스다 못의 병자와 같은 사람들도 이 왕국에 참여하여 육체적, 영적인 회복의 축복을 누릴 기회를 얻게 되었다. 그러나 안타깝게도 요한복음 5장의 그 병자는 육체적 회복만 받아들이고 영적 회복은 거부하였다.

요한복음 10장에서는 맹인을 치유한 사건 이후, 예수님께서 선한 목자에 대해 가르치신다. 이 가르침은 예수님께서 경계를 어떻게 바라보시는지를 잘 보여준다. 예수님은 양과 목자, 그리고 양 우리를 비유로 사용하여, 기존의 경계를 인정하면서도 새로운 경계를 설정하셨다.

먼저 예수님은 목자가 양들을 불러 양 우리 밖으로 이끌어낸다고 하셨다.요 10:3-4 예수님은 이 비유를 통해 그분이 양들을 유대교라는 울타리에서 벗어나도록 인도하시고, 선한 목자를 따르는 자유로운 삶으로 이끄신다는 것을 설명하셨다. 이 새로운 경계 안에서 양들은 목자의 목소리를 듣고, 그 목소리를 알아채며, 그를 따라간다. 양들은 자발적으로 목자를 따라 울타리 밖으로 나와 풍요로운 들판으로 나아가게 된다.

그러나 바리새인들이 이 비유를 이해하지 못하자, 예수님은 자신을 양들이 안전하게 머물 수 있는 양 우리의 문이라고 설명하셨다. 또한 자신이 바로 선한 목자라고 말씀하셨다. 이 선한 목자는 양들을 울타리

---

6) Neyrey, 292-93.

밖으로 인도하여 필요한 것을 얻게 한 후, 다시 안전하게 울타리로 돌아오게 한다. 예수님이 가르치신 선한 목자는 새로운 경계 안에서 그분을 따르는 삶의 모습을 그려준다. 선한 목자는 양들에게 보호를 제공하는 울타리의 문 역할을 하신다. 양들이 울타리를 나가 목자를 따라다니고, 다시 돌아올 때도, 그들은 여전히 선한 목자가 만든 경계 안에 있게 된다. 양들은 항상 선한 목자의 보호 아래 있는 것이다. 따라서, 예수님은 양들을 위해 보호와 공급의 경계선을 설정하신다. 예수님이 바로 그 경계이며, 양들은 그분의 보호 안에서 안전하게 지내게 된다.

열린 팔로 맞아주시는 구세주

사도행전 10장 34절에서 35절을 보면, 베드로는 이렇게 말한다.

내가 참으로 하나님은 사람의 외모를 보지 아니하시고, 각 나라 중 하나님을 경외하며 의를 행하는 사람은 다 받으시는 줄 깨달았도다" 이후, 예루살렘 공의회에 모여 이방인들이 점점 더 복음을 받아들이는 것에 대해 논의하던 중, 베드로는 이렇게 말한다. "마음을 아시는 하나님이 우리에게와 같이 그들에게도 성령을 주어 증언하시고 믿음으로 그들의 마음을 깨끗이 하사 그들이나 우리나 차별하지 아니하셨느니라. 행 15:8-9

제자들이 복음을 세상에 전할 때, 그들은 예수 그리스도의 삶과 사역에서 시작된 포용적인 메시지를 실천했다. 그들은 유대인과 이방인, 신체적으로 건강한 사람과 장애를 가진 사람, 볼 수 있는 사람과 보지 못하는 사람을 구별하지 않았다. 제자들은 예수님께서 새롭게 그려 주신 지도를 가지고 있었고, 그분의 왕국에서는 소외되고 낙인 찍히고 배제된 사람들조차도 열린 팔로 환영 받는다는 것을 깊이 이해했다.

스토아 철학자 루키우스 안나이우스 세네카는 그의 저서 『도덕 서
간집』에서 "미래를 위한 우리의 계획은 과거로부터 내려온다"고 썼다.[1]
세네카는 자기 성찰의 가치를 논하며, 과거에 주의를 기울인다면 미래
에 더 나은 개인이 될 수 있다고 확신했다. 그는 긍정적인 발전이 부족한
이유가 과거로부터 배울 수 있는 것들을 제대로 고려하지 않았기 때문
이라고 보았다.

교회의 과거 장애 사역을 살펴보면, 세 가지 초기 관찰이 가능하다.
첫째, 교회는 장애를 가진 사람들에게 어느 정도 관심을 가져온 역사를
가지고 있다. 이러한 관심은 교회의 사역과 문헌에서 찾을 수 있다. 그
러나 이 관심은 기존의 장애 사역에 대한 역사적 문헌을 검토할 때 더 쉽
게 확인할 수 있다. 대부분의 교회가 과거에 무엇을 했는지에 대해 서술
하고 있다. 장애 사역의 "어떻게"와 "왜"에 대해서는 거의 주목하지 않는
다. 또한 이 자료들은 신체적 장애보다는 주로 정신적 장애에 더 초점을

---

1) Ryan Holiday, *The Daily Stoic: 366 Meditations on Wisdom, Perseverance, and the Art of Living* (New York: Penguin Random House, 2016), 37.

맞추고 있다.

이 역사적 자료에 대한 흥미로운 관찰 중 하나는, 1980년대 초반까지는 장애 사역에 관한 자료가 꾸준히 출판되었지만, 그 이후로는 그 사용 가능한 자료들이 점차 줄어들었다는 점이다. 최근 들어서야 장애 사역에 대한 자료들이 다시 증가하는 추세를 보이고 있다.

둘째, 과거에 출판된 대부분의 자료들은 사역적인 성격을 띠지 않았다. 즉, 장애 사역은 기존의 프로그램에 "추가된" 형태로 나타났다는 것이다. 교회가 장애인을 전체 교회의 공동체 생활에 어떻게 참여시킬지를 고민하기보다는, 장애인을 위한 주일학교 수업 같은 특정 프로그램에 더 중점을 두었다.

이러한 최소한의 접근 방식은 장애 사역을 돕기 위해 제작된 초기 자료들은 주로 장애인 개인에게만 초점을 맞추고 있었다. 결과적으로, 장애가 가족 전체에 미치는 영향에 대해서는 거의 주목하지 않았다. 이는 교회의 사역이 종종 개인을 대상으로 하는 프로그램에 초점을 맞추기 때문에 놀라운 일은 아니다. 그러나 장애 사역은 가족 사역이기도 하다. 오늘날 장애 사역을 성공적으로 실천하고자 하는 교회는, 연령이나 성별에 따라 개별적으로 나뉘어지는 사역을 진행하면서도, 가족을 대상으로 한 사역을 어떻게 의도적으로 실천할지 배워야 할 것이다.

장애 사역: 모델과 운동

교회 안에서 장애 사역이 확산됨에 따라, 이 사역을 수행하기 위해 다양한 모델이 사용되고 있다. 더 나아가, 장애 사역을 실천하는 교회들은 배타적인 접근에서 포용적인 접근으로 이동하는 방향성을 띠고 있다. 장애 사역을 시작하려는 목회자는 이러한 운동과 모델들을 이해하는 것에서 출발해야 한다. 이 장의 목표는 장애 사역에서 사용되는 다양한 모델과 운동을 식별하고 설명하며, 이를 하나의 실용적인 교회 사역 모델로 정리하는 것이다. 이 모델은 예수 그리스도께서 공관복음서와 요한복음에서 보여주신 포용적인 사역을 반영하게 될 것이다.

역사적 장애 사역 모델

장애 사역은 교회 사역에서 새로운 개념이 아니다. 과거의 몇몇 자료들은 장애 사역에 대한 모델들을 제시하고 있다. 이러한 모델들은 교회가 장애인들과 어떻게 소통하고 사역할지에 대한 제안을 담고 있다. 종종 이러한 역사적 모델들은 신체적 장애보다는 정신적 장애에 더 집중하는 경향이 있지만, 모든 유형의 장애 사역을 포괄할 수 있는 폭넓은 접근을 제안하고 있다.

엘머 타운스와 로버타 그로프Elmer L. Towns and Roberta L. Groff는 효과적인 장애 사역이 되려면 장애인들의 다섯 가지 주요 요구 사항을 다룰 수 있도록 구조화되어야 한다고 주장한다. 이 다섯 가지 요구 사항은 연령적 고려, 신체적 필요, 정신적 필요, 사회적 필요, 그리고 정서적 필요이다. 또한, 학생이 학교에서 통합 교육을 받는다면 교회에서도 유사한 환경에서 교육받아야 한다고 말한다. 타운스와 그로프는 교육적인 환경에서 학생들이 받아들여지면 교회 사역에서도 그 수용이 이어질 것이라고 믿는다.[2]

도리스 D. 먼로Doris D. Monroe는 교회 사역에서 장애인을 위해 세 가지 방법으로 지원할 수 있다고 설명한다. 첫째는 교회의 정규 부서를 통해, 둘째는 정규 부서 내에 특별 반을 마련하여, 셋째는 별도의 부서를 설립하는 것이다. 먼로는 장애인이 소속감을 느낄 수 있도록 정규 일반 부서에서 사역이 이루어져야 한다고 주장한다. 장애인을 수용하고 존중하는 방식으로 상호작용한다면, 정규 교회 부서가 장애 사역을 위한 최적의 장소가 될 수 있다고 믿는다. 반면에, 특정 부서 내에서 특별 반을 운영하는 경우에는 적응 가능한 커리큘럼, 특별 기법, 학습 보조 도구 등을 사용할 수 있다는 장점이 있다. 마지막으로, 장애로 인해 다른 사람들과 눈에 띄게 차별되거나 그룹 활동에 성공적으로 참여하지 못할 경우에는 별도의 부서를 설립하는 것이 필요하다고 한다.[3]

진 나비Gene Nabi는 장애 사역을 위해 두 가지 모델만을 강조한다.

---

2) Elmer L. Towns and Roberta L. Groff, *Successful Ministry to the Retarded* (Chicago: Moody, 1972), 52-53.
3) Doris D. Monroe, *A Church Ministry to Retarded Persons* (Nashville: Convention, 1972), 42-46.

첫째는 통합 교육이고, 둘째는 별도의 부서 운영이다. 나비는 장애인을 다른 구성원들과 함께 성공적으로 통합하는 것이 중요하다고 본다. 나비에게 있어, 이상적인 교회 장애 사역은 별도의 부서를 만드는 것보다는 통합 교육을 실천하는 것이다. 장애인이 수업을 방해하지 않고, 선생님이 장애인과 함께 일하는 데 필요한 기본적인 지식을 가지고 있으며, 다른 학생들이 장애인을 이해하고 받아들일 준비가 되어 있다면, 장애인을 일반 학급에 포함시키는 것을 고려해야 한다.[4]

이 역사적인 모델들을 살펴보면 네 가지가 명확해진다. 첫째, 장애인 사역은 새로운 프로그램이 아니다. 교회는 이미 장애인을 돕는 것이 필요하다고 인식하고 받아들였다. 하지만 이 사역이 의지적으로 지속되어 오지는 못했다.

둘째, 제공된 사역 모델들은 성경적이거나 철학적인 기반이 부족한 경우가 많다. 이러한 모델들은 장애인이 주일 예배에 참석할 때 돌봄을 제공하기 위한 방법으로 제시되지만, 추가적인 사역 방법이나 장애 사역이 특정 지역 교회의 틀 안에서 어떻게 적용될지에 대해서는 언급되지 않는다. 또한, 성경을 통해 장애사역의 성경적 근거를 제시하는 경우가 거의 없다. 따라서 자료의 내용이 자비로운 접근보다는 임상적이거나 계산적인 방식처럼 들릴 수 있다. 이는 장애인을 돕기 위한 사역의

---

4) Gene Nabi, *Ministering to Persons with Mental Retardation and Their Families* (Nashville: Convention, 1985), 94.

문제를 해결하는 방법을 제시할 뿐, 장애인 개인을 돌보는 방식으로는 다가가지 않는다.

셋째, 역사적 모델은 현재의 장애사역 접근 방식과 유사한 점이 많다. 이는 장애인이 신앙 공동체의 중요한 구성원으로 존중 받을 수 있는 방법에 대해 충분히 고민하지 않았다는 현실을 보여준다. 대부분의 교회는 40년 이상 된 사역 프로그램이나 구조를 채택하지 않으려 할 것이다. 그러나 장애 문제에 대한 관심 부족으로 현재 교회 사역은 이러한 오래된 모델에 의존하고 있으며, 장애사역이 교회의 전체적인 공동체 생활에 어떻게 통합될 수 있을지에 대해 다시 생각해보지 않고 있다.

마지막으로, 이 역사적인 모델들 중 어느 것도 목회자의 직접적인 리더십을 요구하지 않는다. 실제로, 목회자는 장애사역을 위임하여 프로그램이 교회의 일부분이 되도록 할 수 있다. 이러한 기본적인 모델들은 목회자가 참여하거나 교회가 나서도록 이끄는 역할을 요구하지 않는다. 이런 강력한 교회 리더십이 부족했기 때문에 과거에 시도된 것과 현재에 시도되고 있는 것 사이에 차이가 생긴 건 아닐까 하는 의문이 든다.

현재의 장애 사역 모델

최근의 장애 사역 관련 문헌은 교회에 출석하는 장애인들과 효과적으로 소통하고 그들을 돕기 위한 구체적인 프로그램 계획을 제안하는 내용을 담고 있다. 새로 등장한 이러한 자료들은 기존의 사역 개념을 더욱 발전시켜, 교회가 장애인을 위해 어떻게 효과적으로 사역할 수 있는지를 다루고 있다. 여러 장으로 구성된 책이든, 단일 장이든, 이 자료들은 대부분 비슷한 개념과 접근 방식을 공유하고 있다.

줄리 본Julie Bohn은 그리스도를 누구나 쉽게 접근할 수 있게 하는 방법을 논의하며, 장애 어린이들을 위한 여러 가지 통합 방안을 제시한다. 본은 주일학교, 성경 공부, 그리고 예배 시간이 장애가 있는 어린이들에게도 의미 있는 예배 경험이 될 수 있는 방법을 강조한다. 특히, 본은 아이들에게 '예배 친구worship buddy'를 지정해 주는 것이 복음을 나누고 성경 구절을 암기하며 찬양곡의 의미를 이해하는 데 큰 도움이 될 수 있다고 믿는다.[5]

또한 본은 주일 예배 동안 장애 아동이 원활히 예배를 경험할 수 있도록 돕는 '개인 목자personal shepherd' 제도를 추천한다. 이 개인 목자 제도는 아동마다 두 명 이상의 훈련된 도우미가 배정되고, 그 훈련 과정에 아동의 부모나 보호자가 참여할 때 더욱 효과적으로 작동한다고 본다.[6]

본Bohn의 제안은 새로운 개념이라기보다는 기존 모델과 유사하거나 이를 약간 변형한 형태에 가깝다. 본의 접근 방식은 과거 모델의 주류

---

5) Julie Bohn, "Making Christ Accessible," in *Let All the Children Come: A Handbook for Holistic Ministry to Children with Disabilities*, ed. Phyllis Kilbourn (Fort Washington, PA: CLC, 2013), 279.
6) Bohn, 276-77.

방식을 기반으로 한 수정안들이다. 그러나 본이 이 논의에 새롭게 추가한 부분이 있다면, 장애가 있는 사람들이 타인을 섬길 수 있는 기회를 제공하는 것이다. 본은 일부 교회 봉사 역할에서 아이들이 부모와 함께 봉사할 수 있는 환경을 제안하며, 어린이들도 그들의 능력에 맞는 환경에서 어르신을 돕거나 회중을 위해 기도할 기회를 가져야 한다고 주장한다.[7]

본이 제안한 장애인 봉사 기회는 이전 모델들이 놓친 부분을 보완한다. 그녀는 장애를 가진 사람들도 믿음의 공동체 내에서 공감을 나누고 줄 수 있는 가능성을 언급하며 이들이 받는 것뿐 아니라 베풀 수 있는 환경을 마련하는 중요성을 강조했다.

또한, 본의 제안 중 주목할 만한 차이점은 장애 사역의 기초적인 고려 사항에 대한 주의 깊은 접근이다. 그녀는 교회의 접근성, 장애 사역과 지역 교회 비전의 연결성, 그리고 교회 내 장애 인식 증진 문제에 대해 다룬다. 그러나 본의 작업에는 성경과의 일관된 연관성이 부족하다는 아쉬움이 있다. 본의 성경 사용은 주로 하나님이 장애인을 사랑하신다는 내용으로 제한되어 있다.[8]

본은 이러한 새로운 자료들로 논의를 한층 발전시켰으나, 성경적 근거의 부족은 뚜렷한 약점으로 남아 있다. 특히 교회가 장애에 대한 인

---

7) Bohn, 279-80.
8) Bohn, 268-74.

식을 높이기 위한 논의에서 성경을 더 효과적으로 활용할 수 있었지만, 이 부분이 부족해 기회를 놓친 것이 아쉽다. 본은 목회자가 교회가 장애인을 향한 자비와 참여를 지지하도록 성경 말씀에 기초해 논리적으로 설득할 수 있는 가능성을 제시할 수 있었다. 이러한 성경적 토대가 없다면 장애 사역은 성경이 필수가 아닌 선택 사항처럼 보이는 사회적 프로그램으로 오인될 위험이 있다.

장애 사역 문헌에서 최근 주목받고 있는 저서 중 하나는 『특수 사역 인도하기』*Leading a Special Needs Ministry*다. 리Lee는 장애인 사역을 위한 세 가지 모델을 제시하는데, 이 모델에는 1:1 보조자, 독립적인 특수 필요 환경, 그리고 두 방식을 결합한 하이브리드 접근 방식이 포함된다. 하이브리드 방식은 독립적인 환경과 1:1 모델을 병행하여 개인의 특정한 필요를 충족시키고자 한다. 이 방식은 장애 아동이 그날의 다양한 상황에 맞게 자신에게 가장 적합한 모델을 사용할 수 있도록 조정 가능한 계획을 중심으로 한다. 리는 "버디buddy 방식"이 인기를 끌고 있지만, 이 방식만으로는 개인에게 소속감과 공동체감을 충분히 제공하지 못할 수 있다고 지적한다. 이러한 소속감은 대개 독립적인 특수 필요 사역 환경에서 효과적으로 형성되는 경우가 많다.[9]

리의 세 가지 모델을 채택할 때 유념해야 할 두 가지 중요한 의견이 있다. 첫째, 리는 "모두를 만족시키는 단일한 교회 장애인 통합 방식은

---

9) Lee, *Leading a Special Needs Ministry*, 62-65 (see chap. 9, n. 27).

존재하지 않는다"라고 주장한다.[10] 둘째, 리는 "교회에서 완전한 통합의 목표는 복음 접근 가능성 확보 다음의 문제다"라고 언급한다.[11] 따라서 리는 장애인 사역에서 유연성과 목적이 가장 중요한 요소로 작용해야 한다고 강조한다. 이러한 사역은 신앙 공동체 내에서 다양한 장애인 필요를 가장 잘 충족시킬 수 있도록 유연성을 지녀야 한다. 그러나 장애인 사역의 궁극적 목표는 단순히 공동체에 속하는 느낌을 제공하는 데 그치지 않는다. 오히려, 장애인 사역은 참여자에게 복음을 실천하고 전할 수 있는 길을 마련해야 한다.

리Lee가 제안한 '하이브리드 방식hybrid method'은 장애인 사역 논의에서 새로운 접근 방식으로, 개인의 독특하고 변화하는 필요에 맞추어 최대한의 유연성을 제공한다. 그러나 리는 어떤 모델을 사용하든 교회의 사명과 연결되어야 함을 강조한다. 또한, 그녀는 장애인 사역이 단순히 교육이나 치료적 활동이 아니라, 개인이 예수 그리스도와 관계를 맺을 수 있는 환경을 조성하는 데 중점을 둬야 한다고 말하며 이를 교회의 사명과 연결시킨다.[12]

리의 모델들은 역사적 모델들의 영향을 받았지만, 토론을 한 단계 더 발전시키며 궁극적으로 하이브리드 모델을 지지한다. 또한, 장애 사역을 교회의 사명과 연계하는 리의 헌신적인 접근은 기존의 역사적 모

---

10) Lee, 62.
11) Lee, 65.
12) Lee, 49-53

델보다 앞선다. 그러나 본Julie Bohn의 경우와 마찬가지로, 성경과의 연관성이 부족하다. 따라서 리의 모델은 목적 의식 있게 제시되었지만, 성경과의 상호작용이 부족하여 이를 뒷받침하는 강력한 토대가 부족하다. 또한 리의 연구는 교회 내에서 인식을 제고하는 데 있어 목회자의 역할에 대해 충분히 설명하지 못하고 있다. 이러한 책임은 특수 사역 리더로 임명된 사람에게만 맡겨져 있다. 결국, 리의 세 가지 모델은 중요한 두 가지 약점이 있다. 충분한 성경적 근거가 부족하고, 장애 사역을 위해 앞장서야 할 목회자의 역할이 부재하다는 점이다.

바바라 뉴먼Barbara J. Newman은 『접근할 수 있는 복음, 통합예배』*Accessible Gospel, Inclusive Worship*에서 독특한 장애 사역 모델을 제시한다. 뉴먼은 "수직적 모델"을 사용하여 포용적인 예배 환경을 만드는 방법에 대해 논의한다. 전통적인 예배 순서에는 다음과 같은 요소들이 포함된다: 찬양, 고백, 애도, 계시, 간구, 감사, 봉사, 축복. 이 여덟 가지 요소는 '사랑합니다, 미안합니다, 왜, 듣고 있습니다, 도와주세요, 감사합니다, 무엇을 할 수 있을까요, 축복합니다'와 같은 형태로 구조화하여 접근 가능하게 제시할 수 있다. 이러한 수정은 예배의 성경적 기초를 대부분의 예배 참여자에게 이해하기 쉬운 용어로 제공한다. 뉴먼은 이러한 습관들이 교회를 넘어 일상 생활의 활동으로 확장되는 도구라고 본다. 적절한 교육과 예시가 주어진다면, 장애를 가진 사람들도 교회 예배에서 일주일에 한 번만 하나님을 예배하는 것이 아니라, 그들의 삶의 상황을 통해 하나님을 예배하는 방법을 배울 수 있다."[13]

뉴먼의 모델은 다섯 가지 이유로 가치가 있다. 첫째, 이 모델은 포용적인 예배 환경을 만드는 데 있어 기존의 모델을 단순히 수정한 것이 아니라 완전히 새로운 사고방식을 보여준다. 둘째, 이 모델은 목회자와 다른 교회 지도자들이 반드시 참여해야 한다. 수직적 습관이 예배와 연결되어 있기 때문에, 교회 지도부가 이 모델을 실행하는 데 관여해야 한다. 그래서 별도의 설명 없이도 장애인을 포용하는 것이 교회 생활의 중요한 부분이 된다. 셋째, 이 모델은 추가 직원 고용이나 더 많은 자원봉사자 모집이나 기존의 프로그램 변경이 필요하지 않다. 언어를 조금만 조정하면 이 포용 방법을 적용할 수 있다. 넷째, 수직적 습관은 전통적인 예배 형식에 가장 잘 맞지만, 다른 어떤 예배 형식에도 쉽게 적용할 수 있다. 이는 어떤 교회에서든 포용적인 방법으로 유용하게 사용할 수 있다. 다섯째, 수직적 습관은 매우 유동적이다. 이는 청소년 예배나 어린이 예배에서도 사용할 수 있고, 부모들이 자녀에게 주일 예배의 습관을 일상 생활 속으로 어떻게 이어갈 수 있는지 가르치는 데 도움을 줄 수 있다.

수직적 습관 모델의 장점이 있다고 해서 단점이 없는 것은 아니다. 이 모델을 채택할 때 주의가 필요하다. 이러한 습관을 사용하려면 예배의 말씀이 모든 참석자가 이해할 수 있도록 간단하게 전달되어야 한다.

---

13) Barbara J. Newman, *Accessible Gospel, Inclusive Worship* (Wyoming, MI: CLC, 2015), 35-38.

만약 '사랑합니다', '듣고 있습니다', '도와주세요'와 같은 부분에서 전달되는 내용이 장애를 가진 사람들에게 이해되지 않는다면, 이 모델은 효과적이지 않을 것이다. 따라서 목사나 예배 인도자는 참석자 각자의 수준에서 소통할 수 있는 능력을 갖춘 훌륭한 커뮤니케이터가 되어야 한다.

둘째, 이 모델은 음악의 소리 크기나 예배당의 조명과 같은 요소들로 인해 영향을 받을 수 있는 청각 또는 감각 장애인을 충분히 고려하지 않는다. 장애의 복잡한 특성 때문에 이 포용 모델을 적용하는 것이 어려울 수 있다. 수직적 습관은 포용적 예배 환경을 조성하기 위해 일반적인 접근 방식을 취하고 있기 때문에, 자폐증을 가진 아이가 이러한 상황에서 뇌전증 장애아동과는 매우 다르게 반응할 수 있으며, 이로 인해 이 모델이 방해가 될 수도 있다.

장애 사역 이동

리Lee가 인식한 것처럼, 모든 사람을 만족시킬 수 있는 하나의 장애인 사역 방법은 없다. 이러한 현실 때문에 일부는 장애인 사역을 모델보다는 이동운동으로 생각하게 되었다. 에릭 W. 카터Erik W. Carter는 미국장애인기구National Organization on Disability에서 제공한 자료를 바탕으로 이러한 이동을 14단계로 나누어 설명했다. 이 과정은 인식에서 시작해 이야기를 나누는 것으로 끝나며, 그 과정에는 옹호, 조정, 포용, 그리고 외부와의 교류가 포함된다. 카터는 교회가 신앙 공동체 내의 접근성 문제를 인식하게 되면, 더 환영 받을 수 있는 방법을 찾기 시작한다고 말한다. 이렇게 환대를 증가시킴으로 장애인이 공동체에서 마주할 수 있는 다른 장애물을 발견하게 하고, 포용적인 공동체에 대한 욕구를 깊게 만드는 대화를 이끌어낸다.[14]

스티브 번디Steve Bundy는 교회가 장애인 사역에 참여하기 위해 취해야 할 더 단순한 이동을 제안했다. 번디는 교회가 장애인들에게 유익한 사역을 하기 위해 반드시 수행해야 하는 일곱 가지 이동을 설명했다. 이 일곱 가지 이동은 "프로그램에서 존재로의 이동 … 양적인 사역에서 질적인 사역으로의 이동 … 편리한 사역에서 신념에 따른 사역으로의 이동 … 이해 받는 것에서 이해 하는 것으로의 이동 … 중요한 것에서 가능하게 하는 것으로의 이동 … 들리는 것에서 진지하게 듣는 것으로의 이동 … 그리고 가르치는 것에서 배우는 것으로의 이동"이다.[15]

카터와 번디가 설명한 장애인 사역의 이동들 사이의 주요 차이점은 각 이동이 서로 연결되어 있는지 여부에 있다. 카터는 교회가 한 단계에서 다음 단계로 이동하여 끝까지 나아가고, 효과적인 장애인 사역의 이야기를 공유할 수 있는 능력을 갖추게 되는 과정을 연계한다.[16] 반면, 번디는 각 이동이 개별적으로 이루어지며, 그 전후 단계와 연결되지 않

---

14) Erik W. Carter, *Including People with Disabilities in Faith Communities: A Guide for Service Providers, Families, & Congregations* (Baltimore: Paul H. Brookes, 2007), 36-38.

15) Steve Bundy, Modeling Early Church Ministry Movements," *Journal of the Christian Institute on Disability* 2, no. 1 (2013): 88-91.

16) *Carter*, Including People with Disabilities in Faith Communities, 36-38.

거나 거의 연결되지 않는다고 본다. 따라서 각각의 이동은 수행되고 달성되어야 하지만, 특정한 순서는 필요하지 않다고 본다.[17]

모델과 이동을 모두 고려해볼 때, 왜 교회가 의미 있는 장애인 사역 패턴을 만드는 데 효과적이지 못했는지는 쉽게 이해할 수 있다. 모델은 오랜 시간 동안 거의 변하지 않았고, 이동은 교회가 환영하고 포용적인 신앙 공동체를 구축하기 위해 취해야 할 행동만을 다루고 있다. 이 두 가지 현실은 에드 스테처Ed Stetzer가 장애인 사역과 교회를 조사하면서 확인한 바 있다. 스테처는 2013년 「크리스채너티 투데이」 *Christianity Today* 기사에서, 입소문이 교회 지도자들이 효과적인 장애인 사역을 알게 되는 일반적인 수단인 것 같다고 언급했다.[18]

장애사역이 지역 교회에서 효과적이려면, 모델과 이동을 모두 포함하는 틀이 필요하다. 이 틀은 또한 교회의 사명과 비전에 자연스럽게 맞아 떨어지는 견고한 성경적 기반을 가져야 한다. 마지막으로, 이 프레임은 교회 리더십과 관련이 있다. 즉, 장애 사역의 필요성을 교회가 성경적이고 교회적 관점에서 이해하도록 도와주는 리더가 이 사역을 지지해야 한다는 의미이다.

---

17) Bundy, "Modeling Early Church Ministry Movements," 88-91.
18) Ed Stetzer, "Special Needs Ministries and the Church: Research, Ministries, Links, Leaders, and More," *Christianity Today* (blog), January 18, 2013, http:// www.christianitytoday. com/edstetzer/2013/january/special-needs-ministries-and -church-research-ministries. html. No longer accessible.

장애 사역을 위한 포용적 리더십 틀

교회가 포용적인 공동체가 되기 위해서는 외부에서 내부로, 다시 영향력 있는 위치로 이동하는 성장을 모델로 삼아야 한다. 이 배타적인 것에서 포용적인 것으로의 전환은 네 가지 모델로 구성된다.

1. 외부 모델: 지역사회의 필요에 초점을 맞춘다.
2. 내부 모델: 교회 구성원의 필요에 중점을 둔다.
3. 평등 모델: 교회 구성원의 이해를 기반으로 한다.
4. 영향력 모델: 교회 구성원의 열정에 뿌리를 둔다.

이 각각의 모델에서 교회 리더십은 교회가 현재 어떤 위치에 있는지 이해하고, 앞으로 나아가야 할 방향을 제시하는 데 중요한 역할을 한다. 목회자는 신앙 공동체가 장애인을 포함하는 것이 성경적으로 필수적임을 지속적으로 상기시켜 주는 촉매 역할을 한다.

목회자는 신앙 공동체가 포용적인 공동체로 나아가는 과정에서 현재 교회의 위치를 명확하게 파악하고, 그 위치를 강조하는 역할을 한다. 또한, 교회가 포용적 모델들 간에 성공적으로 이동할 수 있도록 다음에 취해야 할 단계들을 제시하는 역할도 수행한다.

교회 사역의 장애 포괄적 리더십 모델

Individual with a disability
Church member or church leader

모델	성경적 근거	초점	사역 방법
외부 모델	요한복음 5:1-17	지역 사회의 필요	전도 또는 관계 형성
내부 모델	마태복음 9:1-8; 마가복음 2:1-12 ; 누가복음 5:17-26	회중의 필요	리더십
동등 모델	마태복음 20:29-34; 마가복음 10:46-52; 누가복음 18:35-43; 요한복음 9-10:21	회중의 성경적 이해	제자도
영향력 모델	마태복음 9:18-26; 마가복음 5:21-43; 누가복음 8:40-56	회중의 열정	관계 형성 또는 예배

도표. "장애 포괄적 사역을 위한 포용적 리더십 모델들"은 배타적인 사역 모델에서 다양한 형태의 포용적 사역 모델로 전환하는 과정을 보여주는 도표다.

외부 모델

장애사역의 외부 모델은 지역 사회의 필요에서 그 근거를 찾는다. 이 모델에서는 목회자나 교회 지도자들이 지역 사회에서 장애인의 수를 인식하고, 그들에게 어떤 형태로든 사역을 제공하려고 노력한다. 이 사역의 초점은 관계 형성과 전도 사이를 오가며, 장애인들과 친구가 되고, 적절할 때 복음을 나이와 수준에 맞게 전달하려는 목적이 있다.

성경적으로, 외부 모델에서 교회가 하려는 일과 예수님이 베데스다에서 만난 병자와의 상호관계 사이에는 연결점이 있다. 이 만남과 이후의 대화에서, 예수님은 단순히 그 남자와 친구가 되려 한 것이 아니라 그를 믿음으로 이끌고자 하셨다. 이 남자는 두 가지 초대를 거절했지만, 여전히 친구들과 믿음에 긍정적인 영향을 줄 수 있는 관계로 초대받았다. 따라서 장애 사역의 외부 모델은 단순히 구원의 결정을 강요하는 것이 아니다. 오히려 믿음의 공동체와 믿음의 삶으로 들어가는 입구 역할을 한다.

포용적 리더십의 다섯 가지 핵심 특성을 토대로, 포용적 목회자는 지역 사회에 장애사역의 필요를 파악하고, 사람들이 신앙 공동체와 접촉할 수 있는 방법을 찾아 최대한 많은 사람이 참여할 수 있도록 노력할 것이다. 이러한 상호관계는 목회자가 지역 사회 내의 그룹 홈이 교회와 거의 연결되지 않았다는 것을 인식했을 때 일어날 수 있다. 이 상황을 해결하기 위해, 목회자는 그룹 홈의 사람들을 교회와 연결하기 위한 방법을 모색해야 한다. 이를 위한 한 가지 방법은 교회에서 게임 프로그램을 조직하는 것이다.

목회자는 회중에서 장애사역에 재능이 있고 관심이 있는 사람들을 찾아내어 그들을 봉사에 참여하도록 독려해야 한다. 그렇게 되면 사람들은 그들의 재능에 따라 장애인들과 관계를 맺으며, 그들 또한 힘을 얻을 수 있다. 이러한 상호 간의 힘은 외부 모델의 전도와 관계 형성 요소 모두에 기여할 것이다.

목회자는 또한 각 개인의 가치를 증진하는 문화를 개발하려고 노력해야 할 것이다. 이를 위해 모든 인간에게 있는 정체성이나 하나님의 형상에 대한 문제를 다루는 설교 시리즈를 개발할 수 있다. 이와 같은 장애 사역 메커니즘에서는 이중적인 역할이 있다. 한편으로는 목회자가 자신의 회중에게 그리스도 안에 뿌리 내린 정체성이나 하나님의 형상이 인류에 미치는 영향에 대해 더 나은 이해를 제공할 것이며, 다른 한편으로는 회중이 교회 밖에 있는 장애인들에게 사역하도록 도전할 것이다.

이러한 힘을 부여하는 일은 복음의 메시지를 가르치고 전달하는 과정을 통해서도 이루어진다. 하나님의 형상에 대한 논의는 필연적으로 복음의 희망을 다루게 된다. 팀 켈러Timothy Keller는 문화가 여러 가지 방식으로 삶의 일상적인 실패를 유발한다고 말한다. 이 반복적인 실패는 인간의 존엄성을 짓밟고 영혼을 고통에 빠뜨린다. 그러나 복음은 그 반대를 말한다. 복음은 개인이 무엇을 성취했거나 성취하지 못했는지에 상관없이 사랑받고 있음을 선언한다.[19] 이 복음의 희망은 장애인들에게 기쁜 소식이다. 그들이 자신의 가치와 중요성을 의심하도록 조건화 된 문화 속에서, 복음은 그들이 어떠한 상황에서도 사랑받고 있음을 선언한다. 목회자가 이 복음 메시지를 선포할 때, 그는 한 개인의 가치를 인정하며 그리스도의 몸 안에서 포용의 문화를 만들어 간다.

에콜스Echols는 리더십 개발과 적절한 경계 설정과 관련된 문제도

---

19) Timothy Keller, *Generous Justice: How God's Grace Makes Us Just* (New York. Dutton, Penguin Group, 2010), 106.

다루고 있다. 이 두 가지 문제는 외부 모델의 장애 사역에 중요한 요소이다. 리더십 개발과 관련하여, 목회자가 장애 인식에 대한 책임을 공유할 리더를 양성할 때, 그는 교회 밖에 있는 사람들에게 다가갈 수 있는 교회의 효과성을 높이고 있다. 리더십 복제에서는 단순히 자신의 복제를 넘어서, 장애인에 대한 열정을 가진 또 다른 인물을 양성함으로써 교회를 외부 모델의 장애 사역에서 내부 모델로도 전환하는 데 도움을 주는 아이디어와 개념을 도입할 수 있다.

경계 설정에서는, 목회자가 교회 경계를 더 넓게 확장하여 더 많은 교회 공동체를 포용할 수 있도록 노력하고 있다. 이를 실현하는 한 가지 방법은 교회 건물의 접근성을 고려하는 것이다. 장애 포용적 목회자는 교회 부지 내에서 장애인에게 장벽이 되는 장소들을 인식하게 된다. 이러한 장벽은 불충분한 장애인 주차 공간, 장애인 좌석의 부족, 또는 교회 건물 내 모든 층에 대한 접근성 부족과 같은 형태로 나타날 수 있다. 이러한 경계가 무엇이든, 장애 포용적 목회자는 이 상황을 해결하기 위한 방법을 찾을 것이다.

외부 장애사역 모델은 장애사역을 시작하는 출발점이 된다. 어떤 교회든 이 지점에서 시작할 수 있으며, 그렇게 함으로써 교회는 더 포용적인 교회가 될 수 있다. 그러나 이 모델이 장애사역의 시작이자 끝이 되어서는 안 된다. 효과적이기 위해서는, 장애사역이 외부에서 내부로 이동해야 한다. 연중 몇 차례의 만남을 넘어서는 관계를 형성해야 한다. 외부 모델만을 사용하는 교회는 단지 장애인을 의무적으로 돕는 또 다른 돌봄 제공자로 간주될 위험이 있다.

코너Conner는 "우정은 발달 장애가 있는 사람과 관계를 맺는 데 있어 의학적 모델을 넘어서는 방법을 보여준다"고 말한다.[20] 돌봄 제공자는 그곳에 있을 이유가 분명하다. 그들은 장애인의 요구를 돌보고 충족시키는 것이 직업상 책임이다. 코너는 존 스윈턴John Swinton 교수의 말을 인용하며, "우정은 자발적인 것이며, 관계의 추진 원리로서 색다른 우선순위를 가진다. 친구 사이에서의 우선순위는 상대방의 병이 아니라 그 사람 자체다"고 말한다.[21]

인격을 강조하는 관계는 장애인을 위한 것이며, 개인적인 이익을 위한 것이 아니라는 것을 인식하는 것이다. 이는 자신의 이익이 아닌 하나님의 뜻에 따라 이웃을 사랑하는 관계이다. 토마스 아퀴나스Thomas Aquinas는 이렇게 말했다;

우리의 이웃을 사랑해야 하는 이유는 하나님 때문이다. 즉, 우리가 이웃을 사랑해야 이유는 그가 하나님 안에 있을 수 있다는 점이다. 따라서 하나님을 사랑하는 것과 이웃을 사랑하는 것이 본질적으로 같은 행위임이 분명하다. 그러므로 사랑의 덕은 하나님을 사랑하는 것뿐

20) Conner, *Amplifying Our Witness*, 40 (see chap. 7, n. 17).
21) Conner, 40.

만 아니라 이웃을 사랑하는 것에도 확장된다.[22]

웹-미첼Webb-Mitchell은 이런 신적인 사랑을 실천하는 기본적인 활동들로 함께 예배 드리는 것, 식사에 참석하는 것, 청소년 그룹 게임을 하는 것 이상의 것임을 주장한다. 신적인 사랑을 실천하는 것은 상호가 동의한 장기적인 관계를 지속하는 것을 의미한다. 장애인과 비장애인 간의 이러한 우정은 삶의 아름다움과 도전에 대해 개방적일 필요가 있다.[23]

이런 수준의 관계가 형성되면, 통찰력 있는 장애인은 두 가지 중요한 연결점을 만들 것이다. 첫째, 그들이 누군가의 요구에 따라 친구가 되는 것이 아님을 깨닫는다. 둘째, 장애인은 자신이 장애 이상의 존재로 여겨지고 있음을 이해하게 될 것이다. 그들은 자신이 다른 모든 사람처럼 다른 사람의 사랑을 필요로 하는 존재로서 인식되고 대우받고 있다는 것을 알게 된다.

한스 S. 레인더스Hans S. Reinders는 두 가지 중요한 연결점에서 "무엇을 해주는 것"과 "함께 있는 것"의 대조를 강조한다. "해주는 것"과 "함께 있는 것"의 차이는 사회복지 전문가들이 장애인을 위해 하는 일과, 그 사람과 함께하기로 선택했기 때문에 자신의 삶을 나누는 행위 사이의 중요한 차이를 나타낸다. 이는 전문적인 개입과 개인적인 존재의 차이

---

22) St. Thomas Aquinas, *Summa Theologica: Second Part of the Second Part* (Woodstock, ON: Devoted, 2018), 113.
23) Webb-Mitchell, *Beyond Accessibility*, 143 (see chap. 7. n. 18).

이다. "함께 있는 것"은 개선을 위한 전문적인 목표에서 비롯된 것이 아니다.[24]

우정이 장애 사역의 중요한 출발점이 되는 이유는 단지 또 다른 사역 프로젝트로 여겨지는 낙인 때문이다. 장애를 가진 사람들은 잠시 나타났다 사라지는 이들에 대해 익숙하다. 그들은 편리할 때만 잠깐 교류하다가, 다시는 소식을 듣지 못할 사람들이 많다는 것을 알고 있다. 이들은 자신이 누군가의 우정이 아닌 자선의 대상에 불과하다는 것을 깨닫고 있다. 코너Conner도 비슷한 생각을 표현하며 이렇게 썼다. "사람들은 종종 장애인을 '사역'이나 '봉사 프로젝트'로 접근한다. 하지만 프로그램이나 프로젝트가 끝나면 그 만남은 다음 모임까지 중단된다."[25]

포용적인 장애사역이 효과적이기 위해서는, 장애인은 이 관계가 사역이 끝난 후에도 끝나지 않을 것이라는 것을 알아야 하고, 느껴야 한다. 목회자는 교회가 지속적으로 장애사역에 참여하고 장애인들과 연결되어 있음을 보장해야 한다. 목회자와 회중이 이 일을 함께 할 때, 그들은 장애인들에게 인생과 신앙 형성의 여정에서 함께 걸어갈 친구가 있음을 전하고 있는 것이다.

결국, 장애사역의 외부 모델은 교회 회중의 관심을 교회 밖의 필요로 돌리는 것을 포함한다. 에릭 스완슨Eric Swanson과 릭 루소Rick Rusaw는

---

24) Hans S. Reinders, *Receiving the Gift of Friendship: Profound Disability, Theological Anthropology, and Ethics* (Grand Rapids: Eerdmans, 2008), 336-37.

25) Conner, *Amplifying Our Witness*, 42.

이 과정을 회중이 통로 좌석에서 창가 좌석으로 옮겨가는 것에 비유하여 설명한다. 비행 경험에서 유사성을 끌어내어, 그들은 조종사가 통로 좌석에 있는 사람들에게 창밖을 보라고 추천할 때에도 창밖을 보는 것에 별로 신경 쓰지 않는다고 지적한다. 스완슨과 루소는 조종사는 항상 비행기 밖에서 무슨 일이 일어나고 있는지를 볼 수 있는 시야를 가지고 있다고 말하면서 이 비행기 비유를 교회로 옮기면서, 두 가지를 지적한다. 첫째, 교회는 비행기처럼 모든 활동이 교회 벽 밖에서 이루어지고 있다는 것을 인식할 필요가 있다. 둘째, 교회를 이끄는 사람들은 비행기를 조종하는 사람처럼 교회 지도자들은 창밖을 보는 사람이 되어야 한다.[26]

내부 모델

장애사역의 내부 모델은 교회 내 회중의 필요에 초점을 맞춘다. 이 모델은 외부 모델과 달리, 교회가 장애사역에 참여하려고 할 때 출발점이 될 수 있다. 여기서 장애사역은 종종 장애 아동의 부모나 교회의 관찰력 있는 지도자의 요청에 따라 시작된다. 이 수준에서의 장애사역의 기본 목적은 부모가 예배에 참여하고 즐길 수 있도록 장애인에게 돌봄을 제공하는 것이다. 그러나 이 수준에서의 장애사역은 장애인의 상황에 따라 영적인 격려나 예배의 형태를 띨 수도 있다. 따라서 내부 장애사역

---

26) Eric Swanson and Rick Rusaw, *The Externally Focused Quest: Becoming the Best Church for the Community*, Leadership Network Series (San Francisco: Jossey- Bass, 2010), 26-41.

은 관계나 예배를 중심으로 진행된다.

성경적으로, 가버나움에서 중풍병자를 치유하신 이야기가 이 모델의 성경적 근거가 될 수 있다. 이 이야기를 다루는 모든 성경 구절들 마9:1-8, 막 2:1-12, 눅 5:17-26은 이 치유가 예배로 이어졌음을 기록하고 있다. 중풍병자는 예수님을 만나 육체적, 영적 온전함을 경험하게 되었고, 이로 인해 하나님께 영광을 돌리게 되었다.

에콜스Echols의 포용적 리더십의 다섯 가지 핵심 특성을 활용할 때, 목회자의 역할은 외부 모델에서와 마찬가지로 내부 모델에서도 비슷하다. 그러나 포용적 장애사역의 출발점으로 내부 모델과 외부 모델이 모두 존재할 수 있으므로, 목회자는 외부 모델을 무시하면서 내부 모델만 채택해서는 안 된다. 그는 교회 안과 교회 밖의 필요를 회중이 모두 인식할 수 있도록 도와야 한다. 또한, 교회 안의 성도들 뿐만 아니라 지역 사회에 있는 사람들 모두를 사랑할 수 있도록 도와야 한다. 데렐 왓킨스 Derrel R. Watkins는 이러한 내부적, 외부적 요소들이 어떻게 함께 작용하는지에 대해 다음과 같이 설명한다:

교회 안에서의 관계가 사랑을 반영하지 않는다면, 교회 밖 사람들에게 전하는 증거는 효과가 없을 것이다. 그러나 교회 안과 밖에서 구체적인 행동으로 같은 사랑을 보여준다면, 그리스도인의 증거는 효과

적일 것이다.[27]

이처럼 신앙 공동체 안팎의 사람들을 사랑하는 것은 어느 하나를 출발점으로 삼는 것이 아니라, 하나가 다른 하나로 이어져 의미 있는 장애사역의 참여로 이어져야 한다.

포용적 리더십을 실천하는 목회자는 회중이 어느 형태의 장애사역이든 적극적으로 참여하도록 독려하여 최대한 많은 사람들의 참여를 이끌어낼 것이다. 교회 밖의 장애인 공동체에 대해 열정을 가진 사람들에게는, 그들이 관계를 맺고 신앙을 발전시킬 기회를 만들도록 격려할 것이다. 결국, 이러한 활동들은 교회 밖에 있는 사람들이 교회 안으로 들어오게 하는 데 기여할 수 있다. 이로 인해 외부 사역에서 내부 사역으로, 관계에서 전도로 전도에서 예배로 이동할 수 있게 된다. 하지만 목회자는 또한 교회 안에 있는 사람들도 장애인들과 교류하도록 적극적으로 격려하여, 그들이 신앙 공동체 안에서 사랑받고 환영 받고 있음을 느낄 수 있도록 해야 한다. 외부 및 내부 사역 모델을 모두 활용함으로써, 목회자는 사역에 참여하는 사람의 수를 최대화하고, 가장 포용적인 장애사역을 만들어낼 수 있다.

목회자는 장애사역에서 봉사하는 사람들과 도움을 받는 사람 모두에게 힘을 실어주는 것에 대해서도 고민해야 한다. 그는 장애인을 돕는

---

27) Derrel R. Watkins, *Christian Social Ministry: An Introdtiction* (Nashville: B&H, 1994), 70.

사람들이 교회와 하나님의 나라의 관점에서 자신들의 행동을 바라볼 수 있는 사역 기회를 만들려고 할 것이다. 이렇게 되면 이 사역에 자원하는 사람들이 그들의 행동이 삶을 변화시키고, 교회를 변화시키며, 하나님의 나라를 세우는 일에 기여하고 있음을 깨닫게 될 것이다. 또한, 도움을 받는 장애인들에게 힘을 실어주는 줌으로써 그들이 신앙 공동체 안에서 환영 받고 받아들여지고 있다는 느낌을 주는 환경을 조성한다. 그들은 교회 안에서 자신이 속해 있다는 것을 알게 된다. 이러한 포용적인 공동체에 들어오는 것은 그들에게 큰 힘이 된다. 이와 같이, 봉사하는 사람들과 도움을 받는 사람 모두에게 힘을 실어주는 목회자는 교회 안팎의 모든 사람이 하나님의 일을 통해 하나님께 영광을 돌리게 하는 공동체를 만들어가고 있는 것이다.

개인의 가치는 목회자와 자원봉사자가 신앙 공동체의 일원인 장애인에게 전할 수 있는 중요한 요소 중 하나이다. 종종 장애인은 자신의 본질적인 가치와 하나님의 형상이 자신과 어떻게 관련되는지에 대해 왜곡된 관점을 가진다. 토마스 레이놀즈Thomas E. Reynolds는 "이 주제는 장애인들에게 위험한 주제이다. 왜냐하면 기독교인들은 종종 장애를 하나님의 목적이 왜곡된 것이자, 하나님의 형상이 훼손된 것으로 해석해왔기 때문이다"라고 말한다.[28] 이러한 태도 때문에 장애사역에서 다룰

---

28) Thomas E. Reynolds, *Vulnerable Communion: A Theology of Disability and Hospitality* (Grand Rapids: Brazos, 2008), 177.

수 있는 가장 힘이 되는 주제 중 하나는 모든 인간이, 장애 여부와 상관없이, 하나님의 형상을 어떻게 이해해야 하는지에 대한 올바른 이해이다. 휴백Hubach는 하나님의 형상에 대한 기본적인 이해가 장애인의 영적 성장에 왜 중요한지를 설명한다. 그녀는 신학 교수인 제람 바스Jerram Barrs가 한 강연에서 인용한 내용을 다음과 같이 전한다;

성경은 우리가 만나는 모든 사람이 하나님의 형상으로 지음 받았다는 사실을 인식하라고 가르친다. 이것은 사람이 영광스럽다는 것을 의미한다.… 이것이 우리의 첫 번째 반응이 되어야 한다. 사람의 영광을 보고, 하나님의 형상으로 창조된 사람으로서 존엄성과 영광을 인식하며, 그 사람 안에 있는 선하고 존경할 만하며 아름다운 모든 것을 소중히 여기는 것이다.[29]

각 사람은 능력에 상관없이 영광과 존엄을 가지고 있다. 그들은 아름답고 존경할 만한 존재이다. 이러한 묘사들은 장애인들에게 익숙하지 않은 언어일 수 있다. 그러나 목회자와 자원봉사자들은 자신을 장애의 렌즈를 통해 보아왔을지도 모르는 장애인들의 삶에 생명을 불어 넣을 수 있다.

포용적 사역의 외부 및 내부 모델에서 가장 중복되는 영역은 리더

---

29) Hubach, *Same Lake, Different Boat*, 49.

십 복제와 경계 설정에 있다. 외부 모델에서의 리더십 복제는 자원봉사자를 훈련시켜 포용적 리더로 만드는 것이다. 따라서 장애 포용적인 목회자는 현재의 장애사역 방향을 이끌고 미래의 장애사역을 형성할 수 있는 리더를 발굴하려고 할 것이다. 목회자나 교회 지도자들은 영감을 받고 헌신된 자원봉사자들 중에서 다음 세대의 장애포용적 리더를 훈련시키고 파견할 수 있다. 경계 설정도 유사한 문제들을 반영한다. 그러나 내부 장애사역 모델에서는 목회자가 자원봉사자와 장애인또는 그들의 부모/보호자의 의견을 바탕으로 장벽이나 경계를 해결하려고 할 수 있다.

장애가 있는 사람이 교회에 정기적으로 참석하고 교회 회원이 되는 것을 방해하는 네 가지 주요 장벽이 있다. 이 장벽은 장애가 있는 사람이 신앙 공동체에서 소외되지 않도록 제거해야 할 장벽이다

앤더슨은 이 장벽을 건축적 장벽, 의사소통 장벽, 태도적 장벽, 신학적 장벽, 그리고 자기 제한적 장벽으로 분류하였다.

1. 건축적 장벽 또는 의사소통 장벽은 교회 건물에 대한 물리적 접근성, 청각, 시각에 영향을 미치는 장애물을 의미한다.
2. 태도적 장벽은 교회 구성원들이 장애나 장애를 가진 사람들에 대해 갖는 선입견과 정서적 판단을 의미한다. 이러한 태도는 교회와 장애가 있는 사람 사이에 장벽을 형성하게

된다.

3. 신학적 장벽은 장애와 관련된 신학적 문제에 대한 이해가 제한적이거나 부정확한 교회에 설정된 장벽이다.

4. 자기 제한적 장벽은 장애가 있는 사람들이 타인과의 반복적인 부정적 상호관계 때문에 스스로 형성한 장벽을 의미한다. 즉, 그들이 문화적으로 거부당하거나 환영 받지 못한다고 느끼기 때문에 교회에서 자신을 받아들여지지 않는다고 생각한다.[30]

웹-미첼Webb-Mitchell은 접근성과 장벽의 중요성을 요약하며, 교회에 "장애인 접근 가능"이라는 푸른 스티커가 붙어 있다고 해도, 특정 장벽이 존재한다면 그 교회는 진정으로 수용적이지도 접근 가능하지도 않다고 주장한다.[31] 회중이 이러한 장벽을 하나하나 해결하지 않는 한, 장애인 접근 가능 스티커는 단지 장식에 불과하다고 말한다. 진정으로 포용적인 공동체는 장벽 제거를 의도적으로 수행하는 공동체라고 강조한다.

교회가 장애인을 효과적으로 접촉하고 돌보기 위해서는 건축적 및 의사소통 장벽, 태도, 신학, 그리고 자기 제한적 장벽을 인식하고 제거해

---

30) Anderson, *Reaching Out and Bringing In*, 15-17 (see chap. 9, n. 8).
31) Webb-Mitchell, *Beyond Accessibility*, 97.

야 한다. 장애에 대한 견고하고 건전한 신학을 강조함으로써 교회 내에서 장애인에 대한 부정적인 태도와 인식을 상쇄할 수 있다. 이러한 신학은 또한 장애인을 제한하는 신체적 및 의사소통 장벽을 인식하고 제거하는 데 기여할 것이다. 마지막으로, 교회 내의 포용적인 분위기는 장애인이 스스로 형성한 부정적인 자기 제한적 인식을 개선하는 데 큰 도움이 될 것이다.

레위기 19장 14절에서 하나님은 청각 장애인을 저주하거나 시각장애인 앞에 걸림돌을 놓지 말라고 경고하신다. 이 구절은 장애인을 향한 하나님의 자비가 빛나는 구절이다. 오늘날에도 이 구절은 하나님의 자녀들에게 교회 내의 장애물을 제거하라는 도전을 던진다. 장애인을 포용하는 목회자는 경계가 없는 환경을 만들기 위해 노력할 것이다.

내부 모델의 장애 사역을 진지하게 받아들이는 교회, 특히 외부 모델과 함께 이를 실천하는 교회는 영적 자본을 쌓고 있다. 켈러Keller는 영적 자본을 지역 교회가 그 지역 사회에 미치는 영적이고 도덕적인 영향력으로 정의한다.[32] 장애인을 포용하는 목회자는 이러한 영적 자본을 활용하여 교회 내부와 외부의 장애 사역 환경을 변화시킬 것이다.

평등 모델

세 번째 모델은 장애가 있는 사람과 없는 사람 사이에 사역의 평등

---

32) Keller, *Generous Justice*, 118-19

을 강조한다. 즉, 장애가 있다고 해서 사역을 맡는 데 제한이 있는 것은 아니다. 교회가 이 모델을 수용한다는 것은 단순히 교회나 지역사회의 필요 때문이 아니라, 성경에 대한 이해를 바탕으로 하고 있음을 의미한다. 내부 모델에서 평등 모델로의 전환은 제자도를 향한 움직임이다. 이 평등 모델에서 장애가 있는 사람들은 교회의 다른 구성원들과 함께 사역에 참여할 기회를 얻는다. 이러한 1:1 상호작용은 제자도와 영적 성장의 촉매제가 될 수 있다.

성경적으로 보면, 바디매오 치유 사건마 20:29-34, 막 10:46-52, 눅 18:35-43과 나면서부터 맹인이었던 사람의 치유 사건요 9-10:21이 제자도와 공동 사역을 강조하는 장애 사역 모델의 기초가 된다. 이 이야기들에서 치유된 사람들은 예수님과 함께 여행하는 신앙 공동체의 일원이 되며, 이는 그들이 그리스도에게서 배우고 영적으로 성장하며, 함께 사역에 참여할 기회를 얻었음을 시사한다.

교회가 이 방향으로 나아가고 이 모델을 채택하도록 돕는 목회자는 최대한 많은 사람들의 참여를 우선시하며 자신의 잠재력을 최대한 발휘할 수 있도록 격려하는 역할을 한다. 에콜스가 지적한 두 가지 중요한 특성은 평등 모델의 장애 사역과 연관되어 있다. 따라서 참여를 최대화하려는 목회자는 장애인을 포함한 모든 사람에게 사역에 참여할 기회를 보장하는 역할을 한다. 그러나 단순히 봉사 기회를 제공하는 데 그치지 않고 그들이 겸손한 마음으로 "주 예수의 이름으로 모든 일을 하라"는 성경 말씀골 3:17에 따라 섬길 수 있도록 교회의 문화를 만들어간다.

장애가 있는 사람들이 신체적으로 건강한 사람들과 함께 사역에 참여하는 포용적 사역에서는 개인의 가치와 존엄성이 구체적으로 표현된다. 포용적 리더십을 실천하는 목회자는 장애인들이 성경에 따라 자신의 가치를 인식하도록 돕는 데 그치지 않는다. 대신, 장애인들이 신앙 공동체 내에서 다른 사람들과 함께 섬김을 통해 그들의 가치와 존엄성, 그리고 재능이 시각적으로 확인될 수 있도록 한다.

이와 같은 올바른 성경적 사고는 가치와 기여도를 긴밀하게 연결지어 판단하는 문화에 의해 영향을 받은 장애인들에게 생명을 주는 소식이 된다. 다시 말해, 우리 문화에서는 큰 가치를 지닌 사람들이 큰 기여를 할 수 있는 사람들로 여겨진다. 이에 대해 휴백Hubach는 다음과 같이 말한다:

우리 문화는 개인의 가치를 생산성의 함수로 자주 측정한다. 우리가 사회에 기여할 수 있는 정도가 우리의 가치 평가에 영향을 미친다. 그러나 하나님의 경제에서는 인간의 가치를 창조주 자신이 규정하시며 이 가치는 인간에게 새겨진 하나님의 형상을 통해 나타난다.[33]

---

33) Hubach, *Same Lake, Different Boat*, 49.

웹-미첼Webb-Mitchell은 이와 같은 생각을 지지하며, 하나님 형상으로 창조되었다는 것은 우리가 상상력과 창의성, 재능, 뛰어남, 강함, 밝음을 지닌 사람으로 창조되었다는 것을 의미한다고 강조한다. 우리는 이러한 선물과 재능을 공유하여 그리스도의 몸의 공공선을 위해 기여한다.[34]

이러한 속성은 자신의 가치를 이해하는 데 어려움을 겪고 있는 사람들에게 위안과 격려가 될 수 있다. 그들의 재능과 선물은 하나님 형상을 반영하고 있으며, 장애인을 포용하는 목회자가 이를 올바르게 가르칠 때, 장애인은 자신이 하나님, 교회, 그리고 시민 사회에 미치는 가치와 중요성을 이해하기 시작할 수 있다.

장애 포용적 목회자는 또한 장애인과 함께 하는 사역의 필요성을 이해하는 지도자를 양성해야 한다. 리Lee는 교회 지도자들이 교회 사역에 참여하는 직원, 자원봉사자, 특수한 필요가 있는 사람들, 그리고 그 가족들과 협력하여 잠재적인 장애 포용적 지도자 후보군을 발굴해야 한다고 권장한다. 리는 팀워크가 뛰어난 리더는 좋은 사역 지도자가 될 가능성이 크다고 주장한다. 그녀는 협력적인 사고방식이 중요하다고 여기는데, 이는 장애 사역이 다른 사역과 분리된 고립된 사역이거나 별도의 교회 속의 교회가 되어서는 안 되기 때문이다.[35]

---

34) Webb-Mitchell, *Beyond Accessibility*, 44.
35) Lee, *Leading a Special Needs Ministry*, 87-92.

포용적 리더인 목회자는 또한 장애를 가진 이들이 섬길 수 있는 새로운 사역의 경계를 설정하며, 이 경계는 필요한 리더십 요건과 선호도를 조화롭게 유지해 장애인들도 교회 공동체에서 봉사할 수 있는 기회를 제공한다. 예를 들어, 다운 증후군을 가진 한 남성이 교회의 집사로 임명된 사례가 있다. 카렌 고터Karen Gorter는 한 교회가 다운 증후군을 가진 청년이 다른 집사들과 함께 봉사할 수 있도록 보조 집사 직책을 신설한 사례를 소개했다. 이를 통해 이 청년의 사역이 안내에서 집사 업무로 확장될 수 있었다.[36]

이 사례는 교회 지도자들이 필요 경계는 유지하면서도 다른 장벽을 제거해 신앙 공동체가 보다 접근 가능하도록 하는 방법을 보여준다. 현 상태를 유지하려는 교회는 기존의 안내 사역에 안주할 수 있지만, 장애 포용적 지도자가 있는 신앙 공동체는 적절하고 필요한 리더십 경계를 유지하면서도 포용의 길을 더 넓히려고 노력한다. 이를 통해 장애를 가진 이들이 주변화되지 않도록 돕는 것이다.

영향력 모델

장애 사역의 네 번째이자 마지막 모델은 영향력 모델이다. 이 모델에서는 장애인이 주도권을 가지고 사역을 진행하게 된다. 처음에는 외

---

36) Karen Gorter, "Church Installs Deacon with Down Syndrome," The Banner (blog), January 18, 2011, http://www.thebanner.org/news/2011/01/church -installs-deacon-with-down-syndrome.

부 모델을 통해 참여했던 장애인이 나중에는 내부 모델로 이동하여 제자 훈련과 사역을 통해 동등 모델로 발전한다. 그러나 이 모델에서 만족하지 않고, 제자 훈련에 리더십 투자를 포함하게 된다. 이 결과로 장애인이 교회 내에서 리더십 위치에 배치되게 된다.

영향력 모델의 핵심은 교회가 성경적으로 포용적 공동체가 되고자 하는 열정이다. 이 공동체는 단순히 장애인과 함께 봉사하는 것을 넘어 장애인이 리더십을 발휘하도록 환영하고 격려한다. 따라서 장애인도 교회 내 다른 구성원과 마찬가지로 리더십에 필요한 재능을 가진 것으로 본다.

이 영향력 모델은 예수님이 혈루증을 앓는 여인을 치유한 이야기와 관련이 있다.마 9:18-26; 막 5:21-43; 눅 8:40-56 예수님은 여인의 믿음을 사용하여 야이로의 믿음에 영향을 미친다. 예수님은 이전에 장애를 겪었던 여인의 삶과 증언을 통해 야이로의 믿음을 성장시키고 이끌어간다. 예수님을 통해 이 여인은 야이로의 신앙 발전에 기여하는 리더가 된다. 예수님은 그에게 "두려워하지 말고 믿기만 하라"고 도전하면서 그녀를 통해 야이로를 이끌어 간다.막 5:36.

장애를 포용하는 목회자는 이 영향력 모델을 에콜스의 다섯 가지 핵심 특성의 완성으로 볼 것이다. 장애를 포용하는 교회 리더십은 가능한 많은 사람들을 참여시키고 개인이 자신의 잠재력을 최대한 발휘할 수 있도록 지원한다. 따라서 목회자는 단순히 장애인을 포용의 상징으로서 직책에 앉히는 것이 아니라, 교회 리더십이 장애인을 교회를 이끌기에 적합한 곳에 배치하도록 격려하고 찾는다.

목회자는 동등 모델에서 리더십의 재능을 가진 사람들에게 주목하는 역할을 한다. 그들의 봉사에 대한 인식과 친숙함을 통해, 목회자는 이들이 제자 훈련에서 리더십으로 나아가도록 지원할 수 있다. 이러한 지원은 그들이 제자 훈련에서 다른 사람들을 제자 삼는 리더로 성장하도록 격려한다.

마이클 S. 비츠Michael S. Beates는 이러한 유형의 리더가 두 가지 성품을 보여줄 것이라고 주장한다. 장애 포용적 리더는 홍보와 증식을 모두 수행하는 사람이다. 홍보자로서, 목회자는 "장애를 가진 사람들이 사역에서 리더십 기회를 찾을 수 있도록 준비시키고 능력을 갖추게 한다." 증식자로서, 목회자는 "자신의 영향력 내에서 장애에 효과적인 리더들의 수를 늘릴 수 있는 기회를 모색한다."[37]

목회자가 이끄는 포용적 리더십은 하나님의 형상이마고 데이, *Imago Dei*과 정체성을 이해함으로써, 개인의 가치를 보여주는 리더들을 배출하는 방식으로 작동한다. 교회 리더십에 장애를 가진 사람들이 포함될 때, 이는 공동체와 리더십에 대한 사람들의 인식을 변화시킨다. 이런 포용적 리더십은 자연스럽게 취약성에 대한 존중과 수용을 강조하는 공

---

37) Michael S. Beates, *Disability and the Gospel: How God Uses Our Brokenness to Display His Grace* (Wheaton, IL: Crossway, 2012), 138.

동체의 가치를 전달한다. 장 바니에Jean Vanier는 이러한 공동체가 어떤 모습인지 설명한다:

공동체는 추상적인 이상이 아니다. 우리는 완벽한 공동체를 추구하는 것이 아니다. 공동체는 이상이 아니라 사람들이다. 그것은 당신과 나다. 공동체에서는 우리가 원하는 대로가 아니라 현재의 모습 그대로의 사람들을 사랑하도록 부름 받았다. 공동체는 그들에게 공간을 제공하고, 성장할 수 있도록 돕는 것을 의미한다. 또한, 그들로부터 우리도 성장할 수 있다. 그것은 서로에게 자유를 주고, 신뢰를 주며, 서로를 확인하지만 동시에 도전하는 것이다.[38]

이러한 공동체는 리더십이 장애 여부와 상관없이 자신들이 하나님의 형상으로 창조된 존재임을 이해할 때만 이루어질 수 있다. 따라서 교회 리더십은 이마고 데이Imago Dei, 즉 하나님의 형상 때문에 개인의 가치를 공통적으로 중요시하게 된다. 이 가치에 대한 공통된 이해는 자유롭고 생명력 있는 공동체로 이어진다. 리더와 구성원 모두 하나님께서 자신을 어떻게 보시는지, 그리고 공동체 내 다른 사람들을 어떻게 보시는지를 이해하게 된다. 예수님께서 한 여인의 믿음을 통해 야이로의 믿

---

38) Jean Vanier, *From Brokenness to Community*, The Wit Lectures (New York: Paulist, 1992), 35-36.

음을 키우신 것처럼, 교회 리더십은 개인의 가치를 이해함으로써 교인들의 정체성과 생명력 있는 믿음을 형성해 나간다.

에콜스Echols가 제안한 포용적 리더십의 마지막 두 가지 중요한 특징은 리더십의 복제와 적절한 경계 설정을 통해 소외를 방지하는 데 중점을 둔다. 이러한 두 가지 특징은 영향력 있는 장애 사역 모델에서 특히 중요해 보인다. 왜냐하면 리더가 장애를 가진 사람이기 때문이다. "리더십 복제와 관련하여, 장애 포용적 리더는 이미 이 특징을 넘어선 면이 있다. 장애 포용적 리더를 복제하는 것 대신, 장애를 가진 리더를 복제하여 계속해서 장애 문제를 회중의 중심에 놓게 할 수 있게 한다. 장애를 가진 팀원을 포함하는 교회 리더십은 장애인의 소외를 방지하는 적절한 경계 설정의 발전을 보여준다. 장애 포용적 목회자가 포용적 리더십을 추구하여, 장애 때문에 소외되는 것이 아니라 그들의 은사를 고려하여 장애인을 평가할 때, 이 목회자는 기존의 경계선을 없애고 성경에 기반한 새로운 경계선을 설정하는 역할을 한다."

데이비드 듀엘David Deuel은 교회 내에서 리더십 복제가 일어날 수 있는 두 가지 방법을 제시한다. 첫째, 고통받는 교회에 힘을 실어줄 수 있는 장애인을 선발하는 것이다. 이 리더들의 선발은 은사와 배움을 고려해야 한다. 듀엘은 이 잠재적인 리더들을 하나님의 계획과 은사에 따라 평가해야 한다고 강조한다. 이 은사들은 이들이 현재 봉사하고 있는 영역에서 잘 드러날 것이다. 고통을 통해 이 미래의 리더들이 무엇을 배

있는지, 그리고 현재 고통받고 있는 사람들에게 어떻게 도움이 될 수 있는지를 고려해야 한다.[39]

둘째, 듀엘은 장애가 있는 젊은 리더들을 준비시키기 위해 현재의 교회 리더들이 행동해야 한다고 믿는다. 장애 포용적 교회 리더십의 성공적인 복제는 젊은 장애인 리더들을 방해하는 장애물을 제거하고 기회의 문을 열어주는 목회자와 교회 리더들이 필요하다.[40]

듀엘은 현재의 교회 리더들이 제거해야 할 세 가지 장애물이 있다고 본다. 첫 번째는 성경적 신학적인 장애물이다. 이 장애물은 장애를 가진 사람들이 리더십을 고려하는 데 여전히 성직 금지를 적용해야 한다고 가정하고 있기 때문이다. 두 번째 장애물은 사회적인 장애물이다. 이 장애물은 장애가 전염된다고 가정하고, 따라서 장애와의 접촉을 제한함으로써 예방이 가장 잘 이루어진다고 생각하는 것이다. 비록 이 믿음이 모든 사회 구조에 해당하는 것은 아니지만, 어디서든지 발견되는 경우 버려져야 한다. 마지막 장애물은 이념적인 것으로, 장애인들이 자신을 돌볼 수 없다고 가정하는 사람들에 의해 세워진다. 따라서 이들은 다른 사람들을 이끌기에 부적합하다고 여긴다.[41]

듀엘은 이러한 장애물들을 살펴서 현재의 교회 리더들이 장애인을

---

39) David Deuel, "Developing Young Leaders with Disabilities: A Ministry Beyond Our Wildest Dreams," *Lausanne Global Analysis* 5, no. 1 (2016): 24—25.

40) Deuel, 25.

41) Deuel, 24–26.

리더로 성장할 수 있는 기회의 문을 열어줘야 한다고 주장한다. 이 문은 훈련, 경험, 그리고 영적 은사를 리더십 역할에서 사용할 수 있도록 돕는 것을 통해 열리게 된다. 또한, 장애를 가진 유능한 리더를 홍보하는 것도 기회의 문을 여는 방법이다.[42]

듀엘이 제안한 장애인을 리더로 선발하고 준비시키는 두 가지 아이디어에는 눈에 띄는 시너지가 있다. 이 두 가지 아이디어는 에콜스 Echols가 제시한 포용적 리더십의 중요한 특성에 잘 맞아 떨어진다. 리더십의 복제와 경계 재설정은 손발이 맞는 작업이다. 듀엘의 제안에서 반영된 것처럼, 리더가 선발되고 준비되기 위해서는 기존의 경계를 제거하고 성경적으로 올바른 새로운 경계를 설정하는 과정이 필요하다. 이러한 새로운 경계선은 장애인의 소외를 방지하고, 그들이 신앙 공동체 내에서 효능감 있는 리더로 활동할 수 있는 무대를 마련해 준다. 장애를 가진 포용적 리더는 자신의 장애 여부와 상관없이 교회의 모든 구성원들의 신앙에 영향을 미치는 사람이다.

결론

요한계시록 3:14-22에서 하나님께서는 라오디게아교회를 책망하신다. 그들이 뜨겁지도 차갑지도 않다는 비난은 라오디게아의 물 문제와 관련이 있다. 이 도시는 공동체의 필요를 충족시키기 위해 외부의 다

---

42) Deuel, 26.

른 도시들로부터 물을 공급받아야 했다. 일련의 돌관을 통해 치유력이 있는 따뜻한 물은 히에라폴리스의 온천에서 공급되었고, 맑고 시원한 물은 골로새에서 돌관을 통해 가져왔다.

그러나 물이 라오디게아에 도착했을 때, 그 물은 뜨겁지도 차갑지도 않고 불쾌하게도 미지근하였다. 이 문화적 비유는 하나님께서 라오디게아 교회가 치유도, 새로움도 제공하지 못하는, 그저 불쾌하게 미지근한 상태였음을 지적하신 것이다. 그들은 은혜로운 공동체가 제공해야 할 치유와 새로움을 간절히 필요로 하는 주변 문화에 아무런 도움이 되지 못하였다.

이와 같은 메시지는 오늘날 많은 교회에도 적용될 수 있을 것이다. 특히 장애인들에게 치유나 새로움을 제공하지 못하는 교회들 말이다. 이들은 장애인 돌봄과 수용을 단지 자신들에게 편리할 때만 이루어지는 무관심한 태도로 접근하는 경우가 많다. 그러나 지상대명령과 대위임령을 진지하게 받아들이는 교회는 장애인을 포용하는 교회가 될 것이다. 더 나아가, 장애 포용적 목회자는 포용적 리더십을 통해 교회가 외부 중심의 장애 사역에서 영향력 있는 장애 사역 모델로 나아가도록 격려할 것이다. 이러한 모델 간의 전환이 이루어지면, 교회는 회중 내에서뿐만 아니라 교회를 둘러싼 공동체에 대한 사랑으로도 널리 알려지게 될 것이다.

BIBLIOGRAPHY

Akin, Daniel L. *Exalting Jesus in Mark*. Edited by David Platt, Daniel L. Akin, and Tony Merida. Nashville: B&H, 2014.

Anderson, David W. *Reaching Out and Bringing In: Ministry to and with Persons with Disabilities*. Bloomington, IN: WestBow, 2013.

Aquinas, St. Thomas. *Summa Theologica: Second Part of the Second Part*. Woodstock, ON: Devoted, 2018.

Bailey, Kenneth E. *Jesus through Middle Eastern Eyes: Cultural Studies in the Gospels*. Downers Grove, IL: IVP Academic, 2008.

––––––––––. *The Good Shepherd: A Thousand-Year Journey from Psalm 23 to the New Testament*. Downers Grove, IL: InterVarsity, 2014.

Beasley-Murray, George R. John. *Word Biblical Commentary*. Nashville: Thomas Nelson, 1999.

Beates, Michael S. *Disability and the Gospel: How God Uses Our Brokenness to Display His Grace*. Wheaton, IL: Crossway, 2012.

Bennema, Cornelis. *Encountering Jesus: Character Studies in the Gospel of John*. 2nd ed. Minneapolis: Fortress, 2014.

Blackaby, Henry T, and Richard Blackaby. *Spiritual Leadership: Moving People on to God's Agenda*. Nashville: B&H, 2001.

Blackwood, Rick. *The Power of Multi-Sensory Preaching and Teaching: Increase Attention, Comprehension, and Retention*. Grand Rapids: Zondervan, 2008.

Blight, Richard C. *An Exegetical Summary of Luke 1-11*. 2nd ed. Exegetical Summaries. Dallas: SIL International, 2008.

Block, Jennie Weiss. *Copious Hosting: A Theology of Access for People with Disabilities*. New York: Continuum, 2002.

Blomberg, Craig L. Matthew. *New American Commentary*. Vol. 22. Nashville: Broadman, 1992.

Bock, Darrell L. Luke. *Baker Exegetical Commentary on the New Testament*. Vol. 3. Grand Rapids: Baker, 1994.

Bohn, Julie. "Making Christ Accessible." In *Let All the Children Come: A Handbook for Holistic Ministry to Children with Disabilities*, edited by Phyllis Kilbourn, 267–85. Fort Washington, PA: CLC, 2013.

Borchert, Gerald L. *John 1–11. New American Commentary*. Vol. 25a. Nashville: B&H, 1996.

Bovon, Francois. *Luke*. Hermeneia. Minneapolis: Fortress, 2002.

Branch, Robin. "Literary Comparisons and Contrasts in Mark 5:21–43." In *Die Skriflig/In Luce Verbi* 48 (March 20, 2014) https://doi.org/10.4102 /ids. v48il,1799.

Brault, Matthew W. "Americans with Disabilities: 2010." Current Population Reports, P70–131, U.S. Census Bureau, July 2012. https://www2 .census.gov/ library/publications/2012/demo/p70–131 .pdf.

Brooks, James A. *Mark*. New American Commentary. Vol. 23. Nashville: Broadman, 1991.

Browne, Stanley G. and Christian Medical Fellowship. *Leprosy in the Bible*. London: Christian Medical Fellowship, 1979.

Bundy, Rev. Steve. "Modeling Early Church Ministry Movements." *Journal of the Christian Institute on Disability* 2, no. 1 (2013): 85   92.

Burge, Gary M. John. *NIV Application Commentary*. Grand Rapids: Zondervan, 2000.

Byzek, Josie. "Jesus and the Paralytic, the Blind, and the Lame: A Sermon." *The Ragged Edge* 21, no. 6 (2000): 23–26.

Calduch-Benages, Nuria. *Perfume of the Gospel: Jesus' Encounters with Women*. Roma: Gregorian & Biblical, 2012.

Carmeli, Abraham, Roni Reiter-Palmon, and Enbal Ziv. "Inclusive Leadership and Employee Involvement in Creative Tasks in the Workplace: The Mediating Role of Psychological Safety." *Creativity Research Journal* 22, no. 3 (August 12, 2010): 250–60. https://doi.org /10.1080/10400419.2010.504654.

Carson, D. A. *The Gospel According to John*. Grand Rapids: Eerdmans, 1991.

Carter, Erik W. *Including People with Disabilities in Faith Communities: A Guide for Service Providers, Families, & Congregations*. Baltimore: Paul H. Brookes, 2007.

Comfort, Philip Wesley, and Wendell C. Hawley. *Opening John's Gospel and Epistles*. Carol Stream, IL: Tyndale, 2009.

Conner, Benjamin T. *Amplifying Our Witness: Giving Voice to Adolescents with Developmental Disabilities*. Grand Rapids: Eerdmans, 2012.

Cooper, Rodney. Mark. *Holman New Testament Commentary*. Vol. 2. Nashville: B&H, 2000.

Deuel, David. "Developing Young Leaders with Disabilities: A Ministry Beyond Our Wildest Dreams." *Lausanne Global Analysis* 5, no. 1 (2016): 22–28.

——————. "God's Story of Disability." *Journal of the Christian Institute on Disability* 2, no. 2 (October 1, 2013): 81–96.

Dodd, C. H. *The Interpretation of the Fourth Gospel*. Cambridge: Cambridge University, 1953.

Draycott, Jane. "Reconstructing the Lived Experience of Disability in Antiquity: A Case Study from Roman Egypt." *Greece & Rome* 62, no. 2 (October 2015): 189–205. https://doi.org/10.1017/S0017383515000066.

Duvall, J. Scott, and J. Daniel Hays. *Grasping God's Word: A Hands-On Approach to Reading, Interpreting, and Applying the Bible*. 3rd ed. Grand Rapids: Zondervan Academic, 2012.

Echols Steve. "Transformational/Servant Leadership: A Potential Synergism for an Inclusive Leadership Style." *Journal of Religious Leadership* 8, no. 2 (2009): 85–116.

Edwards, James R. "Markan Sandwiches. The Significance of Interpolations in Markan Narratives." *Novum Testamentum* 31, no. 3 (1989): 193 216. https://doi.org/10.2307/1560460.

——————. *The Gospel According to Mark. Pillar New Testament Commentary*. Grand Rapids: Eerdmans, 2002.

Eiesland, Nancy L. T*he Disabled God: Toward a Liberatory Theology of Disability*. Nashville: Abingdon, 1994.

Erwin, E. J. "The Philosophy and Status of Inclusion." *Envision: A Publication Of Lighthouse National Center for Vision and Child Development 1* (1993): 3–4.

Eve, Eric. *The Jewish Context of Jesus Miracles. Journal for the Study of the New Testament Supplement*, No. 231. Sheffield, UK: Sheffield Academic, 2002.

Focant, Camille. *The Gospel According to Mark: A Commentary*. Eugene, OR: Pickwick, 2012.

France, R. T. *The Gospel of Mark. New International Greek Testament Commentary*. Grand Rapids: Eerdmans, 2002.

Fredriksen, Paula. "Did Jesus Oppose the Purity Laws?" *Bible Review* 11, no. 3 (1995): 42–45.

Fuhr, Richard Alan, and Andreas J. Kostenberger. *Inductive Bible Study: Observation, Interpretation, and Application Through the Lenses of History, Literature, and Theology*. Nashville: B&H Academic, 2016.

Gangel, Kenneth O. *John*. Nashville: B&H, 2000.

Garland, David E. Mark. *NIV Application Commentary*. Grand Rapids: Zondervan Academic, 1996.

Gorter, Karen. "Church Installs Deacon with Down Syndrome." The Banner (blog), January 18, 2011. http://www.thebanner.org/news/2011/01/church-installs-deacon-with-down-syndrome.

Gosbell, Louise. "'The Poor, the Crippled, the Blind, and the Lame': Physical and Sensory Disability in the Gospels of the New Testament." PhD diss. Macquarie University, 2015. http://hdl.handle.net/1959.14/1107765.

Green, Joel B., ed. *Dictionary of Jesus and the Gospels*. 2nd ed. Downers Grove, IL: IVP Academic, 2013.

————————. *The Gospel of Luke. New International Commentary on the New Testament*. Grand Rapids: Eerdmans, 1997.

Guelich, Robert A. Mark. *Word Biblical Commentary*. Vol. 34a. Waco, TX: Word Books, 1989.

Haenchen, Ernst. *John: A Commentary on the Gospel of John. Hermeneia*. Vol. 2. Philadelphia: Fortress, 1984.

Hagner, Donald A. *Matthew 1–13. Word Biblical Commentary*. Vol. 33a. Dallas: Word Books, 1993.

Harris, Murray J. John. *Exegetical Guide to the Greek New Testament*. Nashville: B&H Academic, 2015.

Hendriksen, William. *Exposition of the Gospel According to Mark. Baker New Testament Commentary*. Grand Rapids: Baker, 1975.

————————. *Exposition of the Gospel According to John. Vol. 1. Baker New Testament Commentary*. Grand Rapids: Baker, 1953.

————————. *Exposition of the Gospel According to Matthew. Baker New Testament Commentary*. Grand Rapids: Baker, 1973.

──────.*Exposition of the Gospel According to Luke. Baker New Testament Commentary.* Grand Rapids: Baker, 1978.

Holiday, Ryan. *The Daily Stoic: 366 Meditations on Wisdom, Perseverance, and the Art of Living.* New York: Penguin Random House, 2016.

Hooker, Morna Dorothy. T*he Gospel According to Saint Mark.* Peabody, MA: Hendrickson, 2009.

House, H. Wayne. *Chronological and Background Charts of the New Testament.* 2nd ed. Zondervan Charts. Grand Rapids: Zondervan Academic, 2009.

Hubach, Stephanie O. *Same Lake, Different Boat: Coming Alongside People Touched by Disability.* Phillipsburg, NJ: P&R, 2006.

Hull, John. "Open Letter from a Blind Disciple to a Sighted Savior." In *Borders, Boundaries, and the Bible,* ed. M. O'Kane, 154-79. New York: Sheffield Academic, 2002.

Jensen, Gordon. "Left-Handed Theology and Inclusiveness Liberty University." *Horizons* 17, no. 2 (1990): 207-16. https://doi.org/10.1017 / S0360966900020168.

John, Jeffrey. *The Meaning in the Miracles.* Norwich, UK: Canterbury, 2001. Jones, David Lee. "A Pastoral Model for Caring for Persons with Diminished Hope." *Pastoral Psychology* 58, no. 5-6 (December 2009): 641-54. Keener, Craig S. *The Gospel of John: A Commentary.* Peabody, MA: Hendrickson, 2003.

──────. *The Gospel of Matthew: A Socio-Rhetorical Commentary.* Grand Rapids: Eerdmans, 2009.

──────. *The IVP Bible Background Commentary: New Testament.* 2nd ed. Downers Grove, IL: IVP Academic, 2014.

Keller, Timothy. *Generous Justice: How God's Grace Makes Us Just.* New York: Dutton, Penguin Group, 2010.

Koester, Craig R. "Hearing, Seeing, and Believing in the Gospel of John." *Biblica* 70, no. 3 (1989): 327-48.

Kok, Jacobus (Kobus) *New Perspectives on Healing, Restoration, and Reconciliation in Johns Gospel. Biblical Interpretation Series.* Vol. 149- Leiden, NL: Brill, 2017.

Kostenberger, Andreas J. *A Theology of Johns Gospel and Letters. Biblical Theology of the New Testament.* Grand Rapids: Zondervan, 2009.

──────.*John. Baker Exegetical Commentary on the New Testament.* Grand

Rapids: Baker Academic, 2004.

Lane, William L. *The Gospel According to Mark. New International Commentary on the New Testament.* Grand Rapids: Eerdmans, 1974.

Laniak, Timothy S. *Shepherds After My Own Heart: Pastoral Traditions and Leadership in the Bible. New Studies in Biblical Theology 20.* Downers Grove, IL: InterVarsity, 2006.

Lee, Amy Fenton. *Leading a Special Needs Ministry.* Nashville: B&H, 2016. Leverett, Gaylen. "Matthew: The Kingdom of Heaven." In *The Essence of the New Testament: A Survey, edited by Elmer Towns and Ben Gutierrez,* 47–63. Nashville: B&H Academic, 2012.

Lioy, Dan. *The Decalogue in the Sermon on the Mount. Studies in Biblical Literature,* vol. 66. New York: Peter Lang, 2004.

Lizorkin–Eyzenberg, Eli. "The Pool of Bethesda as a Healing Center of Asclepius." Israel Institute of Biblical Studies (blog), December 1, 2014. https://blog.israelbiblicalstudies.com/jewish–studies/bethesda–pool –jerusalem–shrine–asclepius/.

Malina, Bruce J., and Richard L. Rohrbaugh. *Social–Science Commentary on the Gospel of John.* Minneapolis: Fortress, 1998.

Marshall, I. Howard. *The Gospel of Luke: A Commentary on the Greek Text. New International Greek Testament Commentary 3.* Grand Rapids: Eerdmans, 1978.

McNair, Jeff, and Kathi McNair. "Faith Formation for Adults with Disability." In *Beyond Suffering: A Christian View on Disability Ministry, edited by J. E. Tada and S. Bundy,* 470–77. Agoura Hills, CA: Joni and Friends Christian Institute on Disability, 2014.

McReynolds, Kathy. The Gospel of Luke: A Framework for a Theology of Disability." *Christian Education Journal* 13, no. 1 (Spring 2016): 169–78.

Menzies, Allan. *The Earliest Gospel: A Historical Study of the Gospel According to Mark, With a Text and English Version.* New York: Macmillan, 1901.

Moloney, Francis J. *The Gospel of Mark: A Commentary.* Peabody, MA: Hendrickson, 2002.

Monroe, Doris D. *A Church Ministry to Retarded Persons.* Nashville: Convention, 1972.

Morris, Leon. *Luke: An Introduction and Commentary.* Rev. ed. Tyndale New Testament Commentaries. Vol. 3. Grand Rapids: Eerdmans, 1988.

──────. *The Gospel According to John*. Rev. ed. New International Commentary on the New Testament. Grand Rapids: Eerdmans, 1995─

────── . *The Gospel According to Matthew*. Pillar New Testament Commentary. Grand Rapids: Eerdmans, 1992.

Mounce, Bill. "A Little Text Criticism (Mark 1:41)," March 24, 2013. https://billmounce.com/blog/little-text-criticism-mark-1-41.

Nabi, Gene. *Ministering to Persons with Mental Retardation and Their Families*. Nashville: Convention, 1985.

Newman, Barbara J. *Accessible Gospel, Inclusive Worship*. Wyoming, MI: CLC, 2015.

Neyrey, Jerome H., ed. *The Social World of Luke-Acts: Models for Interpretation*. Peabody, MA: Hendrickson, 1991.

Nolland, John. Luke. 1-9:20. *Word Biblical Commentary*. Vol. 35a. Dallas: Word, 1989.

Olesberg, Lindsay. *The Bible Study Handbook: A Comprehensive Guide to an Essential Practice*. Downers Grove, IL: InterVarsity, 2012.

Olyan, Saul M. "Anyone Blind or Lame Shall Not Enter the House: On the Interpretation of 2 Samuel 5:8b." *Catholic Biblical Quarterly* 60, no. 2 (April 1998): 218-27.

──────. "The Exegetical Dimensions of Restrictions on the Blind and the Lame in Texts from Qumran." *Dead Sea Discoveries* 8, no. 1 (2001): 38-50.

Omiya, Tomohiro. "Leprosy." In *Dictionary of Jesus and the Gospels*, 2nd ed., edited by Joel B. Green, 517-18. Downers Grove, IL: IVP Academic, 2013.

Paavola, Daniel. *Mark*. St. Louis: Concordia, 2013.

Packer, J. I., and Carolyn Nystrom. *Never beyond Hope: How God Touches & Uses Imperfect People*. Downers Grove, IL: InterVarsity, 2000.

Patterson, Dorothy. "Woman." In *The Holman Illustrated Bible Dictionary*, edited by C. Brand, C. Draper, and A. England, 1678-81. Nashville: Holman Bible, 2003.

Pilch, John. "Healing in Mark: A Social Science Analysis." *Biblical Theological Bulletin* 15, no. 4 (1985): 142-50.

Piper, John. *Disability and the Sovereign Goodness of God*. Edited by Tony Reinke. Minneapolis: Desiring God, 2012.

Powell, Mark. "Salvation in Luke-Acts." Word & World 12, no. 1 (1992): 5-12.

Quasten, John. "The Parable of the Good Shepherd: JN. 10:1-21

-------------" Catholic Biblical Quarterly 10, no. 2 (1948): 151-69. Ranish, David. "Church Still Has Work to Do with Unreached People Group." Mission New Network. March 30, 2011. https://www.mnn online.org/news/church-still-has-work-to-do-with-unreached-people -group/.

Raphael, Rebecca. *Biblical Corpora: Representations of Disability in Hebrew Biblical Literature*. New York: T&T Clark, 2008.

Reiling, J., and J. L. Swellengrebel. *A Translator's Handbook on the Gospel of Luke*. Helps for Translators. Vol. 10. Leiden, NL: Brill, 1971.

Reinders, Hans S. *Receiving the Gift of Friendship: Profound Disability, Theological Anthropology, and Ethics*. Grand Rapids: Eerdmans, 2008.

Reynolds, Thomas E. *Vulnerable Communion: A Theology of Disability and Hospitality*. Grand Rapids: Brazos, 2008.

Rhodes, Ben. "Signs and Wonders: Disability in the Fourth Journal of the Christian Institute on Disability 5, no. 1 (March 13, 2016): 53-76.

Ridderbos, Herman N. *The Gospel According to John: A Theological Commentary*. Grand Rapids: Eerdmans, 1997.

Roach, David. "Why Were People Healed from Touching Jesus' Clothes?," June 21, 2013. https://biblemesh.com/blog/why-were-people-healed -from-touching-jesus-clothes/.

Rooker, Mark E Leviticus. *New American Commentary*. Vol 3a. Nashville: B&H, 2000.

Ryken, Leland. *Jesus the Hero: A Guided Literary Study of the Gospels. Reading the Bible as Literature*. Wooster, OH: Weaver, 2016.

Satterlee, Craig A. "Learning to Picture God from Those Who Cannot See." *Homiletic* (Online) 36, no. 1 (2011): 45-55.

Schweizer, Eduard. *The Good News According to Mark*. Atlanta: John Knox, 1970. Sproul, R. C. John. St. Andrews Expositional Commentary. Lake Mary, FL: Reformation Trust, 2009.

Stein, Robert H. *A Basic Guide to Interpreting the Bible: Playing by the Rules*. 2nd ed. Grand Rapids: Baker, 2011.

Strauss, Mark L. *Mark. Zondervan Exegetical Commentary on the New Testament*. Grand Rapids: Zondervan, 2014.

Swanson, Eric, and Rick Rusaw. *The Externally Focused Quest: Becoming the Best Church for the Community. Leadership Network Series*. San Francisco: Jossey-Bass, 2010.

Swindoll, Charles R. *Insights on John. Swindoll's New Testament Insights*. Grand Rapids: Zondervan, 2010.

Swinton, John. "Known by God." In *The Paradox of Disability: Responses to Jean Vanier and L'Arche Communities from Theology and the Sciences*, edited by Hans S. Reinders, 140–53. Grand Rapids: Eerdmans, 2010.

Tate, W. Randolph. *Handbook for Biblical Interpretation: An Essential Guide to Methods, Terms, and Concepts*. 2nd ed. Grand Rapids: Baker Academic, 2012.

Tenney, Merrill C. *John: The Gospel of Belief* Grand Rapids: Eerdmans, 1997.

———. "Literary Keys to The Fourth Gospel." *Bibliotheca Sacra* 121 (1964): 13–21.

Tolkien, J. R. R. *The Hobbit*. New York: HarperCollins, 2007.

Towns, Elmer L., and Roberta L. Groff. *Successful Ministry to the Retarded*. Chicago: Moody, 1972.

Twelftree, Graham H. *Jesus the Miracle Worker: A Historical & Theological Study*. Downers Grove, IL: IVP Academic, 1999.

Vanier, Jean. F*rom Brokenness to Community*. The Wit Lectures. New York: Paulist, 1992.

Vincent, Marvin R. *Word Studies in the New Testament Volumes I: The Synoptic Gospels; Acts of the Apostles; Epistles of Peter, James &Jude*. 2nd ed. Vol. 1. Grand Rapids: Eerdmans, 1977.

Watkins, Derrel R. *Christian Social Ministry: An Introduction*. Nashville: B&H, 1994.

Webb-Mitchell, Brett. B*eyond Accessibility: Toward Full Inclusion of People with Disabilities in Faith Communities*. New York: Church Pub, 2010.

———. *Christly Gestures: Learning to Be Members of the Body of Christ*. Grand Rapids: Eerdmans, 2003.

Westcott, B. E *The Gospel According to St. John*. Grand Rapids: Eerdmans, 1978.

Whitacre, Rodney A. John. *IVP New Testament Commentary Series*. Vol. 4. Downers Grove, IL: InterVarsity, 1999.

Willmington, Harold L. *Willmington's Guide to the Bible*. Wheaton, IL: Tyndale,

1988.

Wilson, Charles Thomas. *Peasant Life in the Holy Land*. London: J. Murray, 1906.

Wilson, Neil S., and Linda K. Taylor. *Tyndale Handbook of Bible Charts & Maps*. The Tyndale Reference Library. Wheaton, IL: Tyndale House, 2001. **

Wuest, Kenneth Samuel. *Wuest's Word Studies from the Greek New Testament for the English Reader*, Vol. 1: Mark, Romans, Galatians, Ephesians and Colossians. Grand Rapids: Eerdmans, 1973.

Yong, Amos. *The Bible, Disability, and the Church: A New Vision of the People Of God*. Grand Rapids: Eerdmans, 2011.

색인